La humanización de un mono

Heike Behrend

La humanización de un mono

Una autobiografía de la investigación antropológica

Traducción de
Almudena Otero

Herder

Título original: Menschwerdung eines Affen. Eine Autobiografie der ethnografischen Forschung
Traducción: Almudena Otero
Diseño de portada: Toni Cabré

ISBN: 978-84-254-4794-5

Imprenta: Sagràfic
Depósito legal: B - 16.980-2022
Printed in Spain - Impreso en España

Herder
www.herdereditorial.com

Para mis nietas Hanna, Lili y Emma

ÍNDICE

Introducción 11

I. La humanización de un mono 25
En las montañas Tugen
del noroeste de Kenia (1978-1985)

II. La rebelión de los espíritus 91
Trabajo de campo en una zona de guerra
en el norte de Uganda (1987-1995)

III. En el corazón de la poscolonia 135
La Iglesia católica en el oeste de Uganda
y la figura del caníbal (1996-2005)

IV. Fotografía compartida 213
Prácticas fotográficas
en la costa oriental de África (1993-2011)

Epílogo 275
Regreso al mono

Bibliografía 285

Agradecimientos 293

Introducción

¡Vuestra simiedad, señores míos, en tanto que tuvierais algo similar en vuestro pasado, no podría estar más lejana de vosotros de lo que de mí está la mía. Sin embargo, le cosquillea los talones a todo aquel que pisó sobre la tierra, tanto al pequeño chimpancé como al gran Aquiles.

Franz Kafka[1]

1 Franz Kafka, «Informe para una academia» en *id.*, *Bestiario. Once relatos de animales*, trad. de María Rosa Oliver, Barcelona, Anagrama, 1990, pp. 39-50, aquí, p. 40.

I

El mono que quiere convertirse en ser humano soy yo, una etnóloga (berlinesa). «Mono» me llamaron los habitantes de las montañas Tugen en el noroeste de Kenia cuando llegué allí en 1978. «Mono», «bufona» o «payasa», «espía», «espíritu satánico» y «caníbal» fueron otros de los nombres que también se me dieron en posteriores investigaciones en África Oriental. Sobre estas investigaciones etnográficas me gustaría hablar aquí. Por tanto, mi texto se puede adscribir al género del informe de trabajo de campo, y sigue a «antecesores» etnológicos como Hortense Powdermaker, Laura Bohannan, Claude Lévi-Strauss, Paul Rabinow, Alma Gottlieb, Harry West o Roy Willis, por nombrar solo a algunos. Pero mientras en ellos el etnógrafo aparece en el campo la mayor parte de las veces como heroico científico y maestro de la investigación, yo en este libro trato sobre todo de la historia de enredos más bien poco heroicos y malentendidos culturales, los conflictos y fallos que tuvieron lugar durante mis investigaciones de campo en África Oriental. Lo que interesa son las irritaciones, las casualidades, las experiencias desafortunadas y los puntos ciegos, hasta donde soy consciente de ellos, que casi siempre se dejan fuera en las monografías publicadas.[2] Sin embargo,

2 Los libros de Nigel Barley constituyen una excepción, igualmente la etnografía de Nápoles de Ulrich van Loyen, *Neapels Unterwelt. Über die*

las situaciones de fracaso forman parte de un modo esencial de la práctica etnográfica. Duelen y obligan a la etnógrafa a modificar el curso de su investigación, a buscar otro «informante» o también otro campo del saber. Pero en los textos publicados el fracaso se ha borrado la mayor parte de las veces; la etnógrafa cuenta sobre todo una historia de éxito. La productividad que también puede hallarse en el fracaso rara vez es reconocida y sometida a reflexión.

Pero, de hecho, irritaciones, malentendidos y casualidades determinaron de forma fundamental mi proceso de investigación, pues me obligaron a pensar de maneras no previsibles y a formarme una y otra vez una nueva idea del objeto de la investigación.

2

Las investigaciones de campo toman cada una su propio rumbo, puesto que también las personas del lugar tienen intereses y proyectos en los que tratan de involucrar a la etnógrafa. «Mi» investigación no me pertenecía. Era determinada en gran parte, como mostraré, por los etnografiados, no se desarrollaba ni conforme al plan ni sin conflictos. Pues mi «voluntad de saber» (Foucault) chocaba no pocas veces con intereses locales y concepciones de cortesía, moral, poder, sexo y secreto. Justamente la aceptación, el exponerse a choques y la reflexión acerca de ellos, se evidenció como extraordinariamente productiva y abrió campos del saber que en casa no habría podido

---

Möglichkeit einer Stadt, Berlín, Matthes & Seitz, 2018; y el artículo de Shahnaz Nadjmabadi, «From "Alien" to "One of Us" and Back: Field Experiences in Iran», *Iranian Studies* 37/4 (2004), pp. 603-612.

imaginar. Pero esto significa también que postulo un otro que no surge en la relación con lo propio. Hay un afuera que va más allá del reflejo narcisista de lo propio en lo extraño y rompe el círculo de la autorreflexión.

Los errores y extravíos que se acumulaban «en el campo» adoptaban una forma espectral y anhelaban, como espíritus, así me lo parece, el reconocimiento. Llevaban a la conformación de un «objeto» que comúnmente se denomina tema de investigación. Este no era simplemente dado, sino que debía encontrarse primero en el intercambio —a veces también en el conflicto— con los hombres y las mujeres del lugar. En esto mis interlocutores eran, como me vi obligada a constatar, sumamente interactivos y en absoluto indiferentes; cambiaban ya mientras estábamos hablando. Y me cambiaban; también yo soy hoy eso que ellos hicieron de mí durante mi tiempo de investigación en África.

3

Un informe autobiográfico se funda en un único nombre. Puesto que yo soy la autora, narradora y protagonista del texto, cumplo con el «pacto autobiográfico»[3] y respondo de él. Pero al mismo tiempo hago saltar su marco, pues le añado al nombre que garantiza el pacto otros nombres ajenos. En el centro de mi autobiografía de la investigación etnográfica pongo los nombres que los sujetos de mi investigación me dieron en África. No son nombres halagadores, y no me reconozco necesariamente en ellos. Intento elevar y ampliar mi subjetividad hasta el ex-

3 Philippe Lejeune, *El pacto autobiográfico y otros estudios*, Málaga, Megazul, 1994.

tremo, dejándome transformar en objeto de los etnografiados, y muestro cómo ellos me veían y llamaban. En este contexto me resulta difícil reforzar el «auto» en «autobiografía». ¿Acaso la verdadera signatura del texto no se rompe, fragmenta, amplía y enajena cuando se colocan en el centro nombres ajenos? ¿Sigue siendo un texto autobiográfico cuando se esfuerza en proporcionar elementos de una descripción etnográfica de lo ajeno?

En efecto, mi texto es el intento de entender cómo, en el intercambio con los sujetos de mis investigaciones, surgen numerosos «yos» muy insólitos e inquietantes, que me hacen preguntarme qué verdad, qué crítica, qué promesa y qué fracaso esconden estos nombres ajenos que se me dieron. Mi texto es al mismo tiempo un intento de convertir en objeto de una narración la producción etnográfica de conocimiento —a veces poco científica—. En este contexto, no pretendo tampoco producir un relato científico, pues algunas veces me aferro a las dos partes de una oposición y en numerosas afirmaciones me doy a mí misma, una y otra vez, una puñalada por la espalda.

Ocuparme críticamente de la tradición autobiográfica occidental, de nuestra «ilusión biográfica»,[4] como la llamó Pierre Bourdieu, me indujo también a tratar de aclarar las ideas de (auto-)biografía, vida e itinerario vital de los sujetos de mi investigación y a incluirlas en este texto.

4 Pierre Bourdieu, «L'illusion biographique» en *Actes de la recherche en Sciences Sociales*, 62/63 (1986), pp. 69-72.

4

En Alemania y en Francia hay una pequeña tradición que se puede describir como «etnografía inversa». Antes y después de la Segunda Guerra Mundial, Julius Lips, Hans Himmelheber, Michel Leiris, Jean Rouch, Fritz Kramer y Michael Harbsmeier y otros se interesaron por la cuestión de cómo la confrontación con la experiencia ajena de lo extraño podía sacudir la autopercepción europea y —sobre todo— colonial. Ellos invertían la perspectiva, cambiaban las posiciones coloniales de observador y observado, y tematizaban en distintos medios cómo los colonizados convertían en objeto de sus propias etnografías a los colonizadores, su modo de vida y sus tecnologías. Esta figura de la inversión, de la mirada inversa del etnografiado a la etnógrafa y su investigación, está también en la base de este relato y lo impulsa. ¿De qué categorías se servían los sujetos de mi investigación para designarme a mí y mi trabajo? ¿Qué posibilidades de inclusión se me ofrecían como alguien, en principio, extraño? ¿Cuándo y bajo qué condiciones fui aceptada o rechazada como persona? ¿Qué límites me impusieron? ¿Hubo momentos en los que sus perspectivas y la mía se encontraron o incluso llegaron a coincidir? ¿Con qué conocimientos, con qué conceptos y teorías me obsequiaron? ¿Qué alianzas contrajimos y qué resistencias se conformaron tanto en ellos como en nosotros? ¿Pudieron reconocerse en mis textos? ¿Y cómo lidié con los nombres que ellos me dieron? Mono, bufona o payasa, bruja, espía, mal espíritu y caníbal, estos irritantes calificativos que se me dieron durante mis estancias en África me desconcertaban, confundían y herían. ¿Qué fuerza y dinámica adquirieron estos nombres durante la investigación y al escribir sobre esta?

Como constaté más adelante en mi trabajo etnográfico, los nombres tenían ya una larga historia. Eran más o menos estereotipos clásicos de la extrañeza que aparecen en encuentros interculturales, descritos ya en el siglo XIX (a veces, incluso mucho antes) en diarios de viaje, y que eran representados por los implicados —colonizadores y colonizados— alternativamente. La «alterización» es una práctica que no solo han realizado etnólogos coloniales, los sujetos de su investigación también han «alterizado» a los extraños —incluidos los etnólogos—, los han descrito como caníbales, los han hecho danzar como espíritus extraños en rituales de posesión, los han colocado como figurillas de colonos en altares o ridiculizado con nombres.

Los nombres que se me dieron ofrecen así una visión de la experiencia ajena de lo extraño y muestran cómo los sujetos de mi investigación tomaron posesión de mí en sus categorías. Contra la autopercepción, las intenciones y los planes de investigación propios, multiplicaron versiones de mí que no me habría imaginado ni en sueños. Pero quizás sean justamente estas experiencias más bien desestabilizadoras las que posibiliten una comprensión de la diferencia.[5]

Me presento así al lector no tanto como sujeto autónomo y como observadora, sino más bien como objeto muy cuidadosamente observado en un campo de casualidades, inseguridades, conflictos y equilibrios de poder sumamente distintos. No obstante, yo soy la que escribe y describe. Yo soy la que, como sujeto que recuerda, se encuentra en una relación de diferencia con muchas versiones ajenas de mi yo. Y soy yo la que sigue el género de la literatura de viajes y de investigación —esa «literatura de pacotilla», como la llamó Lévi-Strauss—,

5 Richard Rottenburg, «Marginalität und der Blick aus der Ferne», en Heike Behrend (ed.), *Geist, Bild und Narr. Zu einer Ethnologie kultureller Konversionen*, Berlín, Philo Verlag, 2001, pp. 37-44.

pero también rompe o parodia algunas veces sus convenciones. Yo soy ambas cosas, víctima y actriz, en comedias y dramas ajenos, y desciendo, como mono o caníbal, a géneros cada vez más bajos —sin un grandioso regreso al final.

De hecho, se trata de algo más que una inversión. Pues los nombres que me dieron expresaban no tanto el otro de los otros —como yo suponía, al menos durante mi primer trabajo de campo—, sino más bien los reflejos recíprocos de imágenes propias y extrañas. En la larga historia de los encuentros y confrontaciones coloniales, el mono saltaba como alborotador de aquí para allá entre los distintos actores. Era al mismo tiempo insulto y figura subversiva, insertada en una jerarquía de alteridades dentro de un mosaico colonial de atracción y rechazo. Cuando los más ancianos en las montañas Tugen me llamaban «mono», esta denominación no se refería a mi conducta grosera, salvaje y simiesca, como yo había supuesto inicialmente, sino que era también una réplica a la propia discriminación y humillación colonial que habían sufrido. Al parecer, los nombres ya no tienen solo una relación unívoca con lo que nosotros llamamos «su propio contexto cultural». La división aparentemente clara entre ellos y nosotros, y entre sus ideas del otro y las nuestras, se vuelven inestables. La simple inversión de la perspectiva, tal y como la abordé al inicio de este texto, debe, por tanto, a la vista de una larga historia de procesos de globalización, intercambio y apropiación, hacer sitio más bien a una variedad de alteridades entretejidas unas con otras, que se rompen, reflejan y arremolinan como en un caleidoscopio, pero no son fáciles de aislar y producen una y otra vez nuevas diferencias.[6]

6 Michael Taussig, *Mimesis and Alterity. A particular History of the Senses*, Nueva York, Routledge, 1993, pp. 144, 249.

5

Bronisław Malinowski, el héroe fundador de la moderna etnografía, exigía de sus discípulos una estancia de al menos dos años en el extranjero. Mis estancias de investigación en África Oriental duraron mucho más tiempo; con interrupciones, regresé en un período de siete a ocho años una y otra vez al mismo lugar. Por lo general solo me quedaba en África de dos a cuatro meses seguidos, porque no quería dejar demasiado tiempo solos a mi marido y a mi hijo. La estancia en casa me permitía ganar distancia, leer y reflexionar para trasladarme de nuevo a África con nuevas preguntas. La desaparición y el regreso repetido al lugar de la investigación resultaron medidas inesperadas para crear confianza. Yo no desaparecía para nunca más volver, sino que regresaba; el regreso no era una promesa vacía, pues traía también los regalos que había prometido. Por lo que se refiere a la vuelta, resulté de fiar. De hecho, este ir y venir entre Europa y África le dio a mi vida un ritmo constante de desgarramiento.

Mientras que la investigación etnográfica de campo puede describirse también como una especie de obsesión —la cultura ajena toma posesión de mí y las relaciones sujeto/objeto se disuelven parcialmente—, la escritura de la monografía en casa va acompañada de una recuperación del poder perdido en el campo. Esa escritura la ha calificado Michael Harbsmeier como «ritual de regreso a casa»,[7] a través del cual el retorno es

7 Michael Harbsmeier, *Heimkehrrituale: Prolegomena zu einer Weltgeschichte des Reiseberichts als globaler literarischer Gattung*, manuscrito no publicado que el autor puso amablemente a mi disposición. Véase también Michael Harbsmeier, «Spontaneous Ethnographies. Towards a Social History of Traveller's Tales», *MESS* (Mediterranean Ethnological Summer School 1994/95), Liubliana, 1995, pp. 23-39.

purificado y se reintegra. Mientras que en el campo, en una situación ideal, etnógrafa y etnografiado se acercan e inventan conjuntamente la cultura que debe ser etnografiada,[8] en el proceso de escritura se lleva a cabo un exorcismo, que con bastante frecuencia hace pasar a un segundo plano a los amigos e interlocutores en el extranjero. En lugar de ellos, en el centro se sitúan los compañeros de profesión a favor o en contra de los cuales se escribe. En la supresión parcial de los interlocutores en el campo, la etnóloga se afirma como autora; vuelve a entrar por entero en el discurso científico, que nunca había abandonado totalmente. Queda presa en el género de los informes de investigación y con ello en el discurso escrito, con sus órdenes jerárquicos coloniales y poscoloniales, también, o precisamente, en la inversión.

En lo sucesivo, sin embargo, contaré menos sobre el proceso de la escritura etnográfica que sobre la posterior vida de los textos etnográficos. Estos no circularon solo en el ambiente académico, sino que, como retribución, regresaron también —traducidos— a los etnografiados. Pues el diálogo y la confrontación no terminan tampoco tras la publicación de una monografía. Los textos, que están llenos del conocimiento de los etnografiados, encuentran el camino de vuelta hasta ellos; son (ojalá) también leídos por ellos, y entonces los sujetos de la investigación pueden, si quieren, vengarse, criticar, reescribir el texto, aceptarlo o también continuar escribiéndolo.

8 Roy Wagner, *The Invention of Culture*, Chicago, The University of Chicago Press, 1981.

6

Desde hace tiempo informaciones y saberes mutuos alcanzan unos encima de otros las periferias de nuestro mundo. Todas las regiones en las que he trabajado etnográficamente habían sido ya visitadas y estudiadas por otros etnólogos. En las respuestas de mis interlocutores locales, por tanto, no me encontraba necesariamente con un saber supuestamente auténtico, sino algunas veces también con las huellas de mis compañeros. De este modo, los etnólogos y los sujetos de su investigación son *a priori* tanto conocidos entre sí como extraños. Sus historias y las de los etnografiados están ya desde hace tiempo estrechamente entretejidas y se transforman mutuamente. Puede que en el futuro se trate sobre todo de determinar con tanta precisión como sea posible, en un proceso de reflexión incesante, más las similitudes y menos las diferencias entre las distintas versiones.

Con el informe sobre mis cuatro investigaciones etnográficas en Kenia y Uganda en un período de casi cincuenta años, este libro contiene también un trozo de la historia de la etnología, una historia de los cambios de las estructuras de poder y de los debates, así como de las confrontaciones con sus teorías, métodos, medios y la crítica de estos. Este es también un intento de descolonización del trabajo etnográfico. Si bien es cierto que las relaciones (pos-)coloniales han experimentado en el transcurso de estos cincuenta años un cambio radical, la «miseria del mundo»,[9] como Pierre Bourdieu ha descrito la situación de globalización, no ha acabado. Por el contrario, se crearon y se crean nuevas formas de dependencia y colonización, que producen una miseria que en

9 Pierre Bourdieu, *La miseria del mundo,* trad. de Horacio Pons, Madrid, Akal, 1999.

algunas regiones es hoy quizás aún mayor que en la época del colonialismo clásico. Bajo estas condiciones, la descolonización sigue siendo un proyecto por concluir.

Aunque en adelante expondré cronológicamente en capítulos individuales las cuatro investigaciones de campo, los informes respectivos siguen siendo fragmentarios y dan saltos en el tiempo hacia adelante y hacia atrás, de tal modo que lo antiguo puede parecer algunas veces más próximo que el pasado más reciente. Los fragmentos individuales tienen el estatus de viñetas. Puesto que las monografías que he escrito sobre las distintas investigaciones —con una excepción—, se editaron en inglés (y francés), este texto es también una vuelta a mi lengua materna. Se basa fundamentalmente en textos ya publicados que, reescritos y ampliados, experimentan un nuevo enfoque.

Escribir una autobiografía significa llegar, en un movimiento de retroceso, al inicio. Por eso, en el epílogo el mono experimenta un regreso. Una vez más, se presenta en su ambigüedad, como «salvaje», como imitador, como investigador y como «mono académico», tal y como Franz Kafka lo hizo aparecer en su «Informe para una academia» de 1917.

I. La humanización de un mono

En las montañas Tugen del noroeste de Kenia (1978-1985)

El ser humano es también la suma de todos los animales en los que se ha transformado a lo largo de su historia.

Elías Canetti en conversación con Theodor W. Adorno[1]

1 Elias Canetti, *Die gespaltene Zukunft*, Múnich, Carl Hanser, 1972, p. 97.

I

Claude Lévi-Strauss ha descrito a los etnólogos como los últimos aventureros más o menos heroicos. Y fue lo aventurero en el trabajo etnográfico de campo lo que me llevó una y otra vez a África, el reto de probar mi capacidad en un lugar extraño, en situaciones que en absoluto o apenas podía controlar, descubriendo así si conseguía ganarme el interés y la confianza de extraños y convertirlos en amigos. Pero olvidé que los aventureros también deben sufrir antes de regresar a casa después de innumerables percances.

Por un difuso sentimiento de protesta, comencé en 1966 los estudios de Etnología. También otras decisiones posteriores en mi vida se fundaron en una actitud que se nutría sobre todo de la oposición y el rechazo contra lo imperante. Mis padres habían contado —sin ejercer presión— con que seguiría sus pasos y sería médica. Había visto, con doce o trece años, la película francesa *Es medianoche, Dr. Schweitzer*, del año 1952, un engendro colonial y pomposo en blanco y negro, que muestra cómo Albert Schweitzer, con una enfermera hermosa y valiente, construye Lambarene. Antes incluso de que haya podido equipar el hospital, llega poco antes de medianoche el jefe de una tribu con unos aterradores guerreros, que traen a la clínica a su hijo enfermo, ya inconsciente, el cual, como el Dr. Schweitzer comprueba enseguida, padece una apendicitis. El jefe apunta a la luna plateada que se halla en el cielo, y explica que si, cuando la luna haya desaparecido detrás de una determinada palmera, doblada por el viento, el hijo ya no vive, le cortará la cabeza al doctor y a la hermosa enfermera. Para enfatizarlo, hace el gesto correspondiente con un cuchillo grande y afilado, que brilla a la luz de la luna. El Dr. Schweitzer y la enfermera transforman la mesa de la cocina en una mesa de operaciones y, con un cuchillo esterilizado improvisadamente con agua hirviendo, el valeroso doctor —con gotas de sudor en la frente— le corta la barriga al hijo del jefe. En un cambio de plano se visualiza de nuevo la luna, que se mueve demasiado rápido hacia la palmera. El suspense se eleva hasta hacerse insoportable. ¡Pero todo acaba bien! En el instante en el que la luna desaparece detrás de la palmera, el hijo da señales de vida, y el jefe no solo llega a ser, si recuerdo bien, el mejor amigo del doctor, sino que además se convierte al cristianismo.

Esta película colonial me impresionó, de principio a fin, de un modo decisivo. Se conectaba de una manera heroica con la profesión de mis padres, pero trasladaba los acontecimientos a un peligroso y extraño otro lado, a África. Allí quería ir yo.

La etnología por aquel entonces era una disciplina singular. Había configurado su objeto a partir de un resto despreciado, una mezcolanza de culturas que no pertenecen a las denominadas culturas avanzadas, sino que fueron definidas a través de la negación: no tenían escritura, no tenían Estado y no tenían historia. De hecho, la etnología experimentaba entonces un cierto menosprecio, que solo habría de cambiar tras 1968 con la redefinición de las ciencias sociales.

En el invierno de 1966-1967 comencé mi primer semestre de Etnología en Múnich, era la única principiante. El año anterior no se había inscrito nadie en la carrera, la continuación y el futuro del instituto se materializaban durante un semestre en mi persona. Se me trató de un modo extremadamente amable, atento e indulgente, y no tenía que ascender de los cursos de menor nivel a los de mayor, sino que podía asistir a todo lo que me interesase.

No tenía entonces ni idea de hasta qué punto el catedrático Hermann Baumann estaba profundamente implicado en la ideología del nacionalsocialismo. Los estudiantes de más edad y los asistentes guardaban silencio sobre el pasado de Baumann. En sus cursos y seminarios ocupaban un lugar preeminente los «Kulturkreise» [círculos culturales], sobre cuyas características, composición e historia se discutía a veces con verdadero fervor. Después de dos semestres estaba harta de Múnich, fui un semestre a Viena y después, en enero de 1968, a Berlín, al epicentro de la protesta estudiantil.

El Instituto de Etnología de Berlín se había quedado ese año acéfalo, después de que los estudiantes hubiesen tomado el poder; el catedrático había huido a Asia. Reinaba un estado de ánimo anormalmente entusiasta, sostenido por una esperanza ingenua (desde el punto de vista actual) en un cambio radical, que a veces mostraba características semejantes a las que más tarde volvería a encontrar en el movimiento profético de Alice Lakwena en el norte de Uganda. La vida estudiantil consistía en una serie de experimentos sociales bastante excitantes con resultado incierto. Teníamos un adversario realmente enorme, el sistema capitalista, y nos complacíamos en encontrar, desde esta oposición alucinatoria, justificaciones poco convincentes para el tumulto y todas las formas posibles de desobediencia. Y con bastante frecuencia conseguíamos desprendernos de lo antiguo con mucha diversión y placer. Yo compartía vivienda con estudiantes mayores en una vieja villa de Dahlem; leíamos juntos *El capital* y otros textos de Marx, pero también de Bakunin y Kropotkin, y debatíamos durante noches enteras cómo se debería llevar a cabo la revolución. Celebrábamos muchas fiestas, que en ocasiones duraban todo el fin de semana, participábamos en manifestaciones bajo la bandera negra de los grupos autónomos y conducíamos hasta Berlín Oriental, a la embajada cubana, para aprender español con el diario del Che Guevara, que repartían allí gratuitamente. Pues el objetivo era ponernos como etnólogos al servicio de los movimientos de liberación anticoloniales y anticapitalistas de un modo que fuese útil.

En 1971 se terminó la acefalia. Fritz Kramer llegó al instituto berlinés desde Heidelberg. Con ello mi concepción de la etnología sufrió un cambio fundamental. Kramer nos mostró que la etnología no tenía que ser museística y exótica. Nos dio a conocer la *Dialéctica de la Ilustración*, con él estudiamos los movimientos subversivos (campesinos) y más tarde la antropología social británica clásica. Las sociedades acéfalas, que habían investigado etnólogos ingleses como Edward E. Evans-Pritchard o Meyer Fortes, nos proporcionaron el modelo para las propias utopías sociales. Sin embargo, solo por un breve periodo. Después las ilusiones anarquistas y Karl Marx pasaron progresivamente a un segundo plano y dieron paso a Max Weber, Karl Löwith, Hans-Georg Gadamer y otros.

Algo más tarde llegó al instituto desde Nueva York Lawrence Krader. Con él, Fritz Kramer y Jacob Taubes se celebraron seminarios inolvidables. Y en el instituto de ciencias de la religión Klaus Heinrich enseñaba a relacionar el potencial crítico del psicoanálisis con la religión, la filosofía, la historia del arte y la etnología. En 1973 acabé la carrera y después di clases como profesora adjunta hasta 1978, sobre todo de antropología política y económica. No había ningún plan de estudios; los temas de los cursos los decidían los estudiantes junto con los profesores. Esto no cambió hasta que, hacia finales de los años setenta, la etnología se convirtió en una carrera con un número masivo de alumnos y de repente se sentaron en los cursos cientos de personas: como si nuestro entusiasmo por la esperanza frustrada de cambios radicales en la propia sociedad se hubiese desplazado al Tercer Mundo. Al igual que en la época tras la Primera Guerra Mundial, cuando los «primitivos» en África y Oceanía con su arte se utilizaron para reemplazar aquello que se había destruido o perdido en Occidente, así también nosotros buscábamos en África formas de vida alternativas. Sin embargo, no hace falta decir que el colonialismo había transformado ya el objetivo de nuestros intentos de huida en encuentros que nos confrontaban con las «formas más desgraciadas de nuestra existencia histórica».[2]

2

A mediados de los años setenta me marché a París y conocí allí a Jean Rouch. Discípulo de dos Marcels, Marcel Mauss y Marcel Griaule, Rouch se había dedicado a la realización de películas etnográficas. Marginado al principio tanto por los cineastas establecidos cuanto por los etnólogos como *outsider* y chiflado, se tomó la libertad de experimentar contra la centralidad académica del texto con la cinematografía y las nuevas prácticas etnográficas. En oposición a los métodos asimétricos coloniales, desarrolló una «etnografía compartida», un proyecto cinematográfico que devolvía a África las imágenes y sonidos que había grabado allí, sobre todo en rituales de posesión, y que había montado en París. En el «cine-trance», una práctica

2 Claude Lévi-Strauss, *Tristes trópicos*, introd. de Manuel Delgado Ruiz, trad. de Noelia Bastard, Barcelona, Paidós, 2006, p. 46.

mimética, compartía el trance y la posesión, el sometimiento por poderes extraños, con los filmados. Contra el empoderamiento científico del etnógrafo, que creía actuar en el campo, ponía en primer plano el otro lado de la acción, esto es, el sufrir la acción de otros, el ser objeto de la acción. Al igual que en los cultos de posesión los espíritus se corporizan en sus médiums, Rouch se dejó atrapar por la práctica de la posesión de espíritus de los etnografiados. Precisamente la técnica cinematográfica, la interconexión de su cuerpo con la cámara, le permitió entregarse a los espíritus extraños y practicar una etnografía recíproca, que se corregía una y otra vez a sí misma a través de *feedbacks* culturales.

Rouch practicaba también una etnología «al revés». En su famosa película *Les maîtres fous* [Los amos locos] de 1956, muestra el ritual anual de los *hauka*, espíritus coloniales extraños, «los espíritus del poder y del viento, que traen la locura». En el estado de posesión, los miembros del culto encarnan a los «espíritus de la sociedad colonial», del «gobernador», de la «locomotora» o de la «mujer del doctor». En el ritual esbozan su etnografía de la cultura (colonial) occidental. La película es, por tanto, al mismo tiempo etnografía doble e inversa: etnografía filmada, así como también la etnografía de lo filmado, que nos coloca un espejo delante y nos muestra cómo nos ven.

También en una película posterior, *Petit à Petit*, de 1969, Rouch trataba el tema de la mirada inversa y la violencia de los métodos etnográficos. Muestra a un etnógrafo africano en París, que realiza allí un trabajo de campo sobre los «salvajes parisinos» y sus problemas por vivir en edificios altos. A través del intercambio de las posiciones de sujeto y objeto, los métodos etnográficos se aplican en aquellos que los han desarrollado. A través de la inversión de la perspectiva que convierte a los europeos en objeto del trabajo de campo, el etnógrafo occidental puede reconocer lo que significa tener que sufrir métodos etnográficos.

El trabajo de cine etnográfico de Rouch me impresionó tanto que en 1977 organicé junto con Ulrich Gregor, entonces director del cine berlinés Arsenal, y los amigos de la Filmoteca Alemana, una primera retrospectiva de sus películas en Berlín, y en 1980 comencé, en la Academia Alemana de Cine y Televisión, una formación que acabé en 1984.

3

En el Instituto de Etnología de Berlín el trabajo etnográfico de campo se consideraba una obligación absoluta. Nuestros grandes modelos eran Bronisław Malinowski (a pesar o justamente a causa del escándalo en torno a la publicación de su diario en 1967). Edward E. Evans-Pritchard, Geoffrey Lienhardt y Jean Rouch. El trabajo de campo como observación participativa tenía el estatus de una doble iniciación, no solo a una sociedad extraña, sino también a la comunidad de los etnólogos berlineses. Era el rito de pasaje central con sus tres fases, como las describió Arnold van Gennep: el abandono del propio mundo, la estancia en el extranjero como fase liminal y el regreso.[3]

Puesto que ya tenía un marido y un hijo, fueron sobre todo consideraciones prácticas las que me llevaron a escoger las montañas Tugen en el noroeste de Kenia como campo de investigación. Las montañas Tugen, una cordillera que se extiende hasta los 2000 metros de altura en dirección norte-sur, forman

3 Arnold van Gennep, *Los ritos de paso*, trad. de Juan Aranzadi, Madrid, Alianza, 2013.

parte de la gran placa africana, el Valle del Rift. Allí arriba no había malaria, pero, por si acaso, había un dispensario médico no demasiado lejos. Esta cordillera árida y no especialmente fértil había servido ya en el siglo XIX como lugar de refugio y de retiro a muchas personas. Sus habitantes lo llamaban «el país de las piedras» y contaban que su Dios, cuando creó las montañas, estaba ya tan cansado que solo pudo lanzar piedras sobre la tierra. El país era tan pobre que quedó relativamente al margen de perturbaciones cuando Kenia se convirtió en una colonia de asentamiento y desde Gran Bretaña y Sudáfrica afluyeron colonos al país para apropiarse de las regiones fértiles. Mientras que en la Provincia Central la gente fue expulsada brutalmente de su país, expropiada y forzada a irse a reservas, los habitantes de las norteñas montañas Tugen pudieron conservar su árido país.

En los años setenta la población comprendía aproximadamente 120 000 personas, que vivían muy dispersas en distintas granjas en las montañas. Cultivaban maíz y mijo, y tenían cabras, ovejas y vacas. De todos los animales apreciaban sobre todo el ganado vacuno. Llevaban a cabo —como los famosos nuer en Sudán— una «estética del ganado vacuno», con la que expresaban la belleza de sus toros y vacas en la danza y en poéticos cantos de alabanza. Si los habitantes masculinos de las montañas me hubiesen llamado «vaca», habría sido un gran cumplido, casi una declaración de amor. Por desgracia, los pokot, sus vecinos al norte, les robaban regularmente sus valiosas y apreciadas vacas y los llamaban despectivamente «gente de las cabras».

Además, cada pocos años una devastadora sequía asolaba la región. Cuando la situación se volvía insoportable y «las personas y los animales se desplomaban de hambre y sed», los hombres, las mujeres y sus hijos abandonaban las granjas y penetraban en la selva, para allí cazar y recolectar. Cuando llegaba la lluvia, regresaban a sus casas.

En la época precolonial sus habitantes no tenían ningún jefe, en su lugar tenían una organización gerontocrática dividida en ocho grupos de edad, cuyos nombres se volvían a repetir después de aproximadamente cien años, cuando se completaba un ciclo. Los hombres y mujeres ancianos mandaban sobre los más jóvenes. Mientras pudiesen engendrar hijos, las mujeres estaban excluidas de la política. Después de la menopausia, sin embargo, alcanzaban el estatus de ancianas rituales y eran equiparadas a los hombres ancianos.

Durante la época colonial los ancianos, hombres y mujeres, perdieron en gran parte su poder en favor de jefes más o menos despóticos que fueron designados primero por la administración colonial británica y más tarde, a partir de la independencia conseguida en 1963, por el Estado poscolonial. Por lo general, la población local rechazó a los jefes. Estos cobraban impuestos, administraban justicia e intentaban imponer los intereses del Estado. Además contaban con recursos financieros y decidían quién recibía harina de maíz de los programas de ayuda en épocas de hambruna.

4

En 1978 visité las montañas Tugen por primera vez. Quince años antes Kenia había conseguido la independencia. Jomo Kenyatta, un etnólogo que había estudiado y se había doctorado con Malinowski en Londres, se convirtió en presidente, y su vicepresidente, Daniel arap Moi, era originario, lo que no supe hasta más tarde, de las montañas Tugen. Reinaba (todavía) un sentimiento general de optimismo, que estaba sostenido por la esperanza de modernización y desarrollo (para todos).

Conforme a los estándares de entonces de una «etnología de rescate», yo estaba, sin embargo, menos interesada en una modernidad africana que en su contraimagen, en tradiciones lo menos influenciadas posible por el colonialismo. Había escogido por eso una región en el norte de las montañas Tugen donde los habitantes «seguían viviendo como sus padres». Me instalé en el pueblo de Bartabwa y comencé mi trabajo etnográfico, desprevenida y bastante ignorante.

Si bien es cierto que Bartabwa era una fundación colonial y servía como centro comercial y administrativo, la mayoría de la población vivía más lejos, en granjas circulares y dispersas en las montañas. Bartabwa consistía en una carretera polvorienta, sin asfaltar, con profundos baches y surcos, que había sido acabada a finales de los años cincuenta y en la temporada de lluvias se transformaba en una pista resbalosa apenas transitable. A ambos lados de la carretera había «modernas» casas de madera rectangulares con techos de chapa ondulada que recordaban lugares del salvaje Oeste. Algunas de las casas de madera albergaban pequeños negocios que vendían baterías, linternas, sal, cigarrillos, velas, jabón —sobre todo el detergente Omo— y diversas latas de conserva. Puesto que la clientela era, con pocas excepciones, muy pobre, los cigarrillos se vendían por unidad o incluso partidos por la mitad. Otras casas servían como pequeños bares, que ofrecían cerveza, té, chapati y potaje de alubias, patatas y puré de maíz. Había también una plaza del mercado, en la que las mujeres de los alrededores vendían dos veces por semana verduras, frutas y platos ya preparados. En una de las casas tenía su oficina la única persona corpulenta en Bartabwa: el jefe. Había además un molino de maíz, una escuela primaria y un dispensario médico.

Dos meses después de mi llegada murió Kenyatta y Daniel arap Moi tomó el poder. Con ello, los habitantes de las montañas Tugen se convirtieron en «the President's people». De repente llegó mucho dinero a la región y tuvo lugar un desarrollo vertiginoso. Sobre todo, el sur fue conectado con Nakuru, la ciudad cercana más grande, por una elegante y moderna carretera de asfalto, en la que, no obstante, circulaban menos coches que cabras. En Kabernet, la capital del distrito a los pies de las montañas Tugen, surgieron en un santiamén tres pomposos edificios a imagen y semejanza de tres templos antiguos: una oficina de Correos, un supermercado y una escuela, que hacían que el resto del lugar pareciese aún más miserable.

El nuevo presidente, Daniel arap Moi, era originario de un pueblo llamado Kabartonjo, que se encuentra más o menos en medio de las montañas Tugen, las cuales se extienden en dirección norte-sur. Allí nació y hasta allí conducía la carretera asfaltada, ni un paso más. Los habitantes del norte, como también los de Bartabwa, quedaron excluidos de la nueva carretera, de la lluvia de dinero y de los procesos acelerados de desarrollo. Como «pobres», «primitivos», «subdesarrollados» y «atrasados», siguieron sirviendo de contraimagen despreciada en un Estado nacional que propagaba «progreso» y «desarrollo». Junto a la diferencia espacial aparecía una temporal. Aunque los habitantes del norte existían simultáneamente con los del sur y ambos compartían el mismo espacio, las montañas Tugen, fueron obligados a entrar en un «antes» y un «todavía no». Con la temporalización de la contraimagen surgió una dinámica de la negación, del descrédito y de la exclusión, que finalmente —a la luz de la promesa de modernización y progreso— aspiraba a la supresión. Así, aquí se repetía y ratificaba una vez más la división del mundo en regiones denominadas desarrolladas y subdesarrolladas, en desfiguración y dependencia.

Los habitantes de Bartabwa tomaron muy buena nota de esto. Cuando algunos años más tarde se vieron afectados por una terrible sequía y el gobierno no envió ninguna ayuda, llamaron a la hambruna «nyayo». *Nyayo* era el eslogan que el nuevo presidente había difundido tras asumir el poder y que representaba su «filosofía de paz, amor y unidad». Pero el presidente y sus partidarios practicaron en los años siguientes no solo una brutal «política de barriga llena», de corrupción y robo, sino también —para permanecer en el poder— una politización reforzada e incluso una militarización de la etnicidad, que en los años noventa condujo a violentas «limpiezas» étnicas. En ellas, los habitantes de las montañas Tugen habrían de convertirse tanto en perpetradores como en víctimas.

No es una casualidad que los habitantes de Bartabwa denominaran al propio gobierno nacional como «chumbek», en realidad una denominación para los europeos que habían colonizado Kenia y las montañas Tugen. Al parecer, no veían ningún motivo para considerar la época de la colonización, la opresión y la explotación como pasada. A pesar del cambio de dominadores, la época colonial no había acabado para ellos. No reconocían el «pos-» en «poscolonial».

5

En Kabarnet mi hijo y yo subimos a un *matatu*, una especie de transporte público que nos debía llevar a Bartabwa. Era un viejísimo y destartalado *jeep* con el suelo lleno de agujeros; cuando se inclinaba, completamente lleno de gente, hacia la derecha o hacia la izquierda en la carretera llena de grandes cráteres, la correspondiente puerta lateral se abría de golpe. Como se comprobó durante el trayecto, las ruedas no estaban sujetadas adecuadamente: faltaban tornillos. Teníamos los asientos más seguros, estábamos sentados junto al conductor, delante y en el centro, y no podíamos, cuando se abrían las puertas, caernos fuera. El hombre a mi derecha intentaba con una mano mantener cerrada la puerta, y asomaba una y otra vez la cabeza por la ventana para observar la rueda delantera y avisar a tiempo al conductor. De hecho, esta se soltó, paramos y el conductor la cambió por otra, pero estaba también sujetada solo con tres tornillos. Continuamos el viaje, hasta que también esta rueda se desprendió.

A pesar de la avería, el estado de ánimo entre los pasajeros era excelente. Bromeaban, contaban chistes y les daban a los tornillos que quedaban los nombres de famosos guerreros que habían sido especialmente valerosos, quizás con la esperanza de que los tornillos se demostrasen ahora también valerosos y resistentes. Pero el poner nombres no ayudó, no había otra rueda de repuesto. Nos quedamos en el camino. Después de tres horas llegó otro *matatu* y nos llevó hasta Bartabwa. Al llegar allí bajamos. Éramos visitantes no invitados. Éramos extraños que tenían que ser convertidos en huéspedes.

No tenía entonces ni idea de si mi permiso de investigación tenía valor y, en caso afirmativo, cuánto y en qué medida significaba protección y apoyo. Solo sabía que mi primera persona de contacto era el representante del Estado, el jefe. Visitamos su oficina en la calle principal; yo enseñé mi permiso de investigación, y el jefe, algo sorprendido pero amable, tras una breve reflexión puso a disposición de mi hijo Henrik y de mí una choza que estaba vacía, un poco en ruinas. Henrik, entonces con 7 años, era un niño de preescolar berlinés educado antiautoritariamente, abierto, curioso y descarado. Puesto que hasta entonces Bartabwa solo había sido visitada por europeos adultos, sobre todo misioneros católicos, se convirtió en una atracción exótica. Desde lejos llegaban los habitantes de las montañas para contemplarlo. Henrik ayudaba en los pequeños negocios y atraía clientes; vigilaba con los otros niños los campos de maíz; cuidaba cabras y ovejas, aprendió a lanzar mazas y manejaba —como Tarzán— las flechas y el arco. Fue colmado de obsequios, recibió incluso una cabra como regalo. Al contrario que yo, aprendió la lengua local en un santiamén, y por la noche me contaba cotilleos y chismes. Como era usual en las montañas Tugen, no fue a él al que se le llamó por mi nombre, sino que a mí se me llamó por el suyo: «mama Henry».

Como aprendí más tarde, mujeres y hombres recibían en el transcurso de su vida muchos nombres distintos. El acto ritual de dar un nombre es una práctica (auto-)biográfica. Poco después del nacimiento el niño recibe en un «pequeño» ritual el nombre de un antepasado. Antes los más ancianos descubren en un oráculo al antepasado que llevó «una buena vida» y está dispuesto a darle su nombre al niño. Cada linaje dispone solo de un determinado número de nombres que circulan entre sus miembros, los muertos y los vivos; no hay nombres nuevos. Los nombres son más duraderos que las personas que los llevan. Y comprometen: un niño con su nombre se enfrenta al futuro asumiendo el pasado de uno y con ello de muchos ancestros. Vive en cierto modo en la dirección inversa, pues debe estar a la altura del nombre del antepasado, orientar su vida en función de él, repetirla. Pero el antepasado cuyo nombre determina tan poderosamente la vida de su descendiente está muerto. Su «vida» pertenece a los vivos, ellos pueden doblegarla y utilizarla para sus propios fines. Si la relación entre niño y antepasado resulta desgraciada, se cambia el antepasado. Este debe demostrar que es el correcto garantizando el bienestar del niño. Si no lo consigue, su nombre es suprimido y olvidado, y otro ancestro debe ser utilizado con su nombre.

Mientras que las mujeres le daban al niño el primer nombre, algunos años más tarde recibía un segundo por parte de los hombres, el «nombre de cabra», es decir, el mismo nombre que recibe la cabra que el niño obtiene como regalo. A veces en el transcurso de la vida se imponía el nombre que habían dado las mujeres, otras veces el nombre de cabra. Pero también sucedía que el niño respondía a ambos nombres; entonces las mujeres lo llamaban con el nombre que le habían dado, y los hombres utilizaban el nombre de cabra.

Pero en ocasiones los padres les daban a sus hijos adicionalmente un tercer nombre, que recordaba un suceso que tuvo lugar durante el nacimiento. Numerosos niños se llamaban por ejemplo *kemei*, «hambre», porque en la época de su nacimiento reinaba el hambre. Un niño fue llamando *chumba*, «europeo», porque nació cuando los europeos estaban presentes. Encontré también un niño que se llamaba «cuchara», porque el día de su nacimiento sus padres vieron una cuchara por primera vez.

Mientras que los nombres de antepasados integran al niño como repetición en la genealogía, los nombres de sucesos (al igual que los apodos) destacan más bien su singularidad e individualidad, características que lo distinguen, pero que también —a diferencia de los nombres de antepasados— desaparecen con su muerte.

6

Puesto que hasta 1985 regresé regularmente a Bartabwa, los más ancianos me asignaron a un joven de nombre Naftali Kipsang que me acompañaba en todos mis proyectos, me debía proteger y servir de traductor, pero sobre todo me controlaba. Kipsang era también llamado «catedrático»; leía mucho y le gustaba llevar un libro consigo como signo de su erudición. En el pelo tenía metido un bolígrafo. Junto con los ancianos decidía qué o a quién podía ver y de qué me podía enterar. Yo le pagaba el sueldo habitual de un profesor allí. Pero el dinero no lo obligaba a sentir lealtad hacia mí, una extraña. Abandoné rápidamente la ilusión de tener control sobre mi trabajo.

Kipsang, mi galante acompañante, se convirtió en uno de los interlocutores más solicitados. Cuando volvíamos al pueblo de un encuentro con un anciano, hacía la ronda. Lo invitaban a una cerveza para que contase las últimas noticias sobre mí. Estas resultaban sumamente entretenidas; escuchaba las carcajadas que con él se desplazaban de una casa a la siguiente.

Durante los años siguientes, entre Kipsang y yo nació una amistad. Era un hábil mediador, que sabía mantener el equilibrio entre mis intereses y los de los ancianos. También empezó a interesarse cada vez más por la propia cultura y especialmente por sus rituales, y se convirtió él mismo en un etnógrafo de las montañas Tugen. Nos hicimos cómplices, y nos reflejábamos en los distintos roles que habíamos asumido. Mientras que él evolucionó a etnógrafo de su propia cultura, yo me convertí en la primitiva, en mono, con posibilidades, sin embargo, de ascender.

7

Me enteré por casualidad de que me llamaban «mono». Este nombre no era, como Kipsang me confesó, un nombre honorable, sino más bien un mote que debería permanecer oculto para mí. Con insistencia le pedí a Kipsang que me informase de cómo la gente hablaba sobre mí y qué nombres me daban. Yo le aseguré que no me enfadaría, tampoco si los nombres eran ofensivos. Pues los conocimientos que se me brindaban dependían del estatus social que se me asignaba. Por supuesto, entendió enseguida la dimensión epistemológica que encerraba la denominación «mono», pero lo que mejor sabía era lo que como mono permanecía escondido y oculto para mí.

Decidí explorar el campo semántico del mono. Kipsang me ayudó en esto. Descubrimos que los habitantes de las montañas Tugen distinguían dos tipos de extraños: *bunik*, los extraños próximos, contra los que se hace la guerra, pero con los que uno también se casa; y *toyek*, los radicalmente extraños, los cuales están tan alejados social y culturalmente que constituyen un contraste feroz. Los *toyek* viven como monos en la selva, están cubiertos de pelo, tienen largas colas, comen seres humanos, andan cabeza abajo y cometen incesto. Ambas categorías, los próximos y los totalmente extraños, no se encuentran en absoluta oposición, sino que pueden verse también como fases sucesivas en un proceso de integración de los extraños. En las historias de clanes los ancianos hablan de hombres salvajes que viven como monos. Una casualidad los conduce al mundo habitado. A los seres humanos que allí viven llevan mijo o el fuego, y reciben en retribución una mujer. El matrimonio los transforma en yernos, que pierden poco a poco su extrañeza y salvajismo y a través de sus hijos y nietos se integran por completo en el mundo habitado.

En lugar de nuestra historia de la cigüeña, las madres de la montañas Tugen les cuentan a sus hijos que una mujer que desea tener un hijo va a la selva. Allí roba el bebé de un mono, le corta la cola y lo lleva a casa. Lo pone en su pecho y lo llama «mi mono», hasta que en un ritual recibe el nombre de un antepasado. Entonces se «olvida» su procedencia, su origen simiesco.

La línea divisoria que los habitantes de las montañas Tugen trazan entre ser humano y animal, en este caso el mono, es mucho más permeable que aquella que traza el cristianismo. Mientras que la historia cristiana de la creación coloca al ser humano como señor sobre los animales, estableciendo con ello una fuerte discontinuidad entre ambos, la relación en las montañas Tugen es más bien continua; contiene un alejamiento de, así como un regreso al mono.

Los habitantes de Bartabwa representaban así un primitivismo y una teoría de la evolución que seguramente habría deleitado a Darwin. Su teoría de la humanización no era unilineal ni estaba orientada hacia el progreso. Lo simiesco nunca desaparecía por completo, nunca era totalmente superado. Pues en distintos rituales del ciclo vital los iniciados no solo debían regresar a la selva en la fase liminal, sino que tenían que convertirse también de nuevo en animales salvajes antes de que pudiesen transformarse en una «persona social mayor».

Como mono fui asignada a la categoría de los primitivos y totalmente extraños. No era un ser humano, sino un animal. Se me colocó en los márgenes de una cosmología para mí extraña. Pero se me dio la oportunidad de dejar atrás mi ser simiesco. Favorables para mi desarrollo eran los cada vez mayores conocimientos lingüísticos y el aprendizaje de las reglas de cortesía, aun cuando no siempre me atuviese a ellas. De mono ascendí a «criatura»; «criatura» designa a una persona que todavía no actúa de un modo realmente adulto y responsable (como cuando nosotros hablamos de «criatura» para referirnos a un muchachito o una muchachita). Pero puesto que regresaba regularmente a las montañas Tugen y los ancianos no se libraban de mí, un anciano de nombre Aingwo manifestó: «La criatura viene aquí una y otra vez, la criatura nos quiere». Mi constancia en regresar allí fue la primera característica que fijaron a mi, todavía sumamente imperfecta, persona social.

8

Yo intentaba sobre todo trabar conversación con los ancianos «que todavía vivían como sus padres». Esto era bastante difícil, por una parte, porque, si bien aprendí kalenjin, la lengua local, no podía hablarla bien. El kalenjin pertenece al grupo de las lenguas tonales y posee al menos cinco tonos distintos, que yo nunca pronuncié. Puesto que con los tonos cambia también la semántica, podía pasar que dijese lo contrario de aquello que quería realmente decir. Una vez intenté saludar a un hombre con palabras amables, pero lo que le dije fue una ofensa. Se enfadó, y Kipsang tuvo que explicarle con mucho esfuerzo que yo no lo había ofendido intencionadamente, sino que era incapaz de hablar su lengua.

Por otra parte, muchos de los ancianos se negaban a hablar conmigo. Pues yo no conocía las reglas de cortesía, ni siquiera sabía que no era propio de una mujer joven hacer preguntas a un hombre mayor. La curiosidad que me impulsaba, desvergonzada desde esta perspectiva, y que, como yo creía, formaba evidentemente parte de la empresa etnográfica, conducía al rechazo.

En especial el anciano Aingwo, que estaba perfectamente familiarizado con la historia de los tugen y sus rituales, sufría con mis visitas. Una y otra vez preguntaba si al menos mi marido podría encargarse de mi trabajo. Preguntaba también qué iba a hacer yo con los conocimientos que él me estaba dando. Suspiraba y gemía, pero así y todo se sentaba conmigo y respondía a mis «erróneas» preguntas. Eran erróneas en el sentido de que él nunca se las habría hecho a sí mismo. Sin quererlo, lo desafiaba a cuestionar lo a veces no dicho y lo que quedaba en la oscuridad, y a pensar en nuevas direcciones. Le exigía una experiencia de lo ajeno que él trataba de articular. Bastante a menudo mis preguntas le pudieron parecer sumamente absurdas. Pero generosamente me daba respuestas que resultaban de aceptar una pretensión que le era extraña y lo inducían, no simplemente a devolver algo que era conocido, sino a inventar algo.

También lo conmovía mi interés por su pasado. Le gustaba hablar de los viejos tiempos, cuando su grupo de edad era todavía poderoso. No sin una cierta nostalgia nos encontramos en el deseo común de reconstruir el pasado.

Y yo aprendí y me dejé enseñar. Cuando visitábamos a una anciana que se había convertido en «toro» o a un anciano, yo gritaba fuerte delante de la entrada de la casa *toek*, que significa «aquí viene un huésped». Entonces esperaba hasta que la señora de la casa o el jefe de familia aparecía, me saludaba e invitaba a tomar asiento. Luego intercambiábamos novedades, hablábamos sobre el tiempo, la cosecha, la salud, etcétera. Solo después empezaba cuidadosamente a preguntar si podía hacer preguntas; y si se me concedía el permiso, planteaba primero preguntas más bien más generales y después cada vez más concretas, que Kipsang trataba de adaptar ingeniosamente a las reglas locales de cortesía.

Sin embargo, puesto que primero debía encontrar las preguntas correctas que en casa no me habría podido imaginar, les pedía a los ancianos historias. Para obtener fondos para la investigación había escrito en Berlín un plan muy provisional y extremadamente abierto sobre la «historia social y económica en las montañas Tugen», que me permitía descubrir sobre el terreno el tema de mi trabajo junto con mis interlocutores.

En sus historias los ancianos me introducían en campos del saber sumamente distintos (y con frecuencia desconocidos para mí). No contaban en realidad su historia personal, pues la tradición de confesiones autobiográficas les era extraña. Al igual que en muchas partes de África, el retrato individual estaba prohibido en el arte precolonial, porque no interesaba lo singular, idiosincrásico del individuo, sino su lado social, dirigido hacia los otros, así los narradores ponían más bien de relieve lo ejemplar, lo general. El fracaso y la rebelión individual destellaban aquí solo como una breve desviación para mostrar de un modo más persuasivo la verdadera vida. Se veían más bien desde fuera y consideraban su persona como opaca, «como un recipiente cerrado, en el que no se puede mirar». Su «yo» pertenecía sobre todo a los otros.

A diferencia de nosotros, en los rituales del ciclo vital la biografía social se les inscribía a ellos en el cuerpo de un modo irreversible. Los ancianos ejercían así su poder, causaban dolores y marcaban el cuerpo de los niños, extrayéndoles dientes ritualmente y perforándoles el lóbulo de la oreja. Tras la entrada en la pubertad tenía lugar la circuncisión o ablación. En el ritual los iniciados sufrían la muerte social, sacrificaban una parte de su cuerpo para «renacer» como hombre o mujer. Las cicatrices cerradas proporcionaban una pista, una biografía social, que podía leerse como una escritura, pero que no tenía necesariamente en cuenta la singularidad de los iniciados individuales y su dolor.

Las historias que me contaron Kopcherutoi, Sigriarok, Aingwo y Kipton no estaban destinadas realmente a permanecer. Que yo las anotase lo entendían como un intento de salvaguardarlas de la desaparición. Kopcherutoi decía: «Anotas las historias para que nosotros podamos olvidarlas».

La libreta etnográfica, la mayoría de las veces un cuaderno escolar que había comprado en una de las pequeñas tiendas de Bartabwa y llevaba siempre conmigo, se convirtió en parte de mi persona. Siempre que yo aparecía, ella estaba allí. No es exagerado si hoy describo mi relación con esta libreta como fetichista. La libretita estaba cargada de sentimientos, esperanzas y miedos. Tenía sueños violentos sobre su pérdida, era robada o se quemaba en el fuego abierto de mi choza. De hecho, en los relatos y anécdotas que a los etnólogos les gusta contar sobre su trabajo de campo, el tema de las notas de campo perdidas aparece una y otra vez.[4] En las representaciones de etnólogos como máscaras, esculturas o en dibujos que los colonizados elaboraron durante la época de la colonización, la libreta etnográfica también constituye un accesorio imprescindible del investigador. Cuando en 1931 el etnólogo Marcel Griaule visitó con su equipo las rocas de Bandiagara, apareció, entre los dogón de Mali, una máscara con el nombre «Madam». «Madam» se presentaba sin una forma ritual fija. Pero el portador de la máscara llevaba siempre consigo una libreta, se entrometía con desvergonzada curiosidad en ceremonias, tomaba notas, arrancaba páginas de la libreta y las repartía, como si fueran órdenes escritas. En otra ocasión «Madam» se sentó en una silla, un poco alejada de las otras máscaras. A sus pies estaban sentados dos asistentes (sin máscara). De una maleta sacó papel y lápiz y anotaba, mientras se dirigía alternativamente a los dos asistentes, que representaban al informante y al traductor. Como Griaule comunicaba en una nota a pie de página, se trataba de una imitación de la forma de trabajar de los miembros femeninos de la expedición cuando entrevistaban a la gente.[5]

En un dibujo del etnólogo Karl von Steinen realizado por indígenas sudamericanos, a su mano derecha le dibujaron siete dedos en lugar de cinco. A su pregunta por la razón explicaron

4 Roger Sanjek, «Fire, Loss, and the Sorcerer's Apprentice», en *id.* (ed.), *Fieldnotes. The Makings of Anthropology*, Ithaca (NY) y Londres, Cornell University Press, 1990, pp. 34-44, aquí pp. 34 ss.

5 Marcel Griaule, *Masques Dogons*, París, Institut d'Ethnologie, 1983, p. 585.

que le habían dado dos dedos extra para que pudiese aguantar mejor su libreta etnográfica.[6] También en las montañas Tugen mi libreta formaba parte de la imagen más o menos exótica que los habitantes de Bartabwa se hacían de mí. «¿Dónde está tu libreta?» era la primera pregunta, repetida regularmente, que Aingwo y Kopcherutoi me hacían al comienzo de una conversación.

Por lo general, anotaba directamente lo que me contaban los ancianos y Naftali había traducido. Por la noche en mi choza completaba las notas y añadía comentarios, observaciones e ideas para seguir reflexionando. Y hacía una lista de nuevas preguntas que quería hacerles en el siguiente encuentro. Además, llevaba un diario privado que algunas veces asumía funciones terapéuticas. Cuando la nostalgia era demasiado fuerte, mis interrogatorios no habían producido nada o Kipsang o un anciano me había dejado plantada, me desahogaba escribiendo allí sobre mi decepción. Y precisamente estos apuntes subjetivísimos, que no eran admitidos en las monografías publicadas, me permiten verme ahora en el proceso de escritura como objeto, etnografiarme e ir a mi encuentro como alguien extraño.

Ya en las escuelas de la misión algunos de los ancianos habían conocido la forma escrita, y con ella el dominio del alfabeto. En las conversaciones que tenían conmigo utilizaban la palabra *kesir* para la actividad de escribir. El significado de *kesir* es «poner un signo permanente». Cuando, por ejemplo, la administración colonial estableció la frontera entre los tugen y sus vecinos del norte, los pokot, con ayuda de árboles y rocas, los ancianos designaron esta demarcación de la frontera

6 Julius Lips, *Der Weiße im Spiegel der Farbigen*, Leipzig, Carl Hanser, 1983, p. 230.

como *kesir*. Cuando los hombres hacían una incisión en las orejas de cabras y vacas y las proveían del signo del clan o de la familia, usaban para esta actividad *kesir* en el sentido de tomar posesión de algo. Mientras que las palabras habladas en la vida cotidiana pertenecían a todos, el marcarlas o anotarlas las introducía en una relación de posesión. Cuando yo anotaba algo (o lo grababa en una cinta magnetofónica), lo escrito, sus conocimientos, se convertían en mi posesión. A esto respondían también los temores que algunos de los ancianos tenían por sus palabras e historias. No solo tenían miedo de que yo pudiese tergiversar y falsear lo dicho, sino también de que lo vendiese en Europa a cambio de mucho dinero y en este negocio ellos se fuesen con las manos vacías. El traslado a la escritura creaba así una situación asimétrica, un intercambio desigual, en el que ellos se veían como potenciales perdedores. Por eso me vigilaban no solo a mí, sino también a Naftali Kipsang, y de este modo se aseguraban de que lo que yo anotaba se correspondiese con sus ideas y se moviese dentro de los límites que ellos habían impuesto.

Pero el campo semántico de *kesir* no está con esto todavía agotado. Pues la actividad que designa la palabra otorga también una determinada autoridad. Para dejarme claro el poder de Asis, su dios, un anciano me explicó que este sabía todo porque lo anotaba todo. Entonces no podía perderse nada. Otro anciano me contó que los primeros europeos que visitaron las montañas Tugen escribían todo en un gran libro y por eso eran omniscientes. El saber fijado en la escritura no se olvidará y, como Asis, el dios de las montañas Tugen, reclama la verdad (divina). El dominio alfabético que se les impuso desde la época colonial, sin embargo, no impedía a los ancianos utilizarlo para sus propios fines. Con la creación de la figura de su dios Asis que todo lo anota, respondían a la asimetría que el dominio alfabético había provocado con una poderosa contra-asimetría.

Mientras que los ancianos, por una parte, trataban de proteger su saber ritual, por otra reconocían muy bien que mi escritura y también las posteriores películas de sus rituales les otorgaba una autoridad adicional. Y después de ver que durante muchos años yo había regresado una y otra vez allí, su preocupación sobre el posible robo quedó relegada a un segundo plano. Entretanto me exigían activamente anotar aquello que era importante para ellos. Me invitaban a rituales, y Aingwo decía: «¡Anota esto!», o le preguntaba a Kipsang: «¿Ha anotado este acto ritual con todos los detalles?». Me convirtieron en su cronista, que debía conservar por medio de la escritura aquello que para ellos era importante.

9

Mi transformación de mono en «pequeña persona» comenzó con invitaciones a comer y beber. Las comidas colectivas me convirtieron a mí, una extraña, en una huésped. Las leyes de la hospitalidad y la comida y bebida conjuntas garantizaban una convivencia pacífica. Beber y comer lo mismo nos acercaba los unos a los otros y reducía nuestra extrañeza también físicamente. Para afianzar el vínculo, la comida colectiva tenía que repetirse. Yo devolvía las invitaciones y pronto estuve envuelta en una red de relaciones en la que se intercambiaba igual por igual: tabaco por tabaco, puré de mijo por puré de mijo, cerveza por cerveza.

Los habitantes de las montañas Tugen del norte llamaban a su país, como ya he mencionado, «el país de las piedras». El suelo no era especialmente fértil, la lluvia caía de un modo imprevisible, y el hambre castigaba regularmente a personas y animales. Las distintas hambrunas eran recordadas como «hambre de los árboles secos», «hambre del pájaro tugen», «hambre de la langosta» o como «hambre del ñame salvaje». El motivo del hambre y del alimento escaso atravesaba como un hilo rojo no solo las historias de los ancianos, también se reflejaba en las fórmulas de saludo y en los modales en la mesa. Las ancianas se saludaban con la pregunta: «¿Qué comen hoy las abuelas?». Para esto no había ninguna respuesta; era una pregunta puramente retórica, un saludo que caía en el vacío.[7]

Como niña de la posguerra fui educada por mis padres para apreciar los alimentos y comerme todo lo que llegaba al plato, pues me habían contado muchas veces sobre la hambruna durante la guerra y durante los primeros años tras esta. Cuando el jefe me invitó a comer en Bartabwa por primera vez —había puré de mijo y verdura— su mujer nos sirvió a mí y a los demás convidados el puré a cada uno en su plato; yo dejé mi plato limpio. Con asombro comprobé que todos los demás habían dejado la mitad o por lo menos un tercio de la comida en el plato y manifestaban claramente con sus eructos que estaban completamente saciados. A mí, por el contrario, la señora de la casa me ofreció todavía una segunda ración, que yo rechacé educadamente porque estaba llena.

Más tarde me explicó Kipsang que había metido la pata. En las montañas Tugen los modales en la mesa exigen que nunca se coma todo lo que hay en el plato, porque esto causa la impresión de que uno se ha quedado con hambre y quiere más. Además, los restos en el plato les pertenecen a la señora

7 «¿Qué has comido?» es una pregunta que se hace también en el sur de Italia, con la que se saluda a parientes y amigos y se les pregunta por su salud. Cf. Ulrich van Loyen, *Neapels Unterwelt. Über die Möglichkeit einer Stadt*, Berlín, Matthes & Seitz, 2018, p. 137, nota 5.

de la casa y a los niños, que comen después de los invitados. Puesto que yo había vaciado mi plato, me había comportado como una glotona y, lo que era peor, me había comido la parte de la señora de la casa y de los niños.

Me sentí muy avergonzada y le pedí a Naftali que me disculpase, y en nuestro siguiente encuentro le llevé a la mujer del jefe una cesta llena de harina de maíz y mijo. Aprendí que en las montañas Tugen, precisamente porque allí el hambre era a menudo tan grande, lo que definía los modales en la mesa era la moderación. Un hambriento no puede mostrar nunca que está hambriento, y la glotonería es la encarnación de los malos modales. Desde entonces no me he podido acabar del todo ningún plato.

Tras mi iniciación en los modales en la mesa, los ancianos decidieron darme también parientes. Puesto que ya estaba casada, no podía ser integrada a través de una alianza matrimonial; por eso me dieron una madre de nombre Kopcherutoi, una sabia mujer muy estimada, que poseía el estatus de un hombre, de un toro y anciano ritual. Era ya bisabuela y llevaba un cinturón que estaba adornado con cuatro hileras de conchas de cauri. Cada hilera representaba una generación de descendientes. Me mudé con ella al monte Rimo y monté mi tienda junto a su choza. Volví a recibir un nuevo nombre. Ahora me llamaban la «pequeña Kopcherutoi».

Puesto que Kopcherutoi se había convertido en mi madre, pertenecía ahora al clan Teriki, y mi tótem era el elefante. De golpe tenía numerosos parientes y estaba integrada en una red de amistades y enemistades. Cuando invité a mi nueva parentela a una fiesta y fabriqué cerveza de maíz —lo que estaba prohibido por el gobierno keniano, pero en las montañas Tugen se hacía en todas partes— Kopcherutoi y su hermano Sigriarok dijeron: «¡Nos da de comer, nos quiere!».

En efecto, mi participación en fiestas de cerveza prohibidas oficialmente fue vista por la mayor parte de los habitantes de Bartabwa con una cierta satisfacción. Frente al jefe, que debía imponer la ética del trabajo decretada por el Estado —pero que hacía como si no supiese nada de las borracheras—, yo me aliaba con la otra parte, los viejos y los más pobres. Como descubrí más tarde, el jefe no era muy estimado. No en vano, era la única persona en Bartabwa que contaba con una apreciable corpulencia. En la lógica que regía en el lugar, muy razonable por cierto, se consideraba que aquel que era gordo y rico lo era porque le había quitado a otros. Hoy pienso que mi participación en fiestas de cerveza de hecho prohibidas contribuyó a que me ganase el favor de los ancianos. Pero con ello no había desaparecido por completo el mono como parte de mi persona. Destellaba una y otra vez en los chistes que contaban los ancianos. Cuando vigilaba, junto a una joven, los campos de maíz para impedir que los monos y pájaros comiesen la cosecha, mi esencia simiesca asustaba tanto a los monos, que se escapaban rápidamente. Cuando Sigriarok relataba esto todos los parientes presentes se desternillaban de risa.

Yo no asustaba solo a los monos, sino también a los niños pequeños. Me llamaba la atención que al verme comenzaran a llorar y a gritar. Al principio no me lo tomaba como algo personal; pensaba que los pequeños tendrían probablemente hambre o dolor de barriga. Pero después dos mujeres me explicaron que con mi pelo revuelto —lo traía largo y suelto, un peinado con el que de hecho estaba muy contenta— parecía un monstruo de la selva, especialmente cuando el viento alborotaba mi cabello. Los niños, decían, gritaban porque mi aspecto era muy horrible. Tuve que reconocer que para los habitantes de las montañas Tugen yo era aparentemente algo excesivo que pertenecía a una cultura extraña. Allí las mujeres llevaban el pelo muy corto; solo en la fase liminal, durante la iniciación o después de un fallecimiento, lo dejaban crecer.

Las dos mujeres me sentaron en una silla, y entre risas y consuelos generalizados me hicieron dos compactas trenzas en el pelo. Soporté este desmontaje, me sometí al ideal de belleza extraño para mí e intenté en lo sucesivo domar mi pelo. De hecho, los niños dejaron de gritar cuando me veían. Pero al mismo tiempo me enteré también de que algunos padres me usaban para disciplinar. Cuando los hijos habían hecho algo prohibido, los amenazaban diciendo: «¡Mama Henry vendrá y te comerá!». Yo servía pues de coco caníbal. En la literatura de viajes del siglo XIX que había leído con voracidad, los viajeros occidentales tenían predilección en describir a los africanos como caníbales, a los que les gustaba cocinar en grandes ollas a otros africanos, pero también a europeos, para después comerlos. Ahora, para regocijo de los adultos y para espanto de los niños, yo era también declarada caníbal. Me veía atrapada en la complicada reciprocidad de las perspectivas y en las imágenes de alteridad que se reflejan hasta el infinito.

Tuve también que reconocer que no solo mi pelo, sino toda mi persona era percibida como fea. Desde el punto de vista de la mayoría de los habitantes de las montañas Tugen era demasiado flaca, me faltaban las curvas que hacían a una mujer hermosa y deseable. Puesto que allí la riqueza y el bienestar se manifiestan directamente en la obesidad y en la corpulencia —un ideal que a causa de la pobreza y el hambre solo se alcanzaba raras veces—, yo aparecía como una criatura miserable y digna de lástima. También mi nariz era demasiado grande. Mi piel, así me lo explicó Kopcherutoi, era demasiado transparente y no solo dejaba ver las venas por las que corría la sangre, sino también la carne cruda. Se reía muchísimo. Por lo visto, yo era transparente de una manera obscena, estaba más que desnuda y dejaba ver cosas que era mejor que quedaran ocultas. También mi cambiante color de piel, que tras una quemadura solar mudaba de un rojo intenso a un rojo parduzco y después a amarronado, daba lugar a comentarios y chistes, que hirieron mi orgullo y no fortalecieron necesariamente la imagen que tenía de mí misma. Mis observadores, que no perdían detalle, disponían de una asombrosa riqueza de interpretación que superaba de lejos la mía y (por desgracia) no coincidía con ella. Pero justamente porque yo no me adecuaba a sus nociones estéticas y —al menos al principio— les era tan extraña, recurrían a sus reglas de cortesía y hospitalidad, que durante largos períodos de tiempo me permitieron olvidar cómo me veían. Su amor a la verdad no les dejaba hacerme (falsos) cumplidos. Pero si había suficiente para comer, las mujeres me pasaban a veces pequeños trozos de carne, para que me pusiese «gorda y de buen ver».

Aunque finalmente no me impuse a la imagen que tenían de mí, mis parientes, vecinos y sobre todo los niños se acostumbraron a mí (y yo a ellos) paulatinamente en el transcurso de mis estancias. Me amoldé, me transformé en su dirección y perdí por lo menos en parte mi exótico valor de exhibición. Mis cuidadosos intentos de recuperar algo más la imagen de mí misma, llevando por ejemplo el pelo un poco más suelto y renunciando a las trenzas, fueron aceptados sin comentarios.

10

En el Instituto de Etnología de Berlín había aprendido, con la crítica de Adorno de la investigación social empírica, a desconfiar por principio de la investigación cuantitativa. Por ello, después de convencerme de que había encontrado los temas más importantes, hacía sobre todo preguntas cualitativas a los ancianos, y solo después empezaba a trabajar también cuantitativamente. Me resultó claro que este era el modo apropiado de proceder cuando intenté reconstruir la época colonial desde la perspectiva de los ancianos. Pues, como me contó Kipton, los europeos habían establecido su dominio exigiendo que los habitantes de las montañas Tugen pagaran «al gobierno». Los funcionarios del gobierno o los jefes designados por ellos comenzaron a contar vacas y cabras. Contaron también casas, niños y adultos. Luego los contabilizados tuvieron que pagar impuestos, primero en especie, más tarde en forma de dinero. También otros ancianos relataban que el ser contado iba acompañado de impuestos obligatorios y control colonial. Quizás como reacción a esto, pero quizás también como una prohibición ya antigua, los habitantes de las montañas Tugen intentaban evitar cualquier forma de cuantificación. Si bien es cierto que conocían exactamente el número de las propias cabras, vacas y, por supuesto, de los hijos, hablar de ello o incluso mencionar el número no solo se consideraba de mala educación, sino que era directamente una provocación para causarle daño por envidia al más rico. Así que si yo hubiese empezado a contar las casas, animales y qué se yo, me habría colocado muy directamente en la tradición de las prácticas coloniales de dominio. La recogida de datos cuantitativos se habría realizado a costa de esa inmersión en el detalle que constituye precisamente la subversión del saber etnográfico.

II

Del proyecto etnográfico forma parte de un modo esencial la traducción. Esta resultó un proceso difícil no solo para mí, sino para todos los participantes. Nuestra necesidad era grande.

Especialmente al principio, traducir se convertía en un trasladar a otro lugar que apenas era conocido. Había rodeos y de vez en cuando también un accidente.[8] A veces me mareaba ante la irreversible extrañeza entre las lenguas. Antes de conocer a Naftali Kipsang, había trabajado ya en Kabartonjo con un joven como traductor que hablaba bastante bien inglés y había ido a la escuela primaria. Era muy amable y educado, y quería sobre todo agradarme. Su idea de la traducción consistía en contarme, más o menos independientemente de lo que decía nuestro interlocutor, aquello que creía que me podía complacer. Yo intentaba explicarle que de lo que se trataba era de trasladar al inglés del modo más exacto posible —palabra por palabra— lo dicho por el interlocutor, independientemente de que me gustase o no. Él comprendió y se sintió decepcionado. Kipsang, en cambio, leía literatura inglesa y se había ocupado bastante del problema de la traducción. Sabía también que el malentendido es una parte esencial de esta. Entendía mis preguntas a su modo; algunas veces las traducía de tal forma que la respuesta del anciano no se refería en nada a ellas. O mi interlocutor malinterpretaba la traducción que hacía Kipsang de mi pregunta, y respondía, en consonancia, de un modo errático. La cadena de las traducciones —tanto las preguntas como las respuestas— me recordaba con frecuencia al «teléfono descompuesto», un juego que me había gustado jugar de niña. Nos llevó un tiempo crear un vocabulario común, en situaciones lingüísticas y contextos concretos, de preguntas, largos debates, práctica y repetición que proporcionó la base para nuevos temas. Pero justamente los múltiples malentendidos hacían aparecer a veces preguntas y temas nuevos

8 Sybille Krämer, *Medium, Bote, Übertragung. Kleine Metaphysik der Medialität*, Frankfurt del Meno, Suhrkamp, 2008, p. 176.

e imprevisibles, en los que yo nunca habría pensado y sobre los que tampoco habría podido preguntar. De hecho, de lo que para mí se trataba sobre todo, a la luz de la teoría de la traducción de Benjamin, era de entender la lengua extranjera y su traducción como una forma de producción que no disuelve por completo la extrañeza, sino que la transfiere, como una especie de complemento y enriquecimiento, a la propia lengua, que es por su parte enajenada. Yo quería, así, alcanzar una «tugenización», y con ello un enriquecimiento y una expansión de la lengua alemana.

12

Para encontrar las preguntas correctas, la casualidad venía algunas veces en mi ayuda. Así, con ocasión de una disputa me enteré de la noción cíclica de la historia que tenían los ancianos, que curvaban tanto su tiempo de vida como su historia en un ciclo en el que los sucesos se repetían. En la literatura que había leído como preparación no se hablaba de esta concepción de la historia; por tanto, yo no habría podido preguntar sobre eso. Casualmente, en una conversación de algunos ancianos me enteré de que esperaban que los europeos volvieran de nuevo al país y asumieran el gobierno. Pregunté con cuidado y se comprobó que había entendido correctamente. La abuela de uno de los presentes había profetizado el retorno de los europeos y con ello el regreso de la época colonial. Con la mala conciencia de la etnógrafa que sabe de los vínculos entre colonialismo y etnología, protesté enérgicamente e intenté explicar que los europeos no tenían ningún interés en colonizar nuevamente Kenia. Con mi objeción me hice impopular; los ancianos se enfadaron. Uno de ellos me reprendió con aspereza y me dijo que yo no sabía nada en absoluto, allí en las montañas Tugen los sucesos no ocurrían solo una vez, sino dos veces, tres veces, muchas veces. Después de eso comencé a interesarme por su noción del tiempo y de la historia.

Los habitantes de las montañas Tugen compartían con sus vecinos un sistema cíclico de grupos de edad que no solo servía como máquina de integración para incorporar a los extranjeros, sino que también determinaba de un modo fundamental su noción del tiempo y de la historia. El sistema de grupos de edad les proporcionaba las categorías para pensar su sociedad y su historia. En las montañas Tugen había ocho grupos de edad, cada uno con su propio nombre. Los grupos de edad son grupos sociales que estructuran a hombres y mujeres jerárquicamente y marcan el curso del tiempo. Con la iniciación en uno de los ocho grupos de edad, los ancianos, «a los que pertenece el mundo», disponen el «nacimiento social» de mujeres y hombres jóvenes de diferentes edades; como «personas de la misma edad» recorrían juntos las distintas etapas del ciclo vital. Después de aproximadamente cien años, cuando todos los ancianos de un grupo de edad habían muerto, los jóvenes, sus bisnietos, eran iniciados en el grupo de edad huérfano, y empezaba un nuevo ciclo.

A los grupos de edad del mismo nombre se les atribuyen características comunes, por ejemplo, ser especialmente pacíficos o belicosos. Estas características se repetían cuando el grupo de edad correspondiente asumía el poder. Al mismo tiempo, los miembros jóvenes de un grupo de edad era considerados como una repetición de los viejos. Y los ancianos esperaban que también los sucesos que habían tenido lugar en la época del «dominio» de un determinado grupo de edad se repitiesen en el nuevo ciclo. En cierto modo, esto sucedía también porque los ancianos los interpretaban según el modelo que se les había transmitido y actuaban de acuerdo con él.

Pero conocían también una posibilidad de escapar de la imposición de la repetición. Aingwo me explicó que los ancianos dan golpes sobre *otin* —«tradición», «pasado» o «historia»—, tal como después de un mal sueño suelen dar golpes sobre una piel de cabra para expulsar con el ruido los pensamientos sobre el sueño. Cuando en el siglo XIX los guerreros del grupo de edad Maina sufrieron una derrota catastrófica, los ancianos decidieron astutamente suprimir este grupo de edad para evitar una repetición de la catástrofe en el siguiente ciclo. Su medida tuvo éxito, la catástrofe no tuvo lugar. Desde entonces hay, en lugar de ocho, solo siete grupos de edad.

También la época colonial fue integrada en la concepción cíclica de la historia. El «descubrimiento» de los europeos y el inicio de la época colonial tuvieron lugar cuando el grupo de edad Kaplelach llegó al poder. Me contaron que los primeros encuentros con los extranjeros fueron un *shock*, pero no una catástrofe. Pues los ancianos tomaron la llegada de los europeos como el regreso de los sirikwa, un pueblo misterioso que había llegado a las montañas Tugen hacía cientos de años. Los sirikwa habían llevado vacas y hierro, y tras algunas generaciones habían vuelto a desaparecer. Y del mismo modo desaparecieron también los europeos, los segundos sirikwa, a principios de los años sesenta. Sin embargo, decía Sigriarok, con la desaparición de los europeos no habían cambiado muchas cosas. De hecho, como ya se ha mencionado, los ancianos denominaban al gobierno keniano poscolonial con el mismo nombre que a los europeos: *chumbek*. Al parecer, el propio gobierno nacional les resultaba igual de extraño que los europeos.

Aingwo contaba que se asustó cuando vio al primer europeo. Lo tomó por el espíritu de un antepasado. El europeo era blanco como la sal, y se podía ver la sangre que corría por las venas a través de su cuerpo. Pero Aingwo se espantó todavía más de su fusil. Además el europeo era tan gordo que supuso que no comía solo mijo, sino también personas.

Otros ancianos contaban que durante la época colonial los europeos iban de aquí a allá por sus montañas, y que poseían una gran abundancia de alimentos. Pero rara vez hacían trueque. No iban de caza, y aunque no tenían consigo mujeres, se negaban —así se quejaban los ancianos— a casarse con mujeres de las montañas Tugen y ser incorporados a través de esta alianza en la comunidad de los tugen. Se los consideraba espías que exploraban el país para hacer venir más tarde a sus parientes y robar el país. Al igual que a mí, llamaban también «monos» a los europeos que habían aparecido entre ellos mucho tiempo antes que yo, porque venían de la selva, iban de un lugar a otro y no vivían en casas. Y llamaban a algunos europeos también «caníbales», «la gente de la casa con la gran olla». Me consolaba un poco que ya no tuviese que tomarme como algo personal la denominación de mono (y caníbal).

Cuando en 1978 llegué a las montañas Tugen, era inminente la iniciación del grupo de edad Kaplelach. Había estado en el poder cuando comenzó la época colonial. Es posible que los ancianos vieran en mi presencia un signo de que los europeos volverían.

Mientras que los tugen en el norte solo raras veces tenían contacto directo con europeos, la cercanía a colonos blancos, que vivían en granjas en los alrededores de Nakuru, determinaba de un modo fundamental la historia en el sur. La etnografía que los tugen del norte formularon de los europeos durante la época colonial dibuja también una imagen mucho más positiva que la de los sureños, a los que a menudo se recurría para brutales trabajos forzados, servicio de portadores y construcción de carreteras, y que tenían que trabajar como ocupantes ilegales en las granjas de los colonos. De hecho, los habitantes de las montañas Tugen del norte recordaban la época colonial como una época de paz. En la época precolonial, los pokot les habían robado vacas en repetidas ocasiones y los habían expulsado de las mejores zonas de pasto. Cuando la administración colonial estableció en 1916 la frontera entre los pokot y los tugen, recuperaron una parte de sus pastos. La administración colonial también logró —a diferencia del gobierno poscolonial— protegerlos de otras agresiones. Así, en el plano local los colonizados experimentaron el colonialismo de un modo sumamente distinto: en el sur de las montañas Tugen como extremadamente violento y explotador, en el norte como más bien pacífico. Solo en la época poscolonial los vecinos pokot les volvieron a robar las vacas a los habitantes de Bartabwa.

Yo no era la primera etnóloga que visitaba las montañas Tugen.[9] Pero ninguno de los otros investigadores aparece mencionado en los relatos de los ancianos de Bartabwa, probablemente porque se habían seguido quedando en el sur. Aingwo contaba, sin embargo, sobre geógrafos europeos que llegaron a las montañas y midieron el país. Ordenaron desenterrar gruesos bloques de hierro que procedían de los sirikwa. O miraban el suelo y decían: «Ahí hay un elefante». Después desenterraban sus huesos y colmillos de marfil.

Parece como si los europeos durante la época colonial no hubiesen impresionado especialmente a los habitantes norteños de las montañas Tugen. Probablemente no hubo un motivo para formular una etnografía diferenciada de los europeos. El interés de los ancianos por su historia (colonial) era escaso.

9 Los primeros fueron Bonnie y David Kettel, de Estados Unidos; cf. David Kettel, *Passing like Flowers. The Marriage Regulations of the Tugen of Kenya and their Implications for a Theory of Crow-Omaha*, tesis doctoral, University of Illinois, 1975.

Si le preguntaba a Aingwo cuándo había tenido lugar este o aquel suceso, sonreía y decía que no era importante, porque los sucesos de todos modos se repetían. Tampoco la época colonial fue única, era ya la repetición del encuentro con extranjeros, los sirikwa, y los ancianos contaban con que también en el futuro se repetiría. No obstante, reconocían también que su historia no se desplegaba en un ciclo de sucesos siempre iguales. Así, veían ciertamente diferencias, por ejemplo, entre los sirikwa y los europeos. Y constataban que desde la llegada de los europeos la fiable conexión entre transmisión y profecía, entre tradición y expectativa, había quedado alterada. Pues tuvieron también que experimentar que el futuro se desprendía cada vez más del ciclo de lo aparentemente igual y huía hacia un tiempo que producía más bien nuevos acontecimientos que no se dejaban equiparar tan fácilmente con el pasado. El ciclo pasado que recordaban fue alterado por muchas influencias incontrolables y tomó rumbos que no se correspondían con sus expectativas. También ellos tuvieron que reconocer que una simple inversión de la mirada desde el pasado hacia el futuro ya no daba resultado.

13

Mi carrera social no terminó con mi incorporación al clan Teriki. Los ancianos me habían prohibido hasta entonces participar en rituales, y se habían negado también en gran medida a hablar de ello. Como supe más tarde, era a sus ojos totalmente superfluo hablar sobre sus rituales: estaban ahí, como me explicó Aingwo, para hacerse. Todo niño de las montañas Tugen es transformado en una persona social en rituales del ciclo vital, al principio como iniciado que sufre el ritual, luego como ayudante ritual, que gana poder de actuación y asiste a los miembros de los siguientes grupos de edad en su iniciación, y finalmente como anciano que, ahora con conocimiento, poderoso y de un modo activo, conduce el ritual.

Únicamente Sigriarok me hizo la propuesta de «comprar» Sohro, el último y más grande ritual del ciclo vital. En efecto, los ancianos permitían a extranjeros que querían convertirse en tugen adquirir sus rituales. Yo «compré» el ritual y contribuí a la fabricación de cerveza con dinero para miel y maíz. Contra la resistencia de algunos hombres y mujeres —entre ellos, también Kopcherutoi—, Sigriarok impuso mi participación. Por una parte, explicaba, me había convertido en una teriki y había adquirido con ello el derecho a participar en los rituales públicos. Por otra, así consolaba a los oponentes, yo no podía de todos modos entender nada y con ello tampoco robar los rituales y llevármelos conmigo a Alemania.

Podía, por tanto, participar en Sohro, aunque solo en las ceremonias públicas; quedé excluida de los rituales más bien «secretos» que «pertenecían» solo a los hombres o solo a las mujeres. Yo pertenecía al simple público que únicamente podía observar. He aceptado siempre los límites que me impusieron y no he intentado infringirlos «en favor de la ciencia» con ayuda de ardides, esta actitud me mostró hasta qué punto los sujetos de mi investigación confiaban en mí y hasta dónde llegaba la ficción de mi incorporación a su cultura (y dónde acababa).

Tres días y tres noches duró el ritual Sohro, en el que los ancianos desplegaron su arte. El encanto de su expresión me arrastró y me fascinó. Con hábiles efectos de luz y una refinada dramaturgia lumínica del mostrar y el ocultar, con cantos a varias voces, danzas, actos rituales y mucha cerveza con miel, lograron crear una atmósfera extraordinaria y densa, que me impresionó profundamente.

En sus rituales los ancianos representaban una filosofía práctica del movimiento, del tránsito, de la inversión y de la transformación. Los caminos que en los rituales se recorrían entre el mundo habitado y el salvaje separaban y unían los polos opuestos del orden espacial y generaban transformaciones. Al conducir a personas y objetos a un lugar «al revés», estos se modificaban; las mujeres se convertían en hombres y los hombres en mujeres (incluso) menstruantes, los seres humanos se convertían en animales salvajes y viceversa.

En sus rituales ponían de manifiesto que nada existe sin su contrario. Así, el mundo salvaje, el otro propio, se enfrenta al mundo habitado, el animal —por ejemplo, el mono— al ser humano, el hombre a la mujer y la muerte a la vida. Pero el uno está siempre contenido también en el otro. El mundo salvaje tiene lugares del mundo habitado, el mundo habitado lugares del mundo salvaje; un pedacito de mono persiste en el ser humano y viceversa. Contra la preponderancia de la muerte, los ancianos se aferraban a una relación complementaria entre vida y muerte. Domesticaban la muerte, por una parte, integrándola en el sistema cíclico de grupos de edad y garantizando con ello el regreso de los difuntos al mundo habitado; y por otra, entregando en la fase liminal a los iniciados, hombres y mujeres, a la circuncisión y a la ablación y con ello a una «pequeña muerte». Le daban voluntariamente a la muerte un pedazo de su carne y de su vida para obligarla a una relación de intercambio y limitar así su poder.

En los principios de su mundo no se encontraba lo propio, sino lo extraño y lo otro, el mono procedente del mundo salvaje era convertido mediante rituales en persona social y tenía que sufrir el dolor y la violencia que acompañan al alejamiento del mundo salvaje y a la domesticación. En los rituales del ciclo vital los iniciados repetían una y otra vez este regreso al mundo salvaje. Con ello mostraban también que la repetición nunca tiene realmente éxito, puesto que el mundo, que debería permanecer inalterado, está no obstante sometido a cambios. Pero, al mismo tiempo, generaban también «un crecimiento en el ser»,[10] pues solo en la repetición se vuelve real la realidad.

En sus rituales los ancianos trataban también el tema de la inversión de la perspectiva, que hasta hoy me inquieta. Pues todo ritual del ciclo vital por el que pasa el iniciado conducía a un cambio de su visión de la propia vida y del yo, así como de la de los otros. De hecho, los ancianos me demostraban de forma concreta que la inversión de la propia perspectiva a través de los otros es un componente necesario de la humanización.

14

Después de que el «gran» ritual Sohro hubiese terminado, me dijo Sigriarok: «Ahora te has hecho mayor», y se rio. Y el padre de Kipsang explicó que el ritual me había hecho bien, ¡había engordado! También él se rio, y todos los presentes se unieron a él.

De hecho, nunca en toda mi vida se han reído tanto de mí como en las montañas Tugen. Como Clifford Geertz observó en 1968, un trabajo de campo solo puede tener éxito cuando los etnografiados aceptan la ficción de que la etnóloga es un miembro de su cultura (o, al menos, aspira a la pertenencia limitada).[11] Con mi incorporación al clan Teriki y la partici-

10 Georg Gadamer, *La actualidad de lo bello. El arte como juego, símbolo y fiesta*, introd. de Rafael Argullol, trad. de Antonio Gómez Ramos, Barcelona, Paidós e Instituto de las Ciencias de Educación de la Universidad Autónoma de Barcelona, 1991, p. 91.

11 Clifford Geertz, «Thinking as a Moral Act: Dimensions of Anthro-

pación en las secuencias públicas del ritual Sohro, los ancianos me demostraron que se habían apropiado de esta ficción etnográfica. Por supuesto, la examinaban y jugaban, como yo, con ella, solo que mejor. El precio que pagué por ello fue la adopción del rol de una persona ridícula, de una bufona. Cada uno de mis actos podía llevar a estallidos de hilaridad. Algunas veces entendía la causa, pero por lo general la razón se me ocultaba. Solo sabía que era ridícula. Con esta risa los ancianos se protegían de mí y me hacían darme cuenta de que seguía siendo una extraña y una intrusa. Sus risas marcaban el límite, el instante en el que ellos ya no podían mantener la ficción etnográfica: como la pausa de un juego en el que los jugadores tienen presente, por un momento, su entorno antes de seguir jugando.

No puedo afirmar que esta risa no tuviese ningún efecto. Aun cuando no fuese una burla, sino a veces también una risa más bien amable, yo llevaba, cuanto más tiempo duraba, su peso sobre mis hombros. Me provocaba inseguridad. Me miraba con más frecuencia en el pequeño espejo que había traído de Berlín. Después de tres o cuatro semanas, cuando me cortaba en un dedo, me caía o me resbalaba cuesta abajo, entonces sabía que era el momento de una pausa para hacer una visita a mis amigos en Kabernet o Nairobi. Allí leía mi correo, llamaba por teléfono a mi marido y a mis amigos en Berlín, iba a fiestas y me divertía. Después de unos días regresaba a las montañas Tugen fortalecida y animada.

La risa de los ancianos me abría, sin embargo, también el espacio social de libertad que se le reconoce a un bufón. Me posibilitó ir alternando entre las distintas categorías de la per-

---

pological Fieldwork in the New States», *Antioch Review* 28/2 (1968), pp. 139-158.

sona social y de los sexos e importunarlos a ellos con preguntas que no se habrían hecho a sí mismos.

Solo cuando mi marido me visitó, los ancianos insistieron en que me debía comportar como una mujer decente para que él no tuviese que avergonzarse. Entonces él se sentaba junto con otros hombres a la sombra de un árbol de mango bebiendo cerveza, mientras yo, rechinando los dientes, realizaba trabajos de mujeres, iba a buscar agua, lavaba la ropa y cocinaba. Cuando se volvió a ir, fui neutralizada de nuevo con respecto al género, recuperé mi libertad y pude ir alternando entre las distintas categorías del mundo de las mujeres y de los hombres.

Pero hubo también un ámbito en el que los intereses de los ancianos se encontraron con los míos. Ellos reconocieron que mi atención por sus rituales los revalorizaba. Puesto que sus hijos y nietos aprendían en la escuela que las tradiciones propias eran primitivas y que las debían abandonar en favor del progreso y la modernidad, muchos jóvenes se negaban a tomar parte en los rituales. De este modo se interrumpía la carrera ritual de los padres y abuelos, que ahora ya no podían completar su persona social y transformarse en espíritus de antepasados. Mi interés por las tradiciones y los rituales les otorgó una nueva consideración y provocó al menos que Kipsang decidiese llevar a cabo un importante ritual, que lo convertía no solo a él, sino también a su padre, en una «persona mayor».

No puedo descartar que los ancianos, en el marco de su comprensión cíclica de la historia, esperasen que los relatos que me regalaban hiciesen revivir de nuevo un pasado perdido y motivasen su regreso.

15

Con su sistema cíclico de grupos de edad los ancianos obtenían el privilegio de controlar no solo a las generaciones jóvenes, sino también el tiempo mismo. La organización del ritual de iniciación los autorizaba a fijar un nuevo comienzo radical. Contra el tiempo biológico establecieron uno social, que comenzaba con el nacimiento ritual del iniciado, borraba el tiempo previo y cancelaba la infancia.

En la época precolonial, los hombres y las mujeres tomaban el movimiento del sol en el horizonte por un calendario en virtud del cual disponían sus actividades. Desde una posición fija, unos astrónomos observaban las sucesivas salidas de sol en el horizonte por el Este. Como en la esfera de un reloj, fijaban una línea de visión en la que unían los lugares móviles de la salida del sol con puntos especialmente destacables en el horizonte. A algunos de estos puntos los llamaban «las casas superiores (en el Sur) o inferiores (en el Norte) del sol». Así, por ejemplo, comenzaban con el desmonte por incendio de los campos solo cuando el sol había abandonado la casa superior.

Aunque el movimiento del sol en el horizonte les proporcionaba una referencia, esta medición del tiempo seguía siendo puntual y circunstancial. No ejercía una coerción plena sobre las acciones de las personas. Estas no debían luchar contra el tiempo, y él tampoco se les escapaba.

Los ancianos y yo concebíamos de un modo muy diferente el tiempo. Mientras que yo padecía una aguda falta de tiempo e intentaba organizar mi estancia en las montañas Tugen del modo más efectivo posible, porque el tiempo y los fondos para la investigación se habían calculado de un modo muy ajustado, los ancianos parecían tener tiempo en abundancia. La mayoría no tenía reloj de pulsera; el modo de concertar una cita era que él, ella o yo señalase con el brazo extendido la posición del sol o, mejor dicho, de la sombra descendiendo. Este tipo de acuerdo en materia de tiempo abría un margen considerable de maniobra. Con frecuencia estábamos varias horas de camino para encontrar a un determinado anciano. Cuando por fin llegábamos, él no estaba en casa. Esperábamos, a menudo durante horas y algunas veces en vano. Al principio me daban ataques de rabia por el tiempo supuestamente perdido; solo poco a poco fui aprendiendo a lidiar pacientemente con estas situaciones. De hecho, a veces hasta resultaban extraordinariamente productivas. Durante la espera aparecían personas que yo no conocía y contaban los últimos cotilleos, o Kipsang y yo comenzábamos a hablar sobre un sueño que él había tenido y lo interpretábamos de un modo muy distinto. La mayoría de las veces lograba tranquilizarme tras unas semanas y desacelerar mi vida.

Pero a los ojos de los habitantes de las montañas Tugen seguí siendo un ser inquieto y presuroso. La velocidad de mis pasos, propia de la gran urbe berlinesa, y mis movimientos agitados conducían, como ya he mencionado, a arrebatos de serenidad; a los ojos de mis observadores carecía de toda dignidad. También las mujeres y los hombres en las montañas Tugen tenían que darse prisa a veces y apresurarse en ir de una montaña a la otra. Muchos de ellos pueden correr extremadamente rápido, los kalenjin son hoy los mejores corredores de fondo y de maratón del mundo. Pero en cuanto entraban en el campo de visión de otra gente, frenaban, se limpiaban el sudor de la frente, colocaban en orden su ropa y cambiaban a un paso controlado y digno.

Durante la época colonial empezó a imponerse el uso de calendarios occidentales y de relojes. Aunque los primeros relojes eran sobre todo productos de prestigio y tenían poca influencia en la vida cotidiana, sobre todo las escuelas y otras instituciones occidentales introdujeron el tiempo abstracto y causaron transformaciones radicales. Me acuerdo de un profesor en Kabartonjo que se ofreció a organizar para nosotros una visita turística. Quería mostrarnos los acantilados desde los cuales tenían que arrojarse a la muerte los ancianos demasiado viejos que habían sobrevivido a su grupo de edad,[12] así como algunas cuevas en las que habían vivido los sirikwa, los primeros europeos. Llevaba un reloj de pulsera y había elaborado un horario preciso: 10:52 salida, 11:33 llegada a los acantilados y así sucesivamente. Insistió en observar su plan, y tuvimos que apresurarnos para cumplirlo. Así, me hizo ver de un modo caricaturesco la relación que yo misma tenía con el tiempo.

16

Después de que me hubiese mudado con Kopcherutoi, mi nueva madre, a la montaña Rimo, hice a principios de los años ochenta una foto polaroid de ella. Le pedí permiso y ella accedió. No posó para la foto. Siguió atendiendo su trabajo y no se preocupó de mí; cuando la cámara hizo clic, alzó brevemente la vista. Le envié la foto, una imagen ajena de su persona. La sujetó al revés, la miró fugazmente, sonrió y la escondió bajo una piedra de su almacén. No sé si se reconoció. En su casa no había ningún espejo. Si se quería ver a sí misma, podía ver su imagen reflejada en la superficie del agua. Por lo demás, ella era sobre todo lo que los demás veían en ella. Más tarde, Kipsang le mostró otra foto y le explicó que ella era aquella

12 Al parecer, no solo el tiempo abstracto, sino también el social puede ser mortífero.

que estaba allí retratada. Volvió a sonreír y puso la foto a un lado; no le interesaba.

En la época precolonial los habitantes de las montañas Tugen no producían retratos en forma de imágenes, máscaras o esculturas. Como en otras sociedades más bien pastorales, su cultura material estaba limitada a lo necesario. Los ancianos utilizaban, como ya se ha mencionado, el cuerpo humano para literalmente grabar en él la biografía social. Las heridas, y más tarde las cicatrices, les mostraban a los otros quién era uno.

En los años cincuenta, aún antes del final de la época colonial, abrieron estudios fotográficos aislados en las localidades más grandes de las montañas Tugen —no en Bartabwa— y les dieron sobre todo a los jóvenes la posibilidad de hacerse retratos de sí mismos y de otros. Mientras que los jóvenes y la gente «moderna» practicaban un pequeño culto con las fotos, los ancianos apenas mostraban interés. No eran, sin embargo, iconoclastas, como los pokot que vivían más al norte, los cuales veían el acto de fotografiar y filmar como una forma de robo que les quitaba la sustancia y los hacía adelgazar. Cuando los turistas los querían fotografiar, se negaban o exigían mucho dinero. Por el contrario, los ancianos en Bartabwa se comportaban, como Kopcherutoi, de un modo más bien indiferente frente a las imágenes.

¿Qué significa filmar o fotografiar en una sociedad semejante? Puesto que los ancianos eran grandes narradores, artistas de la palabra y de los gestos, yo quería rodar a toda costa una película sobre ellos y su visión del mundo. Como parte de mis estudios en la Academia de Cine y Televisión de Berlín quería continuar ante la cámara la «conversación sin fin» que habíamos empezado. Pregunté a Kopcherutoi, Aingwo, Kabon y al adivino Sirpen si me permitirían filmarlos. Puesto que un par de años antes unos misioneros católicos habían mostrado en Bartabwa una película sobre Jesús, conocían ya el medio. Estuvieron de acuerdo y me dieron el permiso de grabarlos tal y como ellos se quisiesen presentar delante de la cámara.

Junto con la operadora de cámara Hille Sagel[13] rodé en 1980-1981 dos películas etnográficas en las montañas Tugen: *Im Bauch des Elefanten* [En el vientre de los elefantes] (1982) y *Gespräche mit Kopcherutoi* [Conversaciones con Kopcherutoi] (1985). Al contrario que yo, Hille había adquirido ya experiencia cinematográfica y rodado con éxito un largometraje. Visitaba África por primera vez. Por eso habíamos convenido que, en caso de que no se aclarase con la situación sobre el terreno, podía en cualquier momento irse a casa. Pero Hille se mostró muy a la altura de los nuevos retos técnicos, culturales y sociales, a veces aventureros, en las montañas Tugen.

Cuando, una tarde, le picó un escorpión en nuestra casa, mantuvo una calma sorprendente, mientras que yo entré en pánico. Había escuchado hablar en México de los escorpiones, cuya picadura es mortal, y en mi *Guía para los trópicos* había encontrado solo la indicación de consultar enseguida al médico más cercano. Esto implicaba cinco horas en coche, pero no teníamos un coche. Corrí a casa de nuestro vecino, que llegó al momento con un palo enorme en la mano. De un golpe acabó con el escorpión, que se había escondido bajo un cuenco azul de plástico. Miró el cadáver, contempló después el pie rojo e hinchado de Hille, y consideró que la picadura no era mortal. Hille tendría fuertes dolores por la noche, pero temprano por la mañana se habrían acabado. Ella se tomó tres

13 Hille Sagel cursó estudios de pintura y trabajó de operadora de cámara independiente. De 1994 a 2009 fue titular de una cátedra de cámara en la Escuela Técnica Superior de Dortmund.

aspirinas y hacia el amanecer consiguió por fin dormirse. Por la tarde no fue posible disuadirla de volver a retomar los trabajos cinematográficos. Tras este suceso comenzó a llevar una lista de todos los animales que la picaban. Afortunadamente no hubo que añadir un segundo escorpión, pero tuvo que apuntar algunas picaduras de pulgas y mosquitos. Traducirlo al lenguaje burocrático le ayudó a ella (y a mí) a recuperar un poco del poder de acción, orden y control que habíamos perdido la noche del escorpión. Yo, no obstante, desarrollé una costumbre asesina. Todas las tardes, antes de que oscureciese, me acercaba cautelosamente con un zapato en la mano derecha al cuenco azul, lo levantaba con cuidado y mataba a golpes al (nuevo) escorpión que se había escondido allí.

17

Antes de que siga dando cuenta de nuestro trabajo cinematográfico, debo exponer brevemente un suceso que me indujo a reflexionar en una nueva dirección sobre las imágenes reproducidas técnicamente. Fue en las últimas horas de una tarde soleada, cuando las personas, los animales y las cosas proyectaban largas sombras. Kipsang y yo nos encontrábamos con un pequeño grupo en la plaza del mercado de Bartabwa cuando la mujer que estaba a mi lado dio un fuerte grito y bruscamente se apartó de mí, como si yo la hubiese puesto en peligro. Yo me asusté y miré interrogante a Kipsang; él le habló a la mujer tranquilizándola y más tarde me explicó que había pisado su sombra. Al haber pisado su sombra con mis pies, le habría negado mi respeto y la habría herido. Tenía conocimiento de que los ancianos de las montañas Tugen, que no poseían ningún reloj, prestaban atención a las sombras de casas o árboles y utilizaban su dirección, extensión larga o corta para determinar el tiempo; que ponían una especial atención en la sombra humana, ese acompañante móvil y fugaz, me resultaba sin embargo desconocido. Me disculpé con la mujer y después presté escrupulosamente atención a dónde caía mi sombra y dónde pisaba. Comprobé que incluso los niños pequeños se esforzaban en respetar la sombra de otra persona.

Este incidente me llevó a preguntarle a Aingwo por qué la sombra de una persona requería tanta atención. Esta pregunta es una buena pregunta, dijo él. Toda persona tiene dos sombras, una luminosa y otra oscura. A diferencia de *tondoi*, la sombra luminosa, que solo proyectan las personas, la sombra oscura de personas, animales y cosas es llamada *rurwe. Tondoi* está unida de un modo más bien invisible, pero firme, con el cuerpo de una persona. Puede, sin embargo, desprenderse en el sueño y andar vagando por el mundo. Lo que le ocurre lo experimenta en el sueño el que está durmiendo. Cuando se despierta, la sombra regresa de nuevo a su cuerpo. Tras la muerte, *tondoi* se aleja definitivamente y vaga desesperada en busca de un nuevo cuerpo. En este tiempo es considerada como especialmente peligrosa. Puesto que nunca se puede saber si la sombra de un muerto se ha pegado a la propia, los vivos prestan mucha atención a dónde cae su sombra. Tratan sobre todo de impedir que toque a niños y mujeres embarazadas, porque estos pueden sufrir daños más facilimente. También la sombra de extraños —como yo— es peligrosa, dijo Aingwo.

Mientras que *rurwe* duplica la presencia correspondiente y modifica, expande o hace que se encojan continuamente los límites del cuerpo, *tondoi* —que los tugen cristianos denominan «alma»— se vincula con la muerte e indica así una ausencia. Ambas sombras pueden superponerse y volverse entonces peligrosas. Aparentemente, los habitantes de las montañas Tugen veían la sombra humana como parte de la persona social, que no estaba permitido tocar o herir.

En este contexto, me sorprendí mucho cuando en el marco de nuestro trabajo etnográfico de cine y fotografía en Bartabwa me enteré de que la gente joven denominaba a las fotos con la palabra inglesa *picture*, pero los ancianos empleaban la palabra *tondoi*. Con ello no solo se adherían a las teorías occidentales de la imagen, que ven en la sombra el origen de la imagen, sino también a las concepciones religiosas de la sombra como alma, imagen o reflejo, al igual que como parte de la persona que puede también estar ausente, perderse o ser robada. Cuando los ancianos denominaban «sombra» a las fotos, contemplaban también la foto como parte del cuerpo de una persona. Con ello establecían una conexión entre el moderno medio de la fotografía y esas creencias, presentes en todo el mundo, en las que la sombra se equipara con el alma. La imagen de la sombra remite así también a una experiencia religiosa y a la muerte (y con ello a un momento performativo cargado del acto fotográfico). A la inversa, puede decirse que la noción de una persona social con límites elásticos, que se expande o se encoge de un modo relacional, es visible en la imagen de la sombra. Esta imagen corporal ampliada consta de lo propio y lo extraño, cuando la sombra de un difunto se pega a la propia, la ocupa, recubre o hiere. Entonces la sombra se convierte, en palabras de Deleuze, en una fuerte imagen afectiva, que provoca miedo y espanto.

Cuando los ancianos denominaban sombra a una foto analógica, no ponían de relieve, como nosotros, la luz que se inscribe en la superficie de la imagen, sino lo contrario, la sombra que resiste a la luz. También William Henry Fox Talbot, uno de los inventores de la fotografía, denominó al medio no solo escritura o dibujo de luz, sino también esquigrafía, como un «escribir con la sombra». Pero mientras que en Occidente la luz (de la Ilustración) y la noción de transparencia pasó cada vez más a un primer plano para concebir la fotografía analógica (precisamente en su alianza con la ciencia), también la historia del arte descuidó la sombra como un elemento dependiente y más bien negativo.[14] Y tampoco las ciencias técnicas se interesaron especialmente por la sombra, porque no posee, como la luz, el potencial de trasladar energía e informaciones.[15]

La concepción de la foto como sombra materializada era, por lo tanto, expresión de una estética local, que situaba en el centro no tanto la luminosidad y la luz como la resistencia a la luz, y diferenciaba entre distintos grados de oscuridad y opacidad. Al mismo tiempo, los «lugares oscuros» eran no solo negativos, sino que también estaban connotados positivamente. Como explicaba Aingwo, justamente la oscuridad de la sombra ofrece a las personas y animales protección, refugio y frescor. La sombra de una persona puede también, decía Aingwo, albergar y testimoniar la dignidad individual y sobre todo el respeto que otros —vivos y muertos— le prestan. Y al igual que la sombra es parte de una persona y por ello desplaza y cambia una y otra vez los límites del cuerpo, así también los retratos fotográficos son parte de una persona. Son imagen y huella de un sujeto que se ha convertido en objeto, y permiten verse como otros lo ven a uno.

Mientras que mirar la luz puede provocar un deslumbramiento, la mirada opuesta sería una mirada a la sombra, que pone de manifiesto las relaciones a las que está sometida. Como Édouard Glissant, también los ancianos exigían en cierto modo una valorización positiva, y una re-valorización, de la sombra,

14 Kathrin Tillmanns, *Medienästhetik des Schattens. Zur Neubestimmung des Mensch-Technik-Verhältnisses im digitalen Zeitalter*, Bielefeld, Transcript, 2017, p. 18.
15 *Ibid.*, p. 19.

la oscuridad y la opacidad. Esta opacidad coexiste con la luz en la superficie de una foto. Al mismo tiempo, depende, dice Glissant, de la textura de lo entrelazado y no de los componentes aislados.[16]

Aingwo me explicó que también había brujos y hechiceros en las montañas Tugen que robaban *tondoi*. A los curanderos les correspondía la tarea de traerlo de nuevo de vuelta.

Puedo decir con certeza que Aingwo no había leído el famoso libro de James Frazer *La rama dorada*, de 1890. En este libro, que ha impresionado de un modo duradero no solo a etnólogos, sino también a escritores y filósofos, como Rudyard Kipling, Ezra Pound, D. H. Lawrence, T. S. Eliot o Ludwig Wittgenstein, sin olvidar a Sigmund Freud, se habla mucho de la sombra y el alma. En un orden verdaderamente caótico, saltando de un lugar a otro del mundo, Frazer describe, sobre todo en el capítulo «Los peligros del alma», las concepciones del alma de los «salvajes» en variaciones siempre nuevas: el alma como sombra, imagen o reflejo; el alma como hombrecillo o enano gordo, ligero o pesado; y, como parte de la persona, es el alma la que puede estar ausente, perdida o ser robada.

Los ejemplos que Frazer menciona para la pérdida o el robo del alma son, no por casualidad, escenas dramáticas de encuentros coloniales, escenas de superioridad técnica, en las que viajeros e investigadores asustan con modernos medios técnicos, especialmente la cámara, a los «salvajes» y los hacen entrar en pánico. En los relatos la cámara se transforma en una máquina de birlar almas, un ladrón de sombras, que roba, destruye o devora las almas de los fotografiados.

Doy dos ejemplos:

16 Édouard Glissant, *Poetics of Relation*, Michigan, The University of Michigan Press, 1997, pp. 111ss, 189ss.

> Una vez, en una aldea de la parte baja del río Yukón, un explorador se dispuso a tomar con su cámara fotográfica una vista de la gente que transitaba por entre las casas. Mientras enfocaba la máquina, el jefe de la aldea llegó e insistió en fisgar bajo el paño negro. Habiéndosele permitido que lo hiciera, estuvo contemplando atentamente por un minuto las figuras que se movían en el vidrio esmerilado y después, de súbito, sacó la cabeza y gritó a la gente con toda su fuerza: «Tiene todas vuestras sombras metidas en la caja». Sobrevino el pánico entre las gentes y en un instante desaparecieron atropelladamente en sus casas.[17]

Y otro ejemplo:

> Los tepehuanes de México miraban a la cámara con miedo cerval y se necesitaron cinco días para persuadirlos a fin de que se dejaran enfocar. Cuando al fin consintieron en ello, parecían criminales antes de ser ejecutados; creían que, al ser fotografiados, el artista se llevaría sus almas para devorarlas en sus momentos de ocio.[18]

No solo en el caso de Frazer, también en otros textos etnológicos e informes de viaje del siglo XIX y principios del siglo XX se habla de un modo sorprendentemente frecuente y detallado del miedo y el terror que la cámara provoca en los habitantes de África, pero también de Asia o América.[19]

17 James Frazer, *La rama dorada. Magia y religión*, trad. de Elizabeth y Tadeo I. Campuzano, México, FCE, 1981, p. 234.

18 *Ibid.*

19 Por ejemplo: Michael Harbsmeier, «Buch, Magie und koloniale Situation. Zur Anthropologie von Buch und Schrift», en Peter Ganz (ed.), *Das Buch als magisches und als Repräsentationsobjekt*, Wiesbaden, Harrassowitz, 1992, pp. 3-24; Johannes Fabian, *Out of our Minds. Reason and Madness in the*

Si se leen los informes de viaje con más cuidado, resulta claro que los viajeros, misioneros y funcionarios occidentales utilizaban también instrumentos como la cámara, que debían servir realmente para la investigación y documentación científica, para producir «milagros», para provocar asombro en los africanos y asustarlos. Usaban fuegos artificiales, espejos, linternas mágicas, prismáticos y cámaras de dos modos: los exhibían, por un lado, como objetos maravillosos, para integrarlos como mercancía en un ciclo del deseo; por otro, como instrumentos mágicos que deberían abrumar a los nativos e investirlos a ellos mismos de un aura de poder sobrehumano. Convertían técnica en magia y parecían aventurarse en un mundo mágico en el que ellos mismos ya no creían. En las escenas de superioridad técnica creaban «salvajes» deslumbrados mágicamente, que una y otra vez demostraban esta atribución asustándose de los efectos de la técnica, no separando de un modo inequívoco entre cosa y persona, y tomando una imagen por una parte de la persona que podía ser robada.

Hoy sabemos muy bien cómo obtuvo Frazer sus conocimientos etnográficos. Como un etnólogo, así llamado, de escritorio, que nunca abandonó Europa y que a la pregunta de si había estado alguna vez «en el campo entre los salvajes», respondía con un «Dios me libre», enviaba cuestionarios a los «men on the spot», viajeros, misioneros y funcionarios en las colonias. Sus respuestas, una mezcolanza de anécdotas, malentendidos culturales y observaciones de, en ocasiones, segunda o tercera mano, constituyeron el material del que tejió la «rama dorada».

Exploration of Central Africa, Berkeley, University of California Press, 2000; Erhard Schüttpelz, *Die Moderne im Spiegel des Primitiven*, Múnich, Wilhelm Fink, 2005, pp. 17ss.

El motivo del hurto del alma o la pérdida de la sombra era también conocido en Europa. Aparece, por ejemplo, a comienzos del siglo XIX en la obra de Adelbert von Chamisso *La maravillosa historia de Peter Schlemihl*, de 1813, y posteriormente también en otras narraciones populares. Como observó Roland Barthes,[20] estas narraciones fueron escritas antes de que la fotografía se convirtiese en la técnica dominante para reproducir retratos. Independientemente del medio de la fotografía, que se especializó en la duplicación, los europeos y los africanos compartían el discurso sobre el hurto del alma. No obstante, cada cual ocupaba diferentes posiciones de poder: unos fotografiaban, otros eran fotografiados.

Ambos compartían también la conciencia del carácter violento de la fotografía. No menos importante, en *La cámara lúcida*, de 1980, Roland Barthes puso en el centro de su teoría de la práctica fotográfica la expropiación del fotografiado, su transformación en un objeto, y con ello lo violento, predatorio y mortal de la fotografía. De hecho, con este texto emprendió el intento de darle la vuelta a las escenas coloniales de superioridad técnica, incorporando ahora de forma generalizada a su teoría de la práctica fotográfica lo que «los salvajes» tuvieron que sufrir delante de la cámara. Desarrolló sus pensamientos sobre el medio no desde la perspectiva del fotógrafo, sino desde la del fotografiado que sufre el acto fotográfico.

No es una casualidad que en el texto de Barthes volvamos a tropezarnos con el doble, la sombra y la idea del robo del alma. Aunque los «salvajes» de Frazer no se mencionan explícitamente en Barthes, dejaron tras de sí, no obstante, una huella clara: este remite al libro de Edgar Morin *L'homme et la Mort*, de

20 Roland Barthes, *La cámara lúcida. Nota sobre la fotografía*, trad. de Joaquim Sala-Sanahuja, Barcelona, Paidós, 2004.

1948, que analiza de forma comparativa las concepciones de la muerte en todo el mundo. Y aquí encontramos también de nuevo a Frazer y sus «salvajes», así como la idea del hurto del alma, del doble, de la sombra y de la imagen reflejada como parte de una persona. Al convertirse Barthes en «salvaje» que sufre la fotografía —«soy un salvaje, un niño o un maníaco; olvido todo saber, toda cultura...»—,[21] devuelve a los aparatos técnicos e imágenes aparentemente neutrales su poder y su magia. También restituye lo inquietante en la fotografía, que estuvo excluida durante mucho tiempo del discurso occidental dominante. Con ello rehabilita a los «salvajes» de Frazer y la idea del hurto fotográfico del alma. Muestra lo que todos compartimos cuando la cámara nos registra.

18

Nuestro rodaje en las montañas Tugen transcurrió sin conflictos. Visitamos a los distintos protagonistas en sus granjas e intentamos trasladar a la película la estética local de la sombra. Cuando colocábamos la cámara nos fijábamos en dónde y cómo caían dentro de la imagen las sombras de las personas, los animales y las cosas, y nos preocupábamos de que no se superpusiesen.

En el trabajo práctico de filmación era para nosotros importante poner la cámara abiertamente a la vista y no esconder nuestra presencia. Queríamos hacer visible lo que, sin el trabajo de filmación, no saldría a la luz. La cámara de un objetivo, una Bolex (que hay que dar cuerda y permite grabar solo 24 segundos), no observaba desde un único lado; los filmados miraban

21 Roland Barthes, *La cámara lúcida*, *op. cit.*, p. 88.

hacia atrás. Los protagonistas miraban directamente a la cámara y aparecían con Hille y conmigo en un diálogo abierto. De acuerdo con las normas locales de cortesía nos decidimos por un movimiento de cámara suave, más bien fijo, que filmaba a los protagonistas frontalmente, a la altura de los ojos.

Las dos películas son intentos de acercamiento cuidadoso. El manejo más bien distante de la cámara conservaba un momento de extrañeza, que se correspondía con nuestra situación de entonces. No queríamos apropiarnos de los protagonistas superficialmente, sino, por respeto, remitir a un resto de extrañeza que permanecía inaccesible para nosotros. El manejo de la cámara, a menudo limitado e inmóvil, resaltaba lo fragmentario de las imágenes, la fracción de una realidad de miles de otras posibles imágenes que Hille no había grabado, privándolas así de visibilidad.

Puesto que con la Bolex no podíamos grabar ningún sonido sincronizado, imagen y sonido no estaban acompasados. Tampoco más tarde en la mesa de corte intentamos juntar lo fragmentario de la película en un todo coherente. En *Conversaciones con Kopcherutoi* me esforcé en resaltar un momento específico del lenguaje gestual a través de la congelación de una imagen. Mientras que la imagen se detenía, el sonido seguía corriendo, y la narración de Kopcherutoi pasaba a un primer plano. Pero, puesto que el sonido y la imagen no eran sincrónicos, despojábamos a los ancianos de su arte lingüístico, de la hermosa interacción entre lenguaje y gestos. Por eso hasta hoy considero ambas películas como más o menos malogradas o fracasadas. Aunque se mostraron en festivales en Berlín, París, Los Ángeles y Nueva York, no me he seguido preocupando de la distribución y las he guardado más o menos bajo llave. Pero las maravillosas historias que Kopcherutoi, Aingwo, Sigriarok, Kipton y otros me contaron de su vida, y que grabamos en cinta magnetofónica, las traduje junto con Naftali Kipsang y las publiqué en 1985 en el librito *Die Zeit des Feuers* [El tiempo del fuego].

En el rodaje de la película *El vientre de los elefantes*, Aingwo nos explicó delante de la cámara el «lenguaje de la barriga llena o vacía». En este lenguaje amar se llama «proveer de alimento» y odiar «negar el alimento». Contó que el mundo se encuentra en la barriga de un elefante. En medio del mundo, su centro, está el estómago, que, cuando está vacío, colma al mundo de amargura y, por consiguiente, causa envidia, enfermedad y muerte. Si, por el contrario, está lleno, colma a todos los seres de ternura, dulzura y amor. Cuanto más hambrientos están y más voraces son los seres que pueblan la barriga del elefante, más peligrosos y amenazantes son, y mayor es su distancia del centro del mundo. En este centro viven los habitantes de las montañas Tugen, que se aman y deberían proveerse de alimentos mutuamente (lo que, sin embargo, no siempre hacen). Algo más al margen se encuentran los espíritus de los antepasados, los espíritus de los difuntos, que con frecuencia están hambrientos. Si los vivos olvidan proveer de alimentos —ofrendas— a sus parientes muertos, entonces «los espíritus de los antepasados comen a sus hijos», dice Aingwo en la película. Comer se convierte aquí en un acto agresivo y caníbal de destrucción. En el margen más externo de esta cosmología se hallan los curanderos y adivinos, que descubren a brujas y hechiceros y los vuelven inofensivos. Y más allá de este mundo viven los totalmente extraños, europeos y caníbales. Su voracidad sobrepasa toda medida imaginable.

En la película, Aingwo desarrolló así una cosmología en la que nos ubicaba también a nosotras. Nuestro lugar se encontraba más allá del mundo —pero, aun así, todavía en la barriga del elefante—, y lo que nos caracterizaba era una voracidad desmesurada. Supongo que nuestra glotonería incluía también el «devorar» sombras (imágenes).

Como Jean Rouch, también yo quería devolver las imágenes «devoradas» a Bartabwa. Sin embargo, a los ancianos y a otros amigos les pude devolver solo las fotos que había tomado de ellos. Aunque tenía la firme intención de organizar una proyección de las películas, no lo conseguí. Allí no había electricidad; no fue posible dar con un generador, como tampoco con un proyector. Finalmente solo pude mostrar el film en Nairobi. Los habitantes de las montañas Tugen no estaban presentes.

Mientras que los ancianos y otros amigos de Bartabwa no vacilaban en decirme claramente lo que debería traerles de Berlín, nunca preguntaron por la «sombra», las imágenes de las películas, o exigido su regreso. No sé si fue por cortesía o porque no les interesaba. Kipsing y otras personas más bien jóvenes estaban, en cambio, enormemente orgullosos de que «sus» ancianos fuesen filmados. Tomaron el hecho de filmar y fotografiar como alabanza y reconocimiento de su mundo.

19

De 1978 a 1985, por tanto en un período de siete años, visité en repetidas ocasiones las montañas Tugen para trabajar con los ancianos, a veces por solo dos meses, pero otras también por medio año. Puesto que en Bartabwa no había ningún teléfono, las cartas eran la única posibilidad de recibir noticias de casa. Una carta por correo aéreo de Berlín a la misión católica de Kipsaraman, la única dirección postal en el norte de las montañas Tugen, necesitaba de cuatro a seis semanas. Si era posible, intentaba ir andando una vez a la semana a Kipsaraman para recoger en casa de los misioneros irlandeses mi correo —la caminata duraba como mínimo cinco horas—. Si alguien de Bartabwa se ponía en camino hacia Kipsaraman, le pedía que trajese mi correspondencia. Las cartas eran para mí vitales, me proporcionaban una especie de afirmación de que yo existía y de que no había sido olvidada.

En 1983, un amable «pariente» lejano del clan Teriki se mostró dispuesto a recoger mi correo en Kipsaraman. A la vuelta lo invitaron a una fiesta de cerveza y se emborrachó tanto que se cayó en un pequeño arroyo. Allí se quedó tendido durmiendo la mona. Cuando volvió a despertarse, mis cartas se habían transformado en el bolsillo de su pantalón en una masa húmeda. No se atrevía a contarme su torpeza y mandó antes a Kipsang. Cuando este me explicó lo que había sucedido con mis cartas, me brotaron lágrimas en los ojos, e hice lo que una mujer adulta no puede hacer nunca en las montañas Tugen: lloré en público. Todos los presentes se asustaron. Yo noté su desconcierto, me avergoncé y me disculpé enseguida, pero ya no pude detener el raudal de lágrimas.

Unos días después me visitó un joven por la tarde. Sacó de su bolsillo una carta por correo aéreo sin sellos ni matasellos que estaba dirigida a mí y, para mi gran sorpresa, contenía una invitación escrita a participar en un ritual. Por Kipsang me enteré más tarde de que esta carta era el intento de Sigriarok y Aingwo de consolarme por la pérdida de mi carta. Le habían encargado a un nieto que sabía leer y escribir que, para resarcirme de mi carta perdida, me entregase la invitación en una carta por correo aéreo.

Estaba conmovida y reconfortada, y les di las gracias. Me habían mandado una carta, me habían enviado un regalo, me querían. Después seguí recibiendo otras invitaciones a rituales por correo postal. Esto se divulgó. Algunos de los ancianos se sintieron entonces discriminados y exigieron asimismo invitaciones por escrito para el ritual. Se accedió también a esto. Mi metedura de pata llevó así a una pequeña innovación local.

Durante esa época se me llamó «la europea que pertenece a los ancianos».

Esta nueva pequeña tradición de la invitación por escrito al ritual volvió a ser relegada al olvido, como Kipsang me informó más tarde, después de que yo hubiese abandonado Bartabwa definitivamente.

20

Un anciano que durante la Segunda Guerra Mundial había luchado en Europa en los King's African Rifles me contó cómo los habitantes de las montañas Tugen se figuraban que los ingleses hablaban sobre ellos. Me proporcionó la contraparte de mis intentos de averiguar cómo me veían los habitantes de las montañas Tugen y qué hablaban de mí. «Un día preguntaron en Europa los alemanes a los ingleses: ¿Hay en África mucha tierra? Los ingleses respondieron que sí. Contaron a los alemanes que las personas allí tenían largas colas y vivían como monos en la selva, y que su cometido consistía en cortarles la cola y educarlos».

Fue esta narración la que le dio de nuevo otra perspectiva al mono que yo había sido. Pues mi denominación como mono no se podía entender exclusivamente como una imagen del otro primitivo, sino que incluía también una reflexión de su experiencia colonial. Durante la época colonial a los africanos que trataban de adoptar el estilo de vida occidental se les denominó monos. Y ya antes, como muestran los cuentos en *The Signifying Monkey*,[22] surgidos en el tráfico trasatlántico de esclavos, la figura

22 Henry Louis Gates, *The Signifying Monkey: A Theory of African-American Literary Criticism*, Oxford, Oxford University Press, 1989.

del mono se configuró en las narraciones populares africanas y afroamericanas como una inversión irónica y dolorosa de una imagen racista atribuida a ellos. Especialmente en el siglo XIX, los monos servían —al igual que los caníbales— como figuras mediadoras, que ayudaban a los europeos a posicionarse de un modo cultural, moral y racista en su relación con los africanos.

Así, cuando los ancianos me llamaban «mono», este nombre no se refería solo a mi ignorancia social y a mi conducta salvaje y no cultivada, sino que era también una réplica y una respuesta a la política de representación colonial. Me reflejaban de vuelta en una imagen que se les había impuesto como parte de una larga historia de alteridad colonial: los llamaban «monos» y ahora ellos me llamaban también a mí de la misma manera. En cierto modo, compartíamos el mono. Pero había una diferencia esencial. Yo podía en todo momento dejar atrás mi carácter simiesco regresando a casa. Ellos, en cambio, tenían que temer que, en vista de las desiguales relaciones de poder con los europeos, los continuasen insultando calificándolos de monos.

Como tuve que reconocer, mi ser simiesco ya no podía referirse inequívocamente a aquello que los etnólogos llaman «su contexto cultural». Las interconexiones globales han hecho que se vuelva dudosa la aparentemente clara contraposición entre yo y otro, nuestras y sus alteridades. No se trata ya de lo supuestamente propio en contraposición con lo otro del otro, sino de las mutuas interconexiones y reflejos de imágenes propias y extrañas. La simple subversión de las perspectivas culturales, tal y como las presenté al comienzo de este libro, no parece ya ser posible. En su lugar, debe ser sustituida por una cascada de alteridades escindidas y que se reflejan mutuamente,[23] las cuales son difíciles de determinar.

23 Michael Taussig, *Mimesis and Alterity*, *op. cit.*, p. 143.

21

Con el trabajo titulado *Die Zeit geht krumme Wege. Raum, Zeit und Ritual bei den Tugen in Kenia* [El tiempo va por caminos torcidos. Espacio, tiempo y ritual en los tugen de Kenia] me doctoré en 1987 en la Universidad Libre de Berlín. Le envié un ejemplar impreso a Naftali Kipsang. Durante mucho tiempo no supe nada de él. Entonces llegó una carta en la que me daba las gracias por el libro. Escribía que en las montañas Tugen había habido una gran sequía, y, como todos habían pasado tanta hambre, una cabra se había comido mi libro.

II. La rebelión de los espíritus

Trabajo de campo en una zona de guerra en el norte de Uganda (1987-1995)

... así será posible aproximarse a lo dionisíaco. Ahora el esclavo es hombre libre, ahora quedan rotas todas las rígidas, hostiles delimitaciones que la necesidad, la arbitrariedad o la «moda insolente» han establecido entre los hombres.

Friedrich Nietzsche[1]

1 Friedrich Nietzsche, *El nacimiento de la tragedia o Grecia y el pesimismo*, introd., trad. y notas de Andrés Sánchez Pascual, Madrid, Alianza, 2001, p. 46.

I

A finales de los años ochenta viajaba en un taxi del aeropuerto de Entebbe a Kampala, la capital de Uganda. Era poco antes de Navidad; había llovido y la carretera estaba en un estado desolador. Entonces descubrí al borde de la carretera un grupo de jóvenes que llevaban en la cabeza un adorno hecho con bolas de Navidad, sus caras estaban pintadas con tiza blanca y sus cuerpos envueltos con toda clase de enredaderas verdes. Eran aparentemente iniciados en un rito de paso. Le pregunté al taxista qué era lo que pasaba ahí. Él me miró, sonrió y dijo orgulloso: «Oh, this is our culture!». Entonces supe que el concepto de cultura había llegado también hasta los taxistas.

Con la descolonización de África, que sin embargo no había eliminado las desigualdades y las dependencias económicas y políticas, la etnología cayó en una grave crisis. Los etnólogos reconocieron sus implicaciones coloniales y comenzaron a avergonzarse. Se inició un proceso de radical autocrítica. Si todavía pude escribir la monografía sobre los tugen en el paradigma de la antropología social clásica, esto es, relativamente «inocente», el debate de la Writing Culture de los años ochenta, que llegó a Europa desde los Estados Unidos, no solo trajo el fin de la inocencia, sino también numerosas perspectivas nuevas. Algunas de ellas ya las había mencionado Fritz Kramer en los años setenta en sus seminarios berlineses.

Durante la época colonial, y también después, los etnólogos se habían tomado la libertad de describir y explicar en su totalidad culturas extrañas —un poco como el buen Dios, mirando desde arriba—. Creían poseer una autoridad que les permitía comprender la cultura extraña mejor que sus miembros. La crítica de la autoridad etnográfica tampoco ponía solo en el centro cómo y con qué métodos los etnólogos generaban saber etnográfico, sino que mostraba que estos ya no podían seguir siendo considerados por más tiempo como los únicos que producían este saber y escribían los primeros textos. Las voces de los etnografiados, que habían permanecido mudas durante largo tiempo, conseguían oírse; ya no desaparecían en el monólogo del etnólogo o detrás de la voz de un sujeto colectivo, de la «tribu», sino que se diferenciaban en hombres y mujeres particulares, muy subjetivos, con biografías y puntos de vista extremadamente distintos. Los etnólogos se volvieron modestos, algunos incluso humildes. Y puesto que ya no estaban bajo la protección de la administración colonial, tuvieron que llegar a un arreglo con los equilibrios de poder poscoloniales.

La observación de los sujetos del trabajo de campo pasó a un segundo plano; en su lugar, eran ahora sobre todo conversaciones las que servían para generar saber etnográfico. Los etnólogos llamaban ahora al trabajo de campo un «encuentro dialógico», en el que ellos se declaraban a sí mismos alumnos y a sus informantes los declaraban maestros. El trabajo de campo se convirtió en una «conversación interminable», en la que junto con sus interlocutores «inventaban» la cultura extraña. Contra las representaciones funcionalistas y holísticas reclamaban que se expusiese claramente el proceso de investigación que hasta entonces se había mantenido en gran medida en secreto, y que se reconociese qué parte en la producción de saber etnográfico les correspondía a los llamados informantes. Pues estos revelaban no solo su saber, sino también sus teorías, que los etnólogos adoptaban, generalmente sin reconocer con sus nombres el origen en las monografías. Los etnólogos renunciaban al monólogo solitario y admitían su culpa.

También los procesos de globalización, que yo apenas había tenido en cuenta en el caso de los tugen, pasaron a un primer plano. La problematización de la frontera aparentemente clara entre el interior y el exterior de las culturas llevó a cuestionar conceptos como «tribu», «etnia» o «etnicidad» y algo más tarde también el de «cultura», y a entenderlas como construcciones. Los etnólogos y los historiadores reconocieron que tanto la administración colonial como las etnografías producidas por ellos habían contribuido de un modo esencial a la aparición y «naturalización» de tribus, etnias y culturas. En lugar de investigar culturas más o menos intactas, se topaban de forma creciente con sus propias sombras.

La reflexión sobre *feedbacks* y procesos transculturales recíprocos de apropiación, rechazo, mezcla y transformación hacía necesario no solo trabajar en marcos mayores, sino también de un modo más intenso históricamente. Pues el proyecto de investigación etnológico no es una ventana que permita ver otro mundo, sino, como Stephan Palmié ha propuesto, una especie de membrana porosa y permeable entre los actores. Al igual que cuando se remueve en una cacerola,[2] conceptos, imágenes y símbolos se mezclan, se mueven de aquí para allá entre los continentes, modificándose. Todos tienen ya imágenes del otro y ponen en marcha una recursividad que a veces hace que incluso se intercambien los lugares.

2 Stephan Palmié, *The Cooking of History. How not to Study Afro-Cuban Religion*, Chicago, University of Chicago Press, 2013.

Los etnólogos habían de tener también en cuenta que los textos que escribían no simplemente reproducían las culturas extrañas, sino que eran literatura. Su ceguera mediática les había permitido verse como una especie de aparato de grabación neutral, como un observador más o menos indiferente que, si bien es cierto que llenaba de anotaciones su diario etnográfico, no percibía la mediación de la escritura. Paradójicamente, para ser descripción, el acto constitutivo de la escritura tenía que negarse, y con ello la descripción misma debía volverse oscura.[3]

Con el debate sobre la Writing Culture no solo pasaba a un primer plano la actividad del escribir, sino también la cuestión de la intertextualidad. La idea de una monografía etnográfica como registro directo de circunstancias reales quedó ahora profundamente alterada, se comprobó que los etnólogos se servían de las más diversas convenciones de género y estrategias literarias para convencer al lector de que habían estado «sobre el terreno». Y puesto que también los «hechos» etnográficos fueron reconocidos como fabricados y producidos, todo texto etnográfico contenía un momento de ficción. Con ello se reducía la exigencia de objetividad y verdad. También la brecha entre ciencia y magia disminuía, y la etnología, como ya sucedía en el caso de Evans-Pritchard, era asignada más bien al arte.

En busca de formas alternativas de representación, los etnólogos descubrieron entretanto también los textos e imágenes de aquellos que antes, puesto que supuestamente no tenían escritura, servían solo como objeto de la investigación y les habían dado a los investigadores la posibilidad de escribir el «primer texto». Se comprobó que los etnografiados ya habían

3 Stephen Tyler, *The Unspeakable. Discourse, Dialogue, and Rhetoric in the Post-Modern World*, Madison, University of Wisconsin Press, 1987, p. 99.

«respondido escribiendo» desde hacía mucho tiempo; habían redactado sus propias monografías e historias, a veces como crítica y respuesta a textos occidentales. Experimentaban con múltiples géneros, combinaban entre sí formas orales y escritas e inventaban autorías tanto individuales como colectivas; en ocasiones desechaban la autoridad etnográfica e histórica y ponían en juego nuevas formas de autoría, por ejemplo, dándole a los espíritus poder y una voz. Y, al igual que los autores occidentales, también ellos estaban atrapados en una intertextualidad transcultural, en una oposición mutua, pero, al mismo tiempo, en una recepción recíproca, en reescribir, transcribir y seguir escribiendo.[4]

Tampoco el sujeto investigador permaneció intacto; finalmente se puso también el foco en aquellos a los que les gustaría seguir siendo invisibles. Clifford Geertz y James Clifford comenzaron a etnografiar y a historizar la «tribu salvaje de los etnólogos». Si Malinowski había impulsado su carrera académica con la monografía *La vida sexual de los salvajes en el Noroeste de la Melanesia*, en los años noventa aparecía como réplica en los Estados Unidos un volumen colectivo que tenía por tema *The Sexual Life of Anthropologists*, y que resultó (por desgracia) bastante aburrido. La mirada etnográfica recaía ahora también sobre los etnógrafos, y estos pudieron experimentar lo que significa ser objeto de una investigación etnográfica y sufrir sus métodos. Y algo más tarde, en el marco de los más recientes estudios científicos y tecnológicos, los trabajos de campo ya no tuvieron lugar en los pueblos y ciudades de África o de los mares del Sur, sino en laboratorios científicos. Los «salvajes» que ahora eran etnografiados eran científicos, que eran

4 Heike Behrend y Thomas Geider (eds.), *Afrikaner schreiben zurück. Texte und Bilder afrikanischer Ethnographen*, Colonia, Köppe, 1998.

observados en interacción con aparatos y tecnologías, ganando en función de la situación poder de actuación o perdiéndolo frente a los aparatos.

Tan desprovistos potencialmente de poder, se planteaba la pregunta sobre qué precio pagan los etnólogos por su trabajo «en el campo». ¿Qué formas de objetivización y subjetivización experimentaban cuando, por una parte, se entregaban a lo extraño, pero, por otra, la investigación científica exigía sobre todo autodominio, control de los afectos y distanciamiento? ¿Se transformaban entonces en esquizofrénicos, en «investigadores bizcos, que ven con ojos bifurcados»,[5] y en monstruos más grandes o más pequeños?

2

Tras la formación en la Academia de Cine y Televisión de Berlín y el doctorado, en 1988 recibí la oferta de dar clases en la Universidad de Bayreuth y emprender un nuevo proyecto de investigación en el marco del centro de investigación colaborativa «Identidad en África».

Entre mis estudiantes se encontraba Patrick Olango, un joven del norte de Uganda, que me habló de una «guerra de los espíritus». En agosto de 1986, una joven llamada Alice Lakwena[6] había comenzado a crear un ejército cristiano, las Holy Spirit Mobile Forces. Este movimiento (así como otros tres más) surgieron en un entorno fuertemente carismático, cuando, tras una larga y brutal guerra civil, Yoweri Museveni

5 Stephen Tyler, *The Unspeakable*, *op. cit.*, p. 91.

6 Se llamaba Alice Auma, pero se puso el nombre de Lakwena por el primer espíritu que tomó posesión de ella y encabezó el movimiento.

tomó el poder en el Estado y conquistó el norte con su ejército. En una situación de extrema amenaza exterior, pero también interior, Alice, como profeta y «sanadora de la sociedad», logró reclutar no solo a antiguos soldados, sino también a campesinos, estudiantes y hombres de negocios, así como a unas pocas mujeres, y llevarlos a la guerra bajo el mando supremo de los espíritus. Ideó un discurso cristiano que desligaba al Espíritu Santo de la Trinidad, lo colocaba en el centro y lo desdoblaba en muchos espíritus.

Junto al espíritu Lakwena, *chairman* y *chief in command* del movimiento, también otros espíritus tomaron posesión de ella, como Wrong Element de Estados Unidos, Ching Po de Corea, Franko de Zaire, algunos espíritus islámicos de la lucha y muchos otros. Desde la perspectiva local, no era Alice la que dirigía el movimiento, sino que eran los espíritus. En el contexto de la guerra, la violencia, el sufrimiento, la desesperación, la corrupción generalizada y el engaño entre personas muy humanas, deberían velar como poderes no humanos por un mundo mejor y legitimar la guerra. Se proponían limpiar Uganda del mal y erigir un nuevo orden cristiano, en el que el ser humano y la naturaleza estuviesen también reconciliados. Querían además liberar Sudáfrica y ocuparse de recristianizar Europa.

Después de que las Holy Spirit Mobile Forces (HSMF) consiguieran ganar los primeros combates contra el ejército gubernamental, no solo la prensa local, sino también la internacional se adueñó de ellas. Moldeó las imágenes y estereotipos que definirían el discurso sobre las HSMF. En los titulares de los medios de comunicación tanto locales como internacionales, Alice Lakwena era descrita como sacerdotisa vudú y de los rebeldes, bruja, *witch doctor*, profeta, antigua prostituta, futura reina de Uganda y como Juana de Arco en la ciénaga ugandesa. Su movimiento aparecía como una empresa extravagante, anacrónica y suicida, en la que hordas primitivas, armadas solo con piedras y palos, pero protegidas mágicamente contra las balas, llevaban a cabo una lucha absurda.

También yo comencé a leer sobre la guerra de las HSMF en los periódicos, y mantuve largas conversaciones con Patrick Olango. Él me propuso ir a Gulu, la capital del distrito de Acholi y el centro de los enfrentamientos, y visitar allí a su familia. Presenté una propuesta de investigación y en 1987 volé a Kampala, justo cuando Alice Lakwena marchaba sobre la capital con su ejército (de espíritus), sufría después en Jinja una aplastante derrota y tenía que huir a Kenia.

3

Cuando en octubre de 1987 llegué a Kampala, circulaban los más variados rumores. En Jinja, situada a las orillas del Nilo, Alice quería, con ayuda de los espíritus, dividir las aguas como Moisés, para llevar a sus soldados a salvo a la otra orilla. Además, había sido profetizado que, si su ejército llegaba a Kampala, los soldados caídos resucitarían de nuevo. En Kampala el espíritu Lakwena pronunciaría un discurso en la radio y formaría un nuevo gobierno. Alice prometía en octavillas «peace, freedom, national unity and democracy». También me contaron que Museveni hizo traer en avión a una *witch doctor* de Tanzania, que «trató» a sus soldados, de forma que recobrarían el valor y vencerían a los adversarios. En las calles de Kampala vi a niños soldados, tan grandes como el fusil que sostenían, y vehículos Land Rover ocupados por soldados equipados con ametralladoras y lanzas, pieles de animales salvajes y todos los amuletos posibles para protegerse contra el enemigo.

Sin embargo, con la victoria del ejército gubernamental y la huida de Alice la guerra no estaba acabada, pues una parte de sus soldados que habían sobrevivido y no habían caído prisioneros se unieron a otros dos movimientos del Holy Spirit, el de Joseph Kony y el de Severino Lukoya, el padre de Alice. Estos continuaron la lucha contra el gobierno. Y puesto que muchos soldados del ejército gubernamental aterrorizaban a la población del Norte, robaban vacas, violaban a mujeres y hombres y mataban, contribuyeron de un modo fundamental a que los hombres jóvenes y algunas mujeres siguieran uniéndose a los llamados «rebeldes». Estos abandonaron sus granjas y se marcharon a la jungla. «Marcharse a la jungla» significaba luchar contra el gobierno. El territorio de la selva y de la jungla era aquí, de forma distinta a lo que sucedía en las montañas Tugen, un lugar de resistencia y lucha contra un Estado que era considerado como asesino y ladrón y que era necesario, no abolir, sino conquistar.

Puesto que no me fue posible viajar en los primeros dos años de mi investigación —1987 y 1988— al norte de Uganda a causa de la continua guerra, permanecí en Kampala. El gobierno había declarado el distrito de Acholi zona de guerra; las barricadas controlaban el acceso. Todas las ONG, incluso la Cruz Roja Internacional, y los misioneros occidentales fueron expulsados. El ejército gubernamental obligó a grandes partes de la población a abandonar sus granjas en el campo y a «refugiarse» en campamentos equipados miserablemente. De este modo intentaba controlar a las personas e impedir su colaboración con los «rebeldes».

Permanecí en la capital Kampala, una ciudad con (al menos) siete colinas, en las que en el siglo XIX habían estado los palacios de los reyes de Buganda. Cuando el rey moría, la corte abandonaba el antiguo palacio, y para el sucesor se erigía uno nuevo en otra colina. Durante la época colonial los misioneros anglicanos y católicos, rivalizando entre ellos, construyeron sus iglesias cada una en una colina distinta, también los musulmanes una mezquita. Con ello los tres formulaban de un modo visible sus pretensiones de poder políticas y religiosas.

Vivía en casa de una amiga en Kabalagala, en una de las siete colinas. Algo más abajo se había establecido justo después de la guerra una zona de ocio. En el bar Telex, llamado así por Mama Telex, una exitosa y anciana mujer de negocios, servían mujeres jóvenes que no utilizaban ningún nombre, sino números a modo de nombres. Los clientes gritaban: «Number Two, come here», o: «Number Five, bring me a beer». Number One era la reina. Las camareras llevaban un discreto uniforme de colegialas, falda azul marino y blusa blanca. Mama Telex había trenzado su pelo en un artístico peinado que se puso de moda inmediatamente después de la guerra y recibía el nombre de «relax».

Algo más arriba en la misma calle, el antiguo cocinero de Idi Amin abrió un pequeño restaurante. Cuando estaba de buen humor les contaba a sus clientes cómo había logrado sobrevivir a Amin. Antes de que cayese la noche llegaban «chicken boys» y montaban en los márgenes de la carretera pequeñas barbacoas para asar patas y pechugas de pollo. «Peanut girls» vendían cacahuetes tostados, a veces envueltos en papel robado del archivo nacional y revendido. Me acostumbré a estudiar con cuidado el papel de envolver. También pasaban titiriteros: un hombre había sujetado a una bandeja de buhonero cuatro marionetas que tenían brazos, piernas y cabezas articulados; pero la parte que más se movía de las figuras era el trasero, relleno y sobredimensionado, que para mayor placer de los espectadores se enrollaba y desenrollaba y saltaba de un lado a otro. Actuaban pequeños grupos de música. Todas las tardes antes de la puesta de sol sonaba «la ametralladora», un hombre que se había vuelto loco durante la guerra y siempre a las cinco se transformaba en una ametralladora. Era la época tras la guerra; los que habían sobrevivido a ella celebraban la vida.

Estábamos bebiendo Nile Special, la cerveza embotellada local, cuando muy cerca de nosotros retumbó un ruido igual que un disparo. Me asusté, algunos clientes se refugiaron bajo la mesa. De la nada un hombre se dirigió hacia nosotros, levantó su camiseta y, elevando la mano derecha, golpeó con esta su vientre desnudo. Batió fuerte y sonó como un disparo. Repitió los gestos, y entonces todos comprendimos. Se alzó una enorme carcajada, aliviados le dimos chelines a escondidas y le pedimos que se golpease otra vez el vientre. Lo hizo, recogió otros chelines y después prosiguió su camino hasta el siguiente bar.

Durante la guerra la mayoría de los europeos habían abandonado Uganda. Aquellos que se habían quedado tenían sus razones. En Kabalagala conocí a un proxeneta de Frankfurt que en Alemania era buscado por la policía; un hombre mayor con una sola mano llamado «Dynamit Harry» estuvo como legionario envuelto en todos los asuntos sucios posibles. Cuando en un viaje al oeste de Uganda me vi en apuros, me sacó caballerosamente del aprieto. Y John, un inglés, casi sin dientes, que tartamudeaba, había inventado «John John Special», un plato que Mama Telex metió en la carta del restaurante. De la pandilla formaba también parte un libanés que estaba casado con una mujer muy rica. El matrimonio no era feliz, reñían constantemente. Puesto que él estaba financieramente más o menos en manos de ella y de sus parientes, se vengaba grabando en secreto en cinta magnetofónica las peleas conyugales. Disponía de un archivo de al menos 150 horas de riñas. El fin de semana se iba con sus amigos, amigas y una gran caja de cerveza a la jungla; allí estaban de fiesta, se divertían y escuchaban una y otra vez los mejores pasajes en la cinta magnetofónica.

Ese período después de la guerra fue un tiempo raro. Reinaba una asombrosa apertura social, permeabilidad y disponibilidad para ayudar, y una gran avidez de diversiones de todo tipo. Las fronteras sociales se establecieron de nuevo cuando las ONG, los llamados expertos y los cooperantes regresaron en masa a Kampala y se dedicaron a sus tareas o negocios.

Inmediatamente después de mi llegada a Kampala intenté obtener un permiso de investigación. Una condición para esto era la afiliación a una institución universitaria. Visité el campus, parecido a un parque, de la famosa Universidad de Makerere, que en los años sesenta —en lo tocante a la calidad de la enseñanza y de la investigación— podía equipararse con Oxford y Cambridge. Ahora, tras la guerra, se encontraba en un estado desolador. La biblioteca universitaria estaba destruida, a través del tejado y de las ventanas hechas añicos entraba la lluvia. Los soldados habían saqueado los fondos, no en vano aparecían una y otra vez en los mercados páginas de libros como papel de envolver e higiénico. Algunos habían hecho sus necesidades en libros, otros habían incluso fusilado libros. Los fondos que quedaban se pudrían y criaban moho bajo la lluvia.

En el Makerere Institut of Social Research me presenté al entonces director, Dan Mudoola. En su oficina colgaba un gran retrato de Audrey Richards, una antropóloga inglesa, que le había dado clase en los años cincuenta. Cuando ya había regresado a Inglaterra, él le envió su trabajo de fin de carrera solicitándole correcciones y críticas. Ella contestó y le devolvió su manuscrito con comentarios detallados, y le animó a seguir trabajando. Más tarde me contó que ese aliento había determinado su vida posterior y lo había impulsado a una carrera académica. Concertamos un encuentro, yo debía presentarle mi proyecto de investigación. Llegué puntual a la cita, él no estaba allí. Con su secretaria fijé una nueva cita. Estaba allí, pero de camino a una importante reunión. Lo intenté dos veces más, en vano. A continuación le pregunté a un amigo ugandés, estudiante de Filosofía, lo que él haría en una situación semejante. Se rio y dijo que en un caso así solo ayudaba la magia. Recomendaba mezclar ceniza de cigarrillo y cáscara de huevo hasta convertirlos en polvo. Provista de esto debería ir a la oficina del director y trazar con el polvo una línea en el umbral, mirarlo y decir: «You wait and see!».

Fabricamos juntos el hechizo. Yo lo llevaba en una bolsa de plástico en el bolso cuando por quinta vez fui a la oficina de Dan Mudoola. Estaba sentado en el escritorio, de magnífico humor, me hizo una seña para que entrase, y mantuvimos una conversación sobre mi futura investigación del movimiento del Holy Spirit.[7] El polvo se quedó sin usar. Mudoola y yo nos convertimos en buenos amigos. Puesto que el proyecto de investigación colaborativa de Bayreuth que pagaba mi investigación estaba muy bien dotado, pude corresponder a su hospitalidad e invitarlo a Bayreuth y a Berlín. Cuando me visitó en la Alta Franconia hicimos una excursión a un pueblo apartado. Afirmó que era allí «el primer africano». En medio de la desierta plaza del mercado —todos los habitantes estaban en la iglesia del pueblo— se colocó caricaturizando la heroica pose colonial de los conquistadores, y tomó posesión del lugar. Le dio también un nuevo nombre ugandés, que por desgracia he olvidado.

Con su apoyo obtuve un permiso de investigación como miembro asociado del Institute of Social Research y mantuve conversaciones con distintos exsoldados, que Patrick Olando

7 Holy Spirit Mobile Forces era la denominación propia del movimiento. En la prensa se lo llamaba de forma abreviada movimiento del Holy Spirit. Uso las dos denominaciones como sinónimos.

y un primo me habían gestionado. Dan Mudoola acompañó mi trabajo con palabras y hechos, y me animó cuando quise abandonar. Le debo mucho. Murió el 22 de febrero de 1993 en Kampala a consecuencia de un atentado. A él está dedicado el libro que escribí sobre el movimiento del Holy Spirit.

4

En noviembre de 1989 viajé por primera vez al Norte. Cogí un medio de transporte público, un autobús interurbano relativamente caro, pero rápido, con un conductor uniformado. Como un piloto de avión, llevaba una camisa blanca como la nieve con charreteras y corría a toda velocidad por las carreteras llenas de baches, como si quisiese despegar al instante siguiente. Carol, la hermana más pequeña de Patrick Olango, que me acompañaba, dijo: «He tries to be extra rough!». Cada vez que adelantaba a un coche o empujaba a un ciclista a la cuneta, se volvía hacia atrás buscando el aplauso y se reía. Cuando nos adelantaba un autobús «barato», había una rebelión entre los clientes. Algunos se quejaban de que no les gustaba gastar su dinero «for nothing». El conductor solo podía restablecer su honor cuando hubiese adelantado al autobús «barato» y lo hubiese dejado muy atrás. En cada control de carretera que lo obligaba a frenar o a detenerse, maldecía de la peor manera, de tal modo que algunas madres les tapaban los oídos a sus hijos. Le pedí a Carol que me tradujese las maldiciones, pero se negó.

Encima del conductor estaba instalado un equipo de vídeo, y en la pantalla ponían descoloridas películas americanas de serie B, películas bélicas y del Oeste, en las que sobre todo se disparaba. En un control de carretera subió un policía vestido de paisano con gafas de sol espejadas. Después de controlar a todos los pasajeros, me pidió que abriese mi equipaje. Rebuscó en mi bolsa de viaje y sacó mi ropa interior. Un grito de horror, lanzado sobre todo por las mujeres presentes, atravesó el autobús. Él se dio cuenta de que había ido demasiado lejos y bajó. El conductor sacudió desaprobatoriamente la cabeza, y algunos compañeros de viaje se disculparon conmigo por el comportamiento desvergonzado e inmoral del policía. Para consolarme, me regalaron plátanos y caramelos, que compartí con Carol y con los niños del autobús. Después de ocho horas de viaje llegamos a Gulu, la capital del distrito de Acholi.

Gulu era una ciudad moderna. Desde ahí quería investigar el movimiento del Holy Spirit y su historia con todas sus contradicciones. Pero me resultó difícil hacer de la ciudad la unidad de mi trabajo etnográfico, como había hecho en las montañas Tugen. Esta ya no se podía comprender por sí misma, pues las circunstancias locales estaban entretejidas regional, nacional y transnacionalmente de un modo muy complejo.

Gulu era una ciudad ocupada, el ejército gubernamental estaba allí estacionado. Camiones, cargados de armas y tropas, corrían a toda velocidad a lo largo de la calle principal. Los soldados estaban sentados en pequeños bares, andaban en bicicleta o corrían cantando en grupos a través de las calles. Algunos habían atado los pollos que habían conseguido al manillar de la bicicleta, los llevaban en la mochila o los sujetaban con cuerdas a la barra del bar mientras bebían. Las huellas de la guerra no se habían eliminado. Varias casas que flanqueaban la calle principal estaban destruidas, las fachadas quemadas; las aceras estaban arrancadas, las señales de tráfico agujereadas por balas y dobladas y la rotonda central, cubierta por una buganvilla de un rojo ardiente, consistía únicamente en un montón de piedras. Llevaban muertos en camillas, provisionalmente envueltos en mantas, a través de la ciudad. Los seguían llorando los parientes y la familia. Eran demasiados los muertos que causaba la guerra y ahora también el sida, me explicó una mujer.

Mientras que en los alrededores de Gulu la guerra continuaba y a menudo se podía escuchar el fuego lejano de los combates, en la ciudad resonaban ya por la tarde, pero sobre todo al anochecer, los tiros de las ametralladoras procedentes de las salas de vídeo, en las que se mostraban películas de Taiwán, Hong Kong y Estados Unidos, como ya había podido ver en el autobús. Estos vídeos proporcionaban los modelos que tanto los soldados de Holy Spirit como los del ejército emulaban. Soldados que conocí se llamaban «Suicide», «Karate», «007» o «James Bond». Y en el movimiento del Holy Spirit de Joseph Kony luchaba un espíritu al que le gustaba presentarse, como el héroe del kung-fu Bruce Lee, como «King Bruce». También el espíritu de James Bond aparecía junto a los de Hitler y Mussolini. Estos últimos eran considerados como especialmente poderosos, habían puesto en apuros a Gran Bretaña, que había colonizado Uganda.

Tras mi llegada visité en primer lugar a la familia de Patrick Ogando. Vivía en una espaciosa granja a las afueras de Gulu. A diferencia de mi recibimiento como huésped no invitado en las montañas Tugen, aquí era bienvenida. No era un mono, una no persona, sino la «professor» de Bayreuth.

No monté mi tienda en medio de un pueblo acholi, como había reclamado Malinowski y como yo había hecho en las montañas Tugen, sino que me instalé en un antiguo hotel de lujo en el centro de Gulu. Había sido saqueado dos veces, los cristales de las ventanas seguían estando rotos, el mobiliario que se podía mover había sido robado. Las puertas forzadas no se podían ya cerrar, en las habitaciones no había nada más que una cama. Por la tarde yo era el único huésped. El camarero se ponía en mi honor una librea, y el mozo de cocina componía un arreglo floral de buganvilla.

Durante mis estudios de etnología había aprendido a defender a las personas con las que trabajaba. Contra la discriminación de los medios de comunicación, quería describir ahora también el movimiento del Holy Spirit de Alice Lakwena desde una perspectiva que se correspondiese con la imagen que ellos tenían de sí mismos. Suponía que el movimiento, como otros muchos, era una rebelión de campesinos contra el Estado. Pero pronto tuve que constatar que la mayoría de los miembros iniciales no eran campesinos, sino soldados que ya habían luchado en la guerra civil entre 1981 y 1985 y ahora no habían querido o podido dedicarse a otra ocupación más que a matar y saquear. Su objetivo era enriquecerse, vengarse o recuperar su perdida participación en el poder del Estado.

Me planteé abandonar la investigación, pues no veía ninguna posibilidad de presentar el movimiento del Holy Spirit y su historia sin o bien idealizarlo injustificadamente, o bien repetir los estereotipos coloniales. Solo cuando un antiguo soldado, que había tomado parte en la lucha desde el principio, me informó del intento serio de Alice Lakwena de hacer una guerra contra la guerra y la violencia, logré reunir la simpatía necesaria por el «objeto», que es la condición previa de la etnografía. Y aunque me esforcé en mostrar la afinidad interna entre humanismo y terror, así como el doble movimiento de liberación y esclavización en la historia del movimiento del Holy Spirit, a esta condición previa se debe, me temo, una cierta tendencia a la idealización. Esta también se daba en mis interlocutores, que me apoyaban a mí y mi investigación y la utilizaban para justificar su guerra.

Tampoco los soldados del Holy Spirit habían sido ajenos a la influencia de los medios de comunicación que los describían a ellos y su guerra. Escuchaban regularmente la radio, sobre todo la BBC y la Deutsche Welle, y leían periódicos y revistas. Su propia importancia les fue comunicada en los medios. Se enteraron de cómo los veían otros, sus adversarios y la llamada opinión pública mundial, e intentaron tanto ajustarse a las imágenes diseñadas como también contradecirlas. Alice, sus espíritus y soldados eran bien conscientes del poder de los medios de comunicación. Intentaban también crear un contrapoder y organizaron dentro del movimiento un Department of Information and Publicity. Una oficina ambulante elaboraba documentos para la administración interna y la propaganda. Fabricaba octavillas para explicar los objetivos del movimiento para la población local, enviaba cartas a jefes y políticos, y un fotógrafo tomó imágenes de prisioneros de guerra, visitantes, armas capturadas y rituales. Los soldados del Holy Spirit redactaban sus propios textos. Muchos llevaban un diario. Los comandantes del Frontline Coordination Teams elaboraban listas de pérdidas, reclutamiento y donativos de civiles; llevaban registro de reuniones y de los distintos combates; el *chief clerk*, secretario de Alice, registraba en un cuaderno lo que decían los espíritus cuando tomaban posesión de Alice, su médium. Contra el poder de los medios de comunicación, el mismo movimiento se documentaba y etnografiaba, producía sus propios textos e imágenes. También tras la derrota existió entre los antiguos soldados el deseo de imponer su versión de la historia, su verdad, frente a otras. Pienso que este deseo fue el que me permitió entablar un diálogo con ellos y escribir junto con ellos su etnografía de la guerra de los espíritus.

Al contrario que en las montañas Tugen, donde la oposición «familiar versus extraño» era decisiva para mi investigación, en el norte de Uganda la oposición «amigo *versus* enemigo» determinaba los sucesos. Puesto que venía de fuera y no pertenecía a ninguna de las partes enfrentadas en la guerra civil, me encontraba por lo menos al principio de mi investigación fuera del conflicto. También esto puede haber sido una razón para que algunos de los soldados entraran en diálogo conmigo.

De hecho, el nuevo campo de investigación se diferenciaba de un modo fundamental de las montañas Tugen. Aquí había llegado a la modernidad. No me encontraba en un pueblo pequeño y apacible, sino en una ciudad moderna en una zona de guerra. Mis entrevistados hablaban inglés y habían terminado en parte una carrera militar profesional, habían asistido a la escuela secundaria o incluso a la universidad. En las conversaciones con antiguos soldados tomaba notas solo con palabras clave y en alemán, para no ponerlos en peligro, y si lo deseaban convertía sus nombres en anónimos. Guardaba mi libreta etnográfica rigurosamente bajo llave. La escondía en el hotel. A menudo conversaba con mis interlocutores sin tomar notas. Solo por la tarde en el hotel reconstruía el diálogo y apuntaba lo que recordaba. No llevaba conmigo ni un magnetófono, ni una máquina fotográfica u ordenador portátil, ni una cámara de cine.

Al contrario que en las montañas Tugen, para los soldados no era en absoluto un problema que yo fuese una mujer. En el movimiento del Holy Spirit habían luchado también algunas mujeres, y una mujer, Alice Lakwena, o mejor dicho sus espíritus, había dirigido el movimiento. Es cierto que de su panteón formaban parte solo dos espíritus femeninos, Nyaker, que trabajaba de enfermera, y un espíritu de la lucha musulmán llamado Miriam. Pero el espíritu más importante del movimiento, el espíritu Lakwena, era moderno, ilustrado e incluso un feminista, como me contó un antiguo soldado. El Dios cristiano, había explicado Lakwena, había escogido a propósito una mujer como su médium, porque en África las mujeres eran oprimidas, marginadas y discriminadas. Y cuando los soldados se quejaban de que eran dirigidos por una mujer que vendía pescado y no tenía ni idea de conducir una guerra, el espíritu tomaba enseguida posesión de Alice y daba órdenes. Puesto que desde una perspectiva local eran los espíritus (masculinos) los que dirigían el movimiento, en el idioma de la posesión de espíritus el dominio masculino permanecía en última instancia intacto. Pero a las mujeres —también a mí— se las trataba con respeto.

5

Realicé entrevistas exhaustivas y muy abiertas, a veces durante varios días, con aproximadamente quince antiguos soldados del movimiento del Holy Spirit. Entre ellos se encontraba Mike Ocan, un antiguo miembro del ala civil, no militar. Tras la derrota de octubre de 1987 había sido hecho prisionero por soldados gubernamentales, había estado en prisión, se había «politizado» en un campo, había sido después rehabilitado y trabajaba, cuando yo lo conocí en la primavera de 1991, como director de una escuela en Gulu. Puesto que se sentía llamado a ser el historiador y etnógrafo del movimiento, le pedí que redactase el «primer» texto, una «descripción densa» (en el sentido de Clifford Geertz)[8] sobre el movimiento. Escribió un texto y en él apelaba al poder del espíritu Lakwena: «Lakwena me otorgó la autoridad de informar al mundo sobre su misión en la Tierra y me siento obligado a hacerlo».

Apelando al espíritu Lakwena, Mike Ocan le daba a los sucesos pasados el estatus de escritura, estableciendo así la diferencia entre el pasado y la forma por escrito que ahora alcanzaba.

8 Clifford Geertz, *Local Knowledge*, Nueva York, Basic Books, 1983.

Su texto era también el intento de traducir el movimiento y su historia para un público europeo. No solo los etnólogos están confrontados con el problema de la traducción, sino también todos aquellos que elaboran un texto que traspasa las fronteras culturales. La distancia con lo ocurrido exigida para realizar un relato dirigido a los europeos le hizo reconocer el exotismo del movimiento del Holy Spirit.

Solo más tarde, en el año 1995, cuando Mike Ocan me llevó a visitar a un amigo, un antiguo miembro de alto rango del movimiento del Holy Spirit, comprendí hasta qué punto había excluido determinados aspectos del movimiento. Cuando entramos en la casa del amigo, este me preguntó enseguida si era creyente. Le respondí, vacilante, que tomaba en serio lo que creían otras personas. Esta respuesta no le gustó en absoluto. «¿Cree usted que cuando caen bombas y usted reza y yo levanto mi mano hacia el cielo, el bombardeo cesa? ¿Cree usted que cuando las balas del enemigo van directamente a su encuentro, no la alcanzan a usted, sino que la rodean sin herirla?». Le pidió a Mike Ocan que me diese otros ejemplos de defensa y salvación milagrosas. Mike lo hizo, y ambos comenzaron entusiasmados, apasionadamente y no sin nostalgia a hablar sobre la época que habían pasado juntos en el movimiento del Holy Spirit. Y yo entreví un poco del estado de ánimo que había reinado en aquel tiempo, una atmósfera llena de entusiasmo, esperanza de liberación y renovación, así como de confianza absoluta en el Dios cristiano y en los espíritus que había enviado. No fue hasta el encuentro con su amigo que Mike me permitió vislumbrar brevemente esa asombrosa energía y fuerza social en el movimiento del Holy Spirit que llamamos fe.

Había negociado en el proyecto de investigación colaborativa de Bayreuth que Mike Ocan sería invitado a Bayreuth y a Berlín como mi «informante principal». Cuando me visitó en Berlín, le conté —más o menos por casualidad— de 1968, de nuestras esperanzas de entonces, nuestros experimentos y nuestro fracaso. Él escuchó con atención, pero se abstuvo de hacer comentarios. Cuando le informé de nuestros parvularios antiautoritarios, sonrió. Tengo que confesar que solo en este momento (y no por casualidad en Berlín) comprendí lo que podía haberme impulsado a estudiar el movimiento del Holy Spirit. Solo durante mi relato me di cuenta de cuántos aspectos —a pesar de las condiciones sociales, culturales e históricas extremadamente distintas— tenían en común el movimiento cristiano del Holy Spirit y el movimiento secular de 1968. Ambos fueron impulsados por una expectativa de salvación *à la* Karl Löwith, que la moderna filosofía de la historia derivó de la creencia cristiana en una consumación y que sustituyó la providencia por el progreso.[9] Ambos experimentaron con formas de vida alternativas y fracasaron. Tras nuestra conversación, la relación entre Mike y yo cambió. Mientras que antes imperaba sobre todo el respeto entre nosotros, ahora surgió una confianza como aquella que comparten los que han experimentado una conversión y su fracaso.

El texto de Mike Ocan fue la base de un largo diálogo que mantuvimos en Gulu, Bayreuth y Berlín. Su texto constituyó también la parte esencial del libro *Alice und die Geister. Krieg in Norden Ugandas* [Alice y los espíritus. Guerra en el norte de Uganda], que escribí sobre el movimiento del Holy Spirit y con el que me habilité en Bayreuth.

9 Karl Löwith, *Weltgeschichte und Heilsgeschehen*, Stuttgart, Kohlhammer, 1967.

6

Mientras que en la investigación en las montañas Tugen yo creía diferenciar claramente entre mi perspectiva procedente de fuera y la visión desde dentro de los tugen, en el norte de Uganda no logré mantener esa línea divisoria. Fue Israel Lubwa, el padre de Patrick Olango, el que me abrió los ojos y al que le tengo que agradecer no solo informaciones, sino también importantes comprensiones teóricas. En nuestras conversaciones insistía una y otra vez en su «parcialidad». Había leído demasiado, por eso no era un auténtico informante. En efecto, era un intelectual y pensador disidente, que ya en los años cincuenta había colaborado con John Middleton, un etnólogo inglés. Para Middleton, que a su vez escribió la introducción a mi libro sobre Alice Lakwena y se convirtió en un buen amigo mío, había recogido, identificado y catalogado plantas. Ya conocía, por tanto, la empresa etnográfica y la peculiar especie de los etnólogos europeos, y probablemente había influido en su hijo para que estudiase etnología (y deporte) en Bayreuth. Me mostró la dimensión epistemológica de la crisis en el norte de Uganda, explicándome que la guerra había creado una situación que no se podía ya superar con los antiguos medios tradicionales. Se requería un cambio de paradigma, un giro radical en el pensar y actuar. Y el movimiento de Alice Lakwena había creado esa posibilidad.

Además de Israel Lubwa, también otros de mis interlocutores —como Reuben Anywar, Alipayo Latigo, Noah Achora, Lacito Okech y R. M. Nono— habían leído no solo libros y artículos escritos por misioneros, etnógrafos e historiadores, sino también los textos del famoso Okot p'Bitek, que había criticado a Evans-Pritchard. Como observaba Israel Lubwa, en las respuestas me encontraba no tanto con un saber local original como con mis colegas occidentales y africanos y, en cierto modo, conmigo misma. Tenía que hacerme la pregunta de si se me contaba una historia extraña o propia, y reconocía que nuestras historias eran transformaciones unas de otras; ejemplos de una reflexividad compartida, nunca interrumpida.

Algunos de mis antiguos interlocutores habían redactado también textos en los que «respondían escribiendo», contestaban a posiciones coloniales y defendían cada uno sus propios puntos de vista, a veces con una fuerte competencia intelectual entre sí. Los autores sacaban de un baúl o de una cartera de piel de cabra los escritos que no se habían quemado o perdido en los desórdenes de la guerra y me los leían en voz alta. Sus textos, como el de Mike Ocan, abrían la posibilidad de contrarrestar la falta de equilibrio y la parcialidad de los etnógrafos y los historiadores occidentales.

Para practicar una etnografía más bien recíproca y simétrica y devolverle (un poco) lo que él me había regalado como sus conocimientos, le pedí a Mike Ocan que leyese uno de mis textos sobre determinados aspectos del movimiento del Holy Spirit, pero sobre todo que lo criticase. No estaba segura de si en mi texto, que se basaba en sus conocimientos, reconocía «su» movimiento del Holy Spirit. Explicó que no había podido encontrar ningún error, pero que él nunca habría escrito así el texto. Mi exposición le parecía extraña. Pero también era sobre todo un hombre muy educado, y supongo que sus ideas de decoro y buenos modales le prohibían la crítica abierta a mis textos.

Aquí se plantea fundamentalmente la pregunta de en qué medida las etnografías occidentales logran ajustarse a la autoimagen de los etnografiados. Malinowski, el héroe fundador de la etnología moderna, había escrito sus monografías sobre los habitantes de las islas Trobriand con la pretensión de hacer esto «desde el punto de vista de los nativos». Pero el misionero católico B. Baldwin, que pasó treinta años en las islas Trobriand y adoraba a Malinowski, había preguntado a algunos habitantes que conocían personalmente al etnólogo por su parecer sobre los textos. Baldwin tuvo que constatar que la descripción de Malinowski les resultaba extraña a los descritos, no se reconocían en las monografías.[10] De este modo, la empresa etnográfica habría fracasado y el conocimiento etnográfico estaría «condenado a seguir siendo tan extravagante e inadecuado como el que adquiriría de nuestra propia sociedad un visitante exótico».[11] A pesar de la producción colectiva del conocimiento etnográfico, la perspectiva propia y la extraña no llegan aparentemente a armonizarse, pues la escritura de una etnografía lleva consigo un cambio de remitente. En casa, como miembro de la *academia*, no escribimos tanto para los etnografiados, sino sobre todo para o contra nuestros colegas.

El 22 de febrero de 2017 Mike Ocan murió en Gulu de un fallo cardíaco. Su hijo Jimmy Odoki me escribió que, para recordar a su padre, estaba previsto un libro en su honor, y me pidió que enviase un artículo. Yo acepté.

Por Jimmy me enteré de que su padre apreciaba mucho el libro sobre el movimiento del Holy Spirit de Alice Lakwena que había nacido de nuestra colaboración. Estaba orgulloso de encontrar allí su texto y su nombre una y otra vez, y regaló numerosos ejemplares a amigos. Cuando a él, que había pasado

10 Michael Young, *The Ethnography of Malinowski. The Trobriand Island 1915-18*, Londres, Routledge & Kegan Paul, 1979, pp. 15s; sobre esto también Iris Därmann, *Fremde Monde der Vernunft. Die ethnologische Provokation der Philosophie*, Múnich, Wilhelm Fink, 2005, pp. 46ss.

11 Claude Lévi-Strauss, «El campo de la antropología», en *Antropología estructural. Mito, sociedad, humanidades*, trad. de J. Lamela, México, Siglo XXI, 1979, p. 30.

a ser un reconocido especialista en el movimiento del Holy Spirit, lo consultaban periodistas u otros etnólogos, le gustaba remitir al libro. Jimmy me escribió que respondía muchas preguntas, y a su padre le había quitado el peso de las explicaciones. Me parece que mi mirada desde fuera, unida a su visión desde dentro, habían hecho nacer un texto que reflejaba una parte importante de su vida y, en cierto modo, aclaraba su participación, por lo demás proscrita —desde la perspectiva del gobierno—, si no la justificaba.

7

A pesar de los peligros que conlleva una etnografía en una zona de guerra, durante mis distintas estancias en el norte de Uganda me sentí sorprendentemente segura. Confiaba en las personas con las que convivía y trabajaba. Solo una vez tuve realmente miedo. Cuando una tarde al regresar al hotel, este se encontraba en manos de los militares. Numerosos soldados del ejército gubernamental se habían instalado en las habitaciones vacías o dormían en los pasillos. Se decía que Joseph Kony y su Lord's Resistance Army planeaban un asalto por sorpresa a la ciudad. El terreno detrás del hotel estaba inundado de luz, para reconocer a tiempo a los atacantes. Las ametralladoras estaban colocadas. Era demasiado tarde para huir a Kampala. Los soldados eran amables, y un oficial me aseguró que me protegerían. Pero justamente eso me intranquilizaba, pues había escuchado bastantes historias sobre soldados gubernamentales que habían desertado o que por principio acostumbraban a aparecer solo cuando la lucha había terminado. Esta actitud de los soldados de proteger sobre todo su propia vida me parecía razonable. Temía que, si se mostraban como valerosos combatientes, el hotel pudiese convertirse en el lugar de los enfrentamientos bélicos, y eso sí que me parecía peligroso. Poco heroica, fui a mi habitación y agarré una botella de ginebra. En algún momento, pertrechada del sueño necesario, me acosté, vi a través de la ventana la luz de los reflectores rozando el prado y me quedé dormida. Cuando me desperté a la mañana siguiente, los soldados habían desaparecido. El ataque no había tenido lugar.

Hoy pienso que fue una ventaja ser una mujer en zona de guerra. No se burlaban de mí como en las montañas Tugen, pero tampoco me tomaban realmente en serio. Si hubiese sido un hombre, la categoría que me correspondería sería «enemigo». Puesto que era muy delgada, los soldados me gritaban por detrás «slim»; esta era la denominación popular del sida y se apoyaba en la observación de que los enfermos de sida, antes de morir, se volvían cada vez más delgados. De este modo, formaba parte de los estigmatizados, de los mortalmente enfermos, a los que los soldados preferían esquivar. Esto me convenía.

Con Patrick, Carol y Margaret había hablado de que, para no despertar la codicia, practicaría más bien una infravaloración social. Llevaba ropa de segunda mano, vestidos importados de europeos muertos, como me explicaron mis dos amigas, que se ofrecían en mercados en Gulu y Kampala. Había dejado mi ordenador en Berlín y, como en Bartabwa, escribía mis notas en cuadernos escolares. Compré una bicicleta barata *Made in China* y conducía con ella por los alrededores. Mientras que un etnólogo amigo me contaba de su posición como importante patrón en Camerún, una relativa posición de poder con numerosos asistentes y empleados, en Gulu yo no asumí un papel análogo como «matrona». Aunque era parte de una red de la que también formaban parte «honorables» ancianos que poseían poder político, en el norte de Uganda intenté —como antes en las montañas Tugen— renunciar preferiblemente al estatus social para conservar mi movilidad y trabar conversación con toda clase de gente.

Más tarde supe que fui discretamente vigilada, y Carol y Margaret, las dos hermanas de Patrick Olango, informaban de vez en cuando al District Commissioner. Tenían que hacerlo para protegerse también a sí mismas.

8

Puesto que el movimiento del Holy Spirit era, desde la perspectiva local, dirigido por espíritus —y no por Alice y sus consejeros—, intenté averiguar más sobre la práctica de la posesión de espíritus. Durante la guerra numerosos *ajwaka*, médiums y curanderos, habían huido a Gulu y se habían instalado en la ciudad, porque eran perseguidos como infieles por los soldados del movimiento del Holy Spirit. Al principio los visitaba en compañía de Carol o Margaret, después también sola.

A comienzos de los años noventa, en las afueras de Gulu, entramos en la granja de Ben Ochan, un médium, curandero y adivino. Estaba «registrado», poseía un certificado estatal. Al igual que Alice, llevaba un *kanzu* blanco, una túnica originariamente árabe que los musulmanes de la costa habían llevado a Uganda ya en el siglo XIX. Estaba sentado en una silla plegable; extendida ante él había una estera de tela de corteza, sobre esta una cesta con conchas grandes y pequeñas, distintos frutos secos, piedras y perlas, la parafernalia para la adivinación. Detrás de él había un cuenco en el que tuve que poner el dinero para la «inscripción». Sin dinero no había espíritu.

Apenas había pagado cuando Ochan comenzó a temblar, puso los ojos en blanco y un espíritu de Pakistán lo tomó. De su boca salió un «pakistani» en voz muy alta, que su mujer tradujo a acholi y Carol para mí en inglés. Sin un saludo de cortesía el espíritu fue inmediatamente al grano y preguntó qué quería. Yo contesté que tenía un resfriado y me gustaría que me curasen, y además quería escribir un libro en el que los espíritus tenían un papel importante. A continuación, arrojó en la estera conchas, piedras, perlas y frutos de la cesta y después interpretó el dibujo que formaban. Tenía suerte, el espíritu y su oráculo me eran benévolos; no tenían nada que objetar a mi investigación etnográfica, sí, yo podía averiguar todo sobre los espíritus y escribir no solo uno, sino muchos libros. Ochan no sabía nada, pero él, el espíritu de Pakistán, y los otros espíritus sabían todo y me dirían la verdad. Se repitió varias veces, volvió a estremecerse y temblar, bostezó, se cayó de la silla y se quitó el *kanzu*. En ese mismo instante volvió a estar presente Ben Ochan, que sonreía olvidado de sí mismo. Su mujer le informó de lo que el espíritu de Pakistán había dicho a través de él, su médium.

Esta fue mi primera conversación con un espíritu. Estaba profundamente impresionada, acababa de presenciar la transformación reversible en otro, en un espíritu extraño. Este espíritu se había dirigido a mí directamente y se había declarado conforme con mi deseo de investigarlo a él y a otros. Seres superiores permitían, legitimaban y apoyaban por tanto mi trabajo etnográfico. Yo reconocía que no solo yo como etnógrafa, sino también aquellos que quería etnografiar, anhelábamos un otro propio y lo describíamos. Ellos le daban a su experiencia de lo ajeno la forma de espíritus, y en sus cultos de posesión presentaban a la vista y al oído etnografías performativas. Se transformaban en los que les eran extraños, adquirían su poder y pasado un tiempo volvían en sí. Comencé a interesarme por sus técnicas de transformación y etnografías performativas. En cierto modo, me dejé atrapar por su arte de la posesión y fui poseída por su posesión.

Aunque tras este encuentro con el espíritu pakistaní participé en numerosos rituales de posesión, nunca fui poseída por un espíritu en una sesión espiritista. Mientras que en las montañas Tugen experimenté un cierto grado de olvido de mí misma en las disolutas fiestas de cerveza, me olvidaba a veces por completo mi investigación y justo después de las bebidas alcohólicas matutinas, que «vencen al hambre y hacen feliz», lo único que podía hacer era caerme sobre la colchoneta en la tienda, los espíritus en el norte de Uganda me dejaron en paz, aun cuando repartían aguardiente para sí mismos, para el resto de los participantes y para mí. Yo les estaba agradecida, pues no quería ser un médium, sino que me gustaba a mí misma como etnóloga que se entrega dentro de ciertos límites a las experiencias ajenas de lo extraño, pero que en última instancia permanece atenta a no perderse por completo.

No solo en Uganda, sino también en el norte de Nigeria, observé varias veces la transformación de un médium en un espíritu. A menudo iba acompañada de sufrimiento, una crisis o un trauma. Comenzaba, especialmente en el caso de los médiums paganos, como una escenificación dramática, dolorosa y algunas veces marcadamente violenta de despersonalización y aniquilación de la propia persona. El médium se defendía desesperado, luchaba contra el espíritu que quería tomar posesión de él, lloraba amargamente, temblaba, resollaba y volteaba los ojos, de tal modo que solo se veía lo blanco. Algunas veces lograba hacer retroceder el espíritu. Gritaba: «Aún estoy aquí». Pero entonces caía al suelo y sufría «una pequeña muerte». Cuando se volvía a incorporar, el espíritu había tomado totalmente posesión de él; el médium se había convertido en otro; reconocible en unos gestos, una voz y ropa extraños y en los emblemas de su nuevo poder.

El fin de la posesión se desarrollaba igualmente de una manera sumamente teatral y repetía numerosos elementos del inicio en orden inverso. El espíritu anunciaba: «¡Me voy!» y se quitaba su ropa. Entonces comenzaba de nuevo la dramática lucha. Solo cuando el médium estornudaba tres veces y volvía a caer al suelo como muerto, el espíritu lo había abandonado definitivamente. Al cabo de un tiempo se despertaba como de un largo sueño y preguntaba asombrado dónde estaba. Esta escenificación teatral de la despersonalización y el desposeimiento de la persona del médium me cautivó. Pues estos grandes artistas del teatro de los espíritus ponían ante nuestros ojos y oídos, de una forma generalizada, acrecentada y dramática y artísticamente elaborada, la conmoción que acompaña al sometimiento por un poder extraño y que da lugar a una aniquilación (parcial) de la propia persona. En el médium desesperado que lucha contra la llegada del espíritu reconocía aspectos de experiencias propias de lo extraño que me habían sobrevenido desde fuera y que habían sido impuestas a la fuerza. El enfrentamiento con el poder extraño y el estar a su merced se me presentaban teatralmente, como en un espejo. En el escenario de un teatro extraño experimenté la transformación de un sujeto que se pierde y se convierte en objeto de otro.

Visité otros médiums. Una mujer llamada Molly averiguó por medio de la adivinación que yo había sido ya víctima de un ataque de hechicería y debía ser deshechizada. Le dio mucha importancia a que yo no siguiese siendo una observadora externa, sino que me convirtiese en su paciente. Me asignó un lugar definido en una red de relaciones y me instó a que participase en un ritual de purificación. Como en el caso de Ben Ochan, pagué la *registration fee* y le conté los problemas que se derivaban de mi día a día en Gulu en una situación de inseguridad, de guerra, de amenaza y en ocasiones también de miedo. Como otras mujeres, también yo visitaba a Molly casi diariamente y le pedía que interrogase a los espíritus.

Cuando iba a viajar a Kitgum, una ciudad más al norte, le pedí que consultase con los espíritus si el viaje transcurriría pacíficamente. Acto seguido se transformó en el espíritu William, que primero exigió un aguardiente y después contestó mi pregunta: no veía venir ningún problema. Cuando me despedía, Molly, a la que el espíritu la había vuelto a abandonar, me dio una pequeña cebolla y dijo: «¡Por si acaso!». En caso de que algo pasase, ¡me recomendó morder la cebolla! Se rio y me hizo un guiño. El viaje transcurrió pacíficamente, sin ningún asalto. Llevaba mi pequeña cebolla como un talismán en el bolsillo de la chaqueta, pero no necesité morderla.

Las visitas a los médiums se convirtieron en parte de mi vida cotidiana. Me ayudaron, al menos parcialmente, a mitigar, reconocer y asimilar amenazas y miedos, expresándolos y «tratándolos». «¡Es cierto que sé..., pero a pesar de todo!»; esta actitud, que Jeanne Favret-Saada[12] describió para los campesinos del *bocage* en Francia, era válida también para mí en Gulu. Como ellos, también yo intentaba satisfacer el deseo de seguridad, y sabía al mismo tiempo de la imposibilidad. Y aunque yo y quizás también otras mujeres en Gulu, considerábamos inútiles los actos mágicos, con todo consolaban.

«¡Es cierto que sé..., pero a pesar de todo!» da nombre a una actitud intelectual que conocemos en lo cotidiano. Se atribuye, sin embargo, frecuentemente a los niños, salvajes y locos, porque reconoce una contradicción, la tolera y se aferra a un deseo realmente imposible. Reproduce un esquema de pensamiento muy moderno, que aparece en cualquier lugar en el que un discurso dominante y sus convenciones afirman un campo social de racionalidad, Ilustración y verdad que es

12 Jeanne Favret-Saada, *Les Mots, la Mort, les Sorts. La sorcellerie dans le bocage*, París, Gallimard, 1977.

apoyado por la ciencia en alianza con el Estado (racional). Aquellos que no comparten este discurso o solo lo hacen parcialmente son declarados de un modo más o menos inexorable disidentes, idiotas o supersticiosos.

Yo me convertí en una de estas idiotas. Mi actitud «¡Es cierto que sé..., pero a pesar de todo!» intentaba no solo aferrarse a las dos caras de una oposición, sino que en la práctica abría también un nuevo campo del experimentar; pues el «a pesar de todo» encierra el «a pesar», un momento de protesta, el deseo de hacerlo de otra manera, correr un riesgo, probar algo nuevo y dejarse consolar, por ejemplo, por una pequeña cebolla picante.

9

La posesión de espíritus está vinculada siempre a una pretensión de poder. No obstante, forma parte de la esencia del poder el ocultarse justamente allí donde es más fuerte. Su capacidad de imponerse se corresponde con su capacidad de ocultar los mecanismos de su actuar.[13] Estar poseído por un espíritu significa tener poder. Sin embargo, este es un poder ajeno y prestado, precisamente aquel del espíritu que el médium obtiene a costa de la propia renuncia a sí mismo. Pero esto significa también que al médium en el estado de posesión nunca se le puede pedir cuentas de sus palabras y actos, pues es el espíritu el que actúa y habla. La posesión de espíritus es por tanto una práctica del «no yo», que expresa en su ejecución la paradoja

13 Michel Foucault, *La voluntad de saber*, ensayo introductorio de Julia Varela y Fernando Álvarez-Uría, ed. a cargo de Julia Varela y Fernando Álvarez-Uría, Madrid, Siglo XXI, [10]2005, p. 90.

de que el espíritu y su médium, aunque aparecen como una sola persona, están sin embargo separados el uno del otro. Los espíritus hacen y dicen lo que el médium como persona no puede decir o hacer.

Mi interés por los espíritus se extendió a su historia. Al comienzo de la época colonial aparecieron algunos espíritus nuevos en el norte de Uganda. Mientras que antes eran sobre todo espíritus del mundo salvaje los que se apoderaban de sus médiums (humanos) —espíritus del trueno, de la montaña o de un río, árbol o animal salvaje—, ahora los europeos —sobre todo militares y funcionarios coloniales, pero también misioneros—, así como sus aparatos técnicos, bicicletas, tanques, *bulldozers* o aviones, fueron «espiritualizados». Como espíritus, tomaban posesión de mujeres y hombres y los obligaban a encarnar el poder extraño a ellos, induciéndolos a la danza mimética. Integrados en cultos locales, escenificaban con ayuda de sus médiums no solo un regreso siempre recurrente a la presencia, sino también el estar entregado a poderes extraños. En el teatro de los espíritus presentaban a los oídos y a la vista el avasallamiento por parte de los europeos y sus tecnologías, que al mismo tiempo trataban de domesticar.

Los espíritus coloniales extraños eran poderes sumamente ambivalentes. Traían enfermedades y sufrimientos, a veces también la muerte, y al mismo tiempo eran un medio contra esto. Si el médium se sometía a las demandas del espíritu y aceptaba su poder, obtenía también un pedazo de poder, y entre ambos se establecía una especie de vínculo contractual. Así, el espíritu Munno, el espíritu de los europeos, exigía de las personas de las que se apoderaba llevar ropa occidental, beber cerveza en botellas y fumar cigarrillos. En su culto, lo extraño —los europeos, su tecnología y sus mercancías— era no solo representado, sino también apropiado. Eran los espíritus los que demandaban que los poseídos bailaran rumba, se perfumaran o comieran con cuchillo y tenedor. Ellos, o mejor dicho sus médiums, suministraban las imágenes de un exotismo inverso, que (nos) representaba a los europeos como parte de la sociedad colonial. Proporcionaban una comprensión de la diferencia y generaban sobre todo conmociones, la conmoción de lo evidente.[14] Por consiguiente, la validez de la exposición etnográfica —sea esta texto o representación— se mide sobre todo en función de la fuerza del efecto que esta tiene en los observadores o lectores.[15]

En los años setenta, cuando bajo el gobierno de Idi Amin muchos acholis perdieron la vida o tuvieron que huir al exilio a Tanzania, Kenia, Inglaterra o Canadá, aparecieron ocasionalmente nuevos espíritus, el espíritu de Jesús, de Dios Padre o de la Virgen María. En los años ochenta, especialmente durante la guerra civil, estos espíritus cristianos aumentaron. Alice Lakwena se convirtió en el médium de uno de estos espíritus. Sus Holy Spirit Mobile Forces contribuyeron no poco a difundir el nuevo discurso. Los espíritus cristianos criticaban a las iglesias anglicana y católica establecidas e iniciaron un proceso de indigenización del cristianismo, que paradójicamente fue acompañado de un rechazo radical de la propia religión tradicional.

Pero contra la concepción cristiana de una persona equilibrada y responsable de sí misma con límites inalterables, la práctica de la posesión de espíritus, tal y como fue cristianizada en el norte de Uganda, encerraba además la posibilidad de la transformación, de convertirse en otro, de multiplicar la propia persona, olvidarse de sí mismo y sustraerse a la propia

14 Fritz Kramer, *Schriften zur Ethnologie*, Frankfurt del Meno, Suhrkamp, 2005, p. 197.

15 Richard Rottenburg, «Marginalität und der Blick aus der Ferne», en Heike Behrend (ed.), *Geist, Bild und Narr*, Berlín, Philo, 2001, pp. 37-44, aquí p. 42.

responsabilidad; posibilidades que no eran compatibles con la concepción occidental de una persona equilibrada, responsable de sí misma con límites inalterables.

Los nuevos espíritus cristianos aparecían, en comparación con los espíritus extraños, como poco exóticos. No trabajaban en secreto, sino en el espacio público; no llevaban trajes exóticos, no bailaban ni sacudían a su médium y no exigían aguardiente. En vez de eso, temblaban solo un poco, cantaban canciones piadosas, curaban sin tomar represalias y no exigían ofrendas. Sus *shows* eran moderados, dignos y más bien puritanos. Como muy tarde desde los años setenta, el cristianismo había perdido en Uganda su extrañeza y exotismo. Había llegado, había sido aceptado y había sido reformado una y otra vez en distintos movimientos de renovación. El último de estos movimientos de renovación fue el movimiento del Holy Spirit de Alice Lakwena.

10

Cuando residía en Gulu en 1995, Mike Ocan me comunicó que Severino Lukoya, el padre de Alice, estaba allí, y me organizó un encuentro. Severino llevaba una camisa marrón de manga corta, unos pantalones largos rotos que sujetaba a las piernas con cordones y sandalias de plástico. De aspecto esbelto y gran estatura, llevaba barba y tenía el hermoso rostro de un asceta. Nos saludó a Carol y a mí, y después dibujó la cruz en su frente. Un pequeño temblor lo recorrió, y entonces no era ya Severino, sino el Espíritu Santo de Dios Padre en persona. Ya en 1948, así me lo contó el espíritu, Dios lo había escogido como su hijo amado. Justo cuando leía el capítulo 47 del libro del profeta Isaías, Dios envió una intensa luz y escuchó una voz que gritaba su nombre. Si el que continuaba contando la biografía era el espíritu o

Severino, no puedo decirlo. En todo caso, Severino fue aprendiz de carpintero y de albañil, conoció a Iberina Ayaa y se casó con ella. Tuvieron muchos hijos. Pero como Severino comenzó a pecar, Dios lo castigó e hizo morir a cuatro de sus hijos. En 1958 se cayó del tejado de su casa (según otra versión, su mujer le dio una paliza) y perdió el conocimiento. En este estado ascendió al cielo y se encontró con Dios y con Moisés. Lo mandaron de vuelta a la tierra. Allí, numerosos espíritus tomaron posesión de él, pero sobre todo el espíritu de Dios Padre. Él le comunicó que uno de sus hijos había sido escogido: Alice, la posterior fundadora y líder de las Holy Spirit Mobile Forces.

Fue el espíritu de Dios Padre el que me invitó a visitarlo en su iglesia. Cada miércoles y cada domingo predicaba, rezaba, cantaba y curaba allí. Respondimos a su invitación un par de días después. La iglesia, una habitación sencilla, se dividía en tres zonas: en el centro frente a la entrada había un altar con una gran cruz de madera, que estaba adornada en el travesaño a la izquierda con una estrella, en el centro con un corazón y a la derecha con una estrella sobre una media luna, signo del islam. Sobre el altar había un tapete bordado, y junto a la cruz se encontraban, uno a la derecha y otra a la izquierda, floreros con ramas verdes. A la izquierda del altar estaban colocados junto a la pared unos sencillos bancos de madera, delante en el suelo había esterillas para las mujeres. En el lado derecho, en un banco delante de una mesa, estaba sentado Severino con algunos hombres jóvenes. Lo saludamos, y fue evidente que se alegró. Tomamos asiento frente a él.

Nos mostró tres libros, una Biblia católica y una protestante, así como el Corán. Junto a los libros colocó un mapa doblado, su propia biblia. En este mapa, que representaba el Nuevo Mundo, el Nuevo Cielo y la Nueva Tierra de Dios Padre, había distintos dibujos provistos de comentarios escritos. Reproducía el *Instant Millenium*, que Severino creía haber hecho ya realidad en su iglesia. También señaló una pequeña calabaza, que procedía de Dios, y una taza roja de plástico, que había sido hecha por seres humanos. Junto a la calabaza había otras siete calabazas, que él utilizó más tarde para curar. Predicó, y los feligreses cantaron; ahora estaban reunidas aproximadamente de veinte a treinta personas. Y entonces comenzó a curar.

Todavía durante el ritual de curación, un forastero entró en el cuarto y gritó que todas las personas presentes estaban detenidas. Enseñó un documento que lo identificaba como policía. Repitió que tenía la «orden» de llevarnos a todos a la «security». Y le pidió a Severino y a sus ayudantes que cogiesen también las calabazas. Acto seguido, un ayudante de Severino le dio a entender que las debía llevar él mismo. Cuando el policía se negó, el joven dijo que probablemente tenía miedo del poder de Severino. Todos se rieron. El policía repitió furioso que todos estábamos detenidos y debíamos acompañarlo. Yo me inmiscuí y expliqué que todo aquello tenía que ser un error. El lunes anterior me había presentado al Central Government Representative (CGR), y me había permitido ir a cualquier lugar y hablar con todas las personas con las que quisiese hablar. El policía empezó a estar inseguro. Yo podía quedarme, pero los otros tenían que acompañarlo. A continuación intenté convencerlo de que ellos solo estaban rezando y cantando, y que no se los podía detener por eso. Entretanto llegó el RC1,[16] un representante

16 Tras la guerra, Museveni introdujo un sistema de democracia de base, los denominados Resistance Councils, que actuaban en distintos niveles. Los miembros eran elegidos. El RC1 constituía el nivel local inferior y era también responsable de mediar en los conflictos locales. De hecho, precisamente los titulares del RC1 se atribuían a menudo el derecho de adoptar medidas contra los representantes del poder estatal, como en el caso aquí expuesto.

del gobierno local, y preguntó al policía si tenía algún papel que autorizase la detención. Como no era el caso, el RCI dijo: «These are religious people, let them stay in peace». Se produjo un pequeño altercado, y finalmente el policía se marchó. Poco después apareció otro policía en coche, que se dirigió a mí. Si bien no estaba detenida, querían hacerme algunas preguntas. Fuimos hasta la CGR's Office. Yo exigí hablar con el CGR, pero este había ido a Kampala. Así que pregunté por su sustituto, que ya me esperaba. Como se comprobó, él había organizado la acción. Repitió que yo no estaba detenida, pero que no querían que hablase con un «psychic case, a lunatic, a mentally disturbed man». Me reprochó que no hubiese indicado que Severino era mi interlocutor, y repitió que Severino era peligroso y había causado la muerte de muchas personas. Después me prohibió de forma explícita conversar en adelante con él. Todo esto tuvo lugar en un tono educado; el *deputy* se disculpó por las molestias, y yo por mi parte me disculpé también. Me sentía muy triste. Cuando salí vi que Severino y sus seguidores habían venido a la oficina en señal de solidaridad, para enterarse de lo que sucedía conmigo. Estaba conmovida, pero aún me sentía más miserable porque temía que esto pudiese tener consecuencias para ellos. El joven ayudante de Severino, que nos había acompañado, me pidió que regresásemos a la escuela y continuásemos con el servicio religioso; debíamos obedecer a Dios y no al gobierno. Estaba a punto de llorar, por una parte me sentía obligada ante Severino y su gente, por otra tenía miedo de la policía.

La historia de mi «detención» corrió en Gulu como un reguero de pólvora. La madre de Patrick Olango sabía ya de ella, y también Mike Ocan, con el que nos encontramos por la tarde, había recibido ya la noticia. Si bien es cierto que no me había sucedido nada, había puesto en peligro a Severino y sus seguidores. Por primera vez en mi vida deseé mandar al diablo la etnología. ¿Por qué me arrastraba esta maldita curiosidad? ¿Por qué había aceptado una visita a la iglesia de Severino? Decidí abandonar Gulu al día siguiente, y le pedí a Mike que le explicase mi situación a Severino y me disculpase.

Cuando al día siguiente paramos en la gasolinera para llenar el depósito del coche para el viaje a Kampala, de repente Severino estaba delante de mí. Temblaba otra vez, el espíritu de Dios Padre me miró y me dio la mano. Carol le explicó que no nos permitían hablar con él; él contestó que el Espíritu Santo le había comunicado dónde estábamos, y había venido para despedirse. Nos bendijo, nos deseó un buen viaje y desapareció.

Muchos años después, en 2016, fui invitada como examinadora externa a una defensa de tesis en la Universidad de Aarhus, en Dinamarca. La universidad había establecido una línea de investigación sobre la guerra y sus consecuencias en el norte de Uganda, y había desarrollado un intenso intercambio con la universidad recientemente establecida en Gulu (en la que se podía estudiar también la disciplina «Security»). Entre el público de la defensa se encontraban también algunos estudiantes de Gulu. En la fiesta posterior entablé conversación con ellos, y una estudiante me dio recuerdos de Severino Lukoya. Le había contado que me iba a encontrar en Aarhus. Le iba bien, me comunicó de su parte; no se había olvidado de mí.

II

Puesto que quería devolver a mis interlocutores los conocimientos que había adquirido de ellos, la versión inglesa del libro, titulada *Alice Lakwena and the Holy Spirits*, se publicó en colaboración con una editorial ugandesa. Cuando la traducción estuvo lista en 1999, le envié un ejemplar a Alice Lakwena, que por aquel entonces se encontraba en un campo de refugiados en el norte de Kenia. Al comienzo de mi investigación había intentado varias veces visitarla allí, pero en repetidas ocasiones no había sido admitida. Después de aproximadamente dos meses recibí una respuesta de la Office of his Holiness Lakwena. La carta comenzaba con: «Praise the Almighty God for the abundant opportunity He has availed to us to communicate». Alice escribía o hacía escribir a través de su «coordinator» que me agradecía el regalo, pero que todo lo que había escrito era falso, pues no había hablado con ella. Para saber la verdad tenía que haber ido a verla a ella. Me invitó a visitarla. Le di las gracias y le expliqué que tenía razón, tenía que haber hablado con ella, y describí brevemente las circunstancias que lo habían impedido. Y prometí visitarla pronto. Después, tras aproximadamente un año, recibí un paquete de la Office of his Holiness Lakwena. Contenía tres pequeñas colchas blancas triangulares —que representaban la Trinidad— hechas a ganchillo por Alice y casetes con canciones devotas que había grabado con sus seguidores en el campo. Su generosidad me conmovió profundamente; le di las gracias y repetí mi promesa de visitarla cuanto antes. Pero antes de que pudiese cumplirla, murió el 17 de enero de 2007 con tan solo 51 años. Su muerte fue natural, comunicó el campo de refugiados. Por orden de Museveni, el cadáver fue llevado de vuelta a Uganda y enterrado en Gulu. La tumba se encuentra, me enteré años más tarde, cerca del recién fundado Lukodi Community Museum.[17] El entierro se celebró en la intimidad, para evitar también que se convirtiese en un lugar de peregrinación.

17 El Lukodi Community Museum tiene como fin recordar la masacre que tuvo lugar en mayo de 2004. Miembros del Lord's Resistance Army (LRA) bajo en mando del comandante Dominic Ongwen asesinaron a 69 personas.

12

La edición inglesa de mi libro no se la comió una cabra, sino que la leyó incluso el presidente ugandés. Además de las críticas en su mayoría positivas en periódicos y revistas locales e internacionales, me llegó también un texto de la conocida escritora ugandesa Doreen Baingana, que escribió una novela sobre Alice Lakwena que se basaba fundamentalmente en mi libro. Ella «respondió escribiendo», contó otra historia, en la que sobre todo puso en el centro las dimensiones y experiencias corporales de la profeta. Expuso cómo su cuerpo era invadido y ocupado de un modo distinto, práctico y metafórico, por espíritus, hombres y alimento. Mostró qué consecuencias físicas y sociales tuvo la esterilidad de Alice para su vocación como médium; y jugó con la multiplicidad de nombres que la protagonista adquiría a través de los espíritus.[18] Los conocimientos que Mike Ocan, Israel Lubwa y muchos otros me brindaron, y que yo pude devolver como libro, se convirtieron por su parte en una referencia para responder escribiendo, continuar escribiendo y reescribir, continuando así un recíproco intercambio de obsequios que ojalá dure aún mucho tiempo.

18 El libro no está aún publicado; tiene por título *Tongues of Fire* y alude a la fiesta de Pentecostés, cuando el Espíritu de Dios vino sobre los creyentes y se propagó como un fuego. Le agradezco a Tyler Zoanni que me pusiese en contacto con Doreen Baingana.

III. En el corazón de la poscolonia

La Iglesia católica en el oeste de Uganda y la figura del caníbal (1996-2005)

Lo desconocido se encuentra en las fronteras de las ciencias, allí donde los profesores «se devoran entre sí», como dice Goethe (y digo «devoran» aunque Goethe no es tan cuidadoso en sus palabras).

Marcel Mauss[1]

1 Marcel Mauss, «Técnicas y movimientos corporales», en *Sociología y antropología*, Madrid, Tecnos, 1979, p. 337.

I

A principios de los años ochenta los antropólogos comenzaron a reconocer que no solo habían «modificado» las sociedades africanas, las habían hecho más exóticas de lo que eran. Las habían metido también en la prehistoria, negándoles así, como mostró Johannes Fabian en 1982, la simultaneidad en el espacio.[2] Presentaban a las sociedades de África como sociedades demasiado tradicionales, premodernas, aunque como muy tarde a partir del comercio trasatlántico de esclavos habían estado integradas en el orden mundial capitalista global. Dio comienzo un intenso debate sobre el concepto de modernidad, y el correspondiente concepto opuesto de tradición. En las discusiones los etnólogos cuestionaron la construcción normativa y teleológica de la modernidad occidental, así como la posición hegemónica de Europa, e intentaron descentralizar y provincializar el propio continente. Uno de ellos, el etnólogo francés Bruno Latour, llegó a afirmar que nunca había habido una modernidad (europea).[3] De hecho, en los años ochenta y noventa los etnólogos han sometido la propia disciplina y sus vínculos coloniales a una crítica tan radical como hasta el momento ninguna otra disciplina.[4]

2 Johannes Fabian, *Time and the Other*, Nueva York, Columbia University Press, 1983.

3 Bruno Latour, *Nunca fuimos modernos. Ensayo de antropología simétrica*, Buenos Aires, Siglo XXI, 2007.

4 Es lamentable que esta autocrítica haya sido hoy en día casi olvidada y los

A la imagen de África como el otro de la modernidad habían contribuido con fuerza los mismos etnólogos. Con el énfasis en las tradiciones, el intercambio de ofrendas, el parentesco y el ritual, crearon una alteridad de una concepción de la modernidad que nunca se hacía realmente explícita. No es casualidad que especialmente los africanistas tomaran la palabra en el debate. Pues aún más que Oriente y América, África fue declarada en los discursos occidentales como el otro de la modernidad. Desconectada de la historia, la África de los europeos era la encarnación de lo extraño, de lo patológico, de la tradición y de lo pre- y no moderno. Aunque África existía simultáneamente en el espacio con Europa, fue imaginada como un continente fuera del tiempo y de la historia.

Los etnólogos criticaron también el punto de vista habitual de que la África premoderna había sido modernizada solo por la colonización. La visión de la modernidad como un producto de exportación europeo oculta la significativa participación que por su parte tuvieron los africanos en el surgimiento e «invención» de Occidente y de la modernidad. La modernidad occidental está estrechamente ligada al desarrollo social y cultural de África desde hace muchos siglos. Como muy tarde con el comercio transatlántico de esclavos, África se convirtió en parte de la modernidad, de un «orden caníbal»[5] que enriqueció a Occidente pero empobreció y depauperizó amplias zonas del continente africano.

Los etnólogos tuvieron también que admitir que los discursos y prácticas simbólicas en África, diversos y muy diferentes regionalmente, en los que se articulan estas interconexiones, no se

---

críticos actuales de la etnología ni siquiera se den cuenta de que entran por «puertas abiertas» y que incluso se sirven con frecuencia del vocabulario crítico que los etnólogos han aplicado sobre sí mismos ya desde los años ochenta.

5 Paulin Hountondji, *Sur la «philosophie africaine»*, París, Maspero, 1976.

pueden explicar con simples modelos de desarrollo, modernización y dependencia. Los procesos de globalización que incluyeron a África no llevaron solo a un desencantamiento, nivelación y homogeneización general del mundo, sino también a nuevos encantamientos, fragmentaciones y diferenciaciones, a una diversidad de modernidades. Las modernidades que surgieron en África se configuraron en un proceso contradictorio, que desarrolló sus propias antinomias y paradojas. Esto implicó que la imposición de la racionalidad occidental en muchos países africanos provocase no tanto su final como un fortalecimiento de la religión, los espíritus, la magia y la brujería.[6] Pues la brujería era y es de importancia central también en la África (pos-)moderna. Su discurso flexible y sus prácticas responden, interpretan e influyen hasta hoy en los procesos más distintos, como la formación de clases, la magia del Estado, la acumulación económica y la integración en la economía de mercado global. También África inventó e inventará en el futuro distintas (pos-)modernidades, con sus propios mitos y críticas.

2

Tras mi regreso de Gulu conocí en Kampala a Bram Stuyvenhagen, un holandés que estaba al servicio del reino de Toro, en el oeste de Uganda. Trabajaba como secretario del Primer Ministro, un hombre de negocios de Toro que comerciaba con divisas y financiaba el reino. Stuyvenhagen amaba Uganda; Holanda se había convertido para él, tal y como me contó, en

6 Por ejemplo: Jean y John Comaroff (eds.), *Modernity and its Malcontents. Ritual and Power in Postcolonial Africa*, Chicago, University of Chicago Press, 1993.

algo extraño. Hablaba con fluidez rutoro, el idioma del reino, y seguía los usos y costumbres de allí. Además estaba casado con una mujer nativa y tenía muchos parientes. A diferencia de mí, que sufría siempre pronto de nostalgia, él era un «desertor cultural» que había encontrado su lugar en Toro. A causa de una grave enfermedad, regresó poco antes de su muerte en 1999 a los Países Bajos, pero dispuso que su corazón fuese enterrado en Toro.

Bram Stuyvenhagen me invitó en 1995 a participar en las celebraciones para la entronización del nuevo rey en Toro. Un día frío y pasado por agua viajamos a Fort Portal, la capital del reino, al pie de las legendarias Montañas de la Luna, en el oeste de Uganda. Llamadas originariamente con el nombre de un cuerpo celeste y sobrepasando así los límites de la Tierra, estas montañas eran ya conocidas en la Antigüedad. Como parte de una geografía imaginaria, Ptolomeo llenó en su mapa el corazón vacío y desconocido de África con una cadena de montañas nevadas, que él llamaba «Montañas de la Luna». En este mapa, enanos y caníbales, los radicalmente otros de los seres humanos de la Antigüedad, habitaban las Montañas de la Luna. Hoy las Montañas de la Luna han regresado de nuevo a la Tierra; se llaman «Ruwenzori», montañas de nieve. A veces, cuando las nubes se abren, permiten contemplar la cumbre nevada de casi tres mil metros de altura.

En la época precolonial el reino de Toro constaba de dos clases sociales y económicas estructuradas jerárquicamente: por una parte los agricultores, que cultivaban mijo, ñame, alubias y otras verduras, y, por otra, pastores privilegiados que vivían en granjas muy dispersas con sus rebaños de vacas, cabras y ovejas. Por encima de ambas clases estaba el clan real babito, que compartía el modo de vida de los pastores y nombraba al rey. Aunque en ocasiones había relaciones de matrimonio entre agricultores y pastores, los agricultores estaban en gran medida excluidos de la participación en el poder político. Durante la época colonial y con posterioridad se emanciparon, pero las viejas hegemonías siguieron todavía vigentes. Al contrario que con los acéfalos y más bien igualitarios tugen, en Toro fui confrontada con un orden fuertemente jerarquizado y una etiqueta cortesana que jugaba de un modo refinado con diferencias y desigualdades.

Toro fue fundado tres veces. Inicialmente pertenecía al reino de Bunyoro-Kitara. Pero alrededor de 1830 un hijo del rey decidió fundar un reino propio e independiente. La independencia no duró mucho tiempo; ya alrededor de 1876 el soberano de Bunyoro-Kitara logró incorporar de nuevo el reino arrebatado. En 1881 el capitán inglés Frederick D. Lugard, director de la Imperial British East Africa Company, fundó Toro por segunda vez para debilitar a Bunyoro-Kitara, que oponía una fuerte resistencia a la colonización por parte de los ingleses. En 1967, en la época poscolonial, todos los reinos de Uganda —también Toro— fueron abolidos. En 1993 el presidente ugandés Yoveri Museveni permitió, no obstante, el regreso de los reyes, pero con la condición de que los reinos se convirtiesen en instituciones culturales y no políticas. El regreso de los reyes no estuvo exento de polémica, precisamente en Toro estaban en contra sobre todo los antiguos «súbditos», que representaban la mayoría de la población. En oposición a los «tradicionalistas», también los cristianos radicales, tanto católicos como protestantes, rechazaban la monarquía. Veían en ella una institución «satánica», que no era compatible con sus ideas de una modernidad cristiana.

Cuando el reino fue abolido en 1967, los monárquicos trasladaron los objetos ceremoniales del rey al Museo Nacional en Kampala, donde fueron musealizados y expuestos como objetos de una tradición supuestamente pasada. Cuando el rey, que antes había trabajado de embajador de Uganda en Cuba, regresó a Toro en 1993, una camioneta se llevó los objetos ceremoniales de vuelta a Fort Portal. Especialistas rituales, que apenas podían recordar los rituales antiguos, los «purificaron» para transformarlos (de vuelta) de objetos (de exhibición) museísticos en objetos sacros. El rey murió poco después de su investidura, y en 1995 su hijo de 4 años lo sucedió. Su entronización, a la que me había invitado Bram Stuyvenhagen, resultó un acontecimiento que los expertos en relaciones públicas de la monarquía escenificaron como un moderno espectáculo mediático. Debía también atraer a turistas. De hecho, la mayor parte de los rituales que tenían lugar públicamente fueron modificados de forma que se adecuasen a las necesidades mediáticas de la televisión.

Me pareció que el empleo de medios técnicos modernos en procesos de re-tradicionalización de la monarquía como parte de una modernidad africana era un tema interesante. Presenté en la Fundación Volkswagen una propuesta de investigación que también fue aprobada.[7]

3

Pasaron dos años hasta que finalmente, en 1997, pude iniciar mi trabajo de investigación en Toro. Sorprendida, constaté que me encontraba en el corazón de la «poscolonia», como Achille Mbembe la ha descrito.[8]

7 En 1994 obtuve una cátedra en el Instituto de Africanística de la Universidad de Colonia. Enseñé aquí y en otras universidades hasta 2012; luego regresé a Berlín.

8 Achille Mbembe, «Provisional Notes on the Postcolony», *Africa* 62/1 (1992), pp. 3-37.

El reino estaba en estado de excepción. De nuevo tenía lugar una guerra de guerrillas. Desde el Congo las Allied Democratic Forces, las ADF, comenzaron en 1996 a luchar contra el gobierno de Museveni. Aunque no lograron obtener el apoyo de la población local, las ADF contribuyeron considerablemente a la inseguridad y a las divisiones internas de la monarquía. Tras el 11 de septiembre de 2001, el gobierno norteamericano de George Bush las incluyó en la lista de grupos terroristas y apoyó a Museveni militarmente. En el otoño de 2002 el ejército ugandés derrotó de un modo aplastante a las ADF, de modo que se retiraron al Congo. Algunos de sus soldados se unieron a continuación a la Lord's Resistance Army de Joseph Kony, el movimiento del Holy Spirit que había sucedido a Alice Lakwena y se había refugiado en el Congo desde el norte de Uganda.

A finales de los años noventa la epidemia de sida alcanzó en Toro su punto álgido y causó numerosas víctimas; casi todas las familias estaban afectadas. La muerte era omnipresente; a diario se sucedían los entierros, y mujeres y hombres corrían de un funeral a otro. El número de muertos era tan alto que los costosos ritos funerarios tuvieron que acortarse, por tanto, muchos muertos no recibían un entierro adecuado. Había dudas de si los apresurados ritos funerarios seguían cumpliendo todavía su función de separar con claridad a los vivos y a los muertos. Aunque precisamente los cristianos, más que los «tradicionalistas», llevaban a cabo actos funerarios reducidos, surgió una amenaza adicional, porque ahora los vivos ya no podían estar seguros de si los muertos descansaban en paz y no pensaban en vengarse. La frontera entre vida y muerte se volvió permeable. Los muertos no estaban siempre muertos, había zombis, medio muertos que tenían que morir dos veces después de haber resucitado. Y en su desesperación por la pérdida de sus hijos, padres o amigos, algunos vivos vivían como si ya hubiesen muerto. Era como si vida y muerte hubiesen intercambiado sus puestos. La muerte había alcanzado la supremacía y dominaba la vida.

A pesar de las campañas educativas nacionales, tanto el largo periodo de incubación como los síntomas inespecíficos del sida llevaban a la confusión y a la negación. A esto se sumaba una profunda desconfianza en la medicina occidental. El presidente Museveni había permitido que regiones enteras del país —Rakai, Masaka y también partes de Toro— fuesen una especie de laboratorio para investigadores occidentales, convirtiendo en conejillos de Indias a partes de la población. Hubo que poner fin al primer programa sanitario de asistencia en Rakai porque la gente huía en pánico del equipo de investigación que les quería sacar sangre. Las prácticas médicas coloniales y otras medidas en parte violentas contra enfermedades epidémicas, como la enfermedad del sueño o la viruela, habían dejado sus huellas en la memoria social. Y aunque campañas educativas bien intencionadas informaban sobre cómo se transmite el virus y cómo se puede uno proteger, eran cuestionadas por discursos locales contrarios. Oía historias sobre europeos que habían traído el sida para matar a todos los africanos y apoderarse del país y de sus riquezas como en la época colonial. Circulaban rumores de que los condones, en vez de prestar protección, estaban envenenados e infectados con el virus.

El sistema de salud estatal había casi colapsado. Visité distintos hospitales y dispensarios médicos. Estaban en un estado desastroso. Faltaban medicamentos, a menudo habían sido robados o ni siquiera habían llegado al hospital. La corrupción reinaba también allí; a quien no pagaba por anticipado no se le trataba. Muchos enfermos de sida vivían y morían en la calle o buscaban refugio en iglesias. Surgieron numerosos nuevos movimientos religiosos e Iglesias que se especializaban —a veces con métodos dudosos— en sanar. Algunos prometían curar no solo la pobreza y el paro, sino también el sida. Muchos de estos movimientos e Iglesias eran sobre todo un negocio, una fuente de ingresos, que trajeron una riqueza considerable a algunos sacerdotes y pastores.

A pesar de las campañas educativas estatales —o quizás precisamente a causa de ellas— la mayoría de la gente en Toro no tomaba la muerte por sida como una muerte natural, sino que le daban un nombre: el de la bruja o del caníbal. Es cierto que la infección con el virus era reconocida como causa, pero no como la verdadera. La explicación biomédica era relegada a un segundo plano; en su lugar muchos buscaban la razón del sufrimiento y la muerte en personas que estaban cerca de ellos: parientes o vecinos se convirtieron en sospechosos de haber embrujado a la víctima por envidia u odio, y haber causado, por ejemplo, que él o ella hubiesen bebido mucho en un bar y dormido después con una persona infectada.

En la figura de la bruja o del caníbal se trastoca el orden social. Mientras que todos los caníbales en Toro son brujas, no todas las brujas son caníbales. Ambos personifican, como ha mostrado el etnólogo Peter Geschiere, el lado oscuro de quienes están cerca, especialmente de las relaciones de parentesco.[9] Ambos dan respuesta a una pregunta para la que no hay en el fondo una respuesta: «¿Por qué yo?». Bruja o brujo es la denominación que le dan a eso que llamamos casualidad. Así, la causa de la desgracia y la muerte no es un principio abstracto, sino otra persona que a menudo se encuentra en un conflicto con la víctima. Al designarlos como la razón de la propia desgracia, se abre un campo social de desconfianza, de

9 Peter Geschiere, *The Modernity of Witchcraft. Politics and the Occult in Postcolonial Africa*, Charlottesville y Londres, University of Virginia Press, 1997.

violencia y de muerte, pero también la posibilidad de actuar y de defenderse.

La mayor presencia de brujas y caníbales reflejaba la propagación epidémica de la muerte por sida en un registro distinto (simbólico). Pero al mismo tiempo reforzaba más la crisis. Pues con el desplazamiento de la culpa y la responsabilidad hacia dentro, a un pariente o vecino, se incrementaba la desconfianza, el odio y el miedo precisamente entre quienes deberían ser solidarios ante la amenaza del sida. «Todos comen a todos», me explicó un católico devoto, describiendo con exactitud la situación de «terror interno»[10] imperante entonces en Toro.

4

Las esperanzas que para algunos habitantes de Toro se habían asociado con la reinstauración de la monarquía no se cumplieron. Los monárquicos me contaron de un profeta que había predicho que con la monarquía surgiría un nuevo orden moral, poniéndose así también término a la gran mortandad. Pero entonces un terremoto destruyó las antiguas tumbas reales. Además, la familia real estaba profundamente dividida. Tampoco el nuevo rey, a cuya entronización yo había asistido, y su corrupto, pero financieramente potente, Primer Ministro, lograron unir y pacificar el país. Mientras que una pequeña minoría acumulaba riquezas excesivas, la mayoría de los habitantes se empobrecía. Se impuso no solo una política de la «barriga llena», sino una economía de la corrupción, del robo y de la violencia. Así, el

10 Un concepto que he tomado de John Lonsdale; cf. John Lonsdale, *Unhappy Valley*, Athens (OH), Ohio University Press; Londres, James Currey; Nairobi, Heinemann, 1992.

Primer Ministro contaba con una banda de asesinos que usaba contra sus enemigos. Hizo matar a tiros a un príncipe y a su guardaespaldas cuando tomaban un trago en el bar Palace View. Solo cuando quebró su *Give and Take Company*, que había ganado mucho dinero con negocios de divisas, y ya no pudo pagar sobornos, fue acusado en 2001 —demasiado tarde— de asesinato y fue metido en la cárcel. Incluso los monárquicos y tradicionalistas tuvieron que admitir que con el regreso del rey no había llegado el esperado fortalecimiento del orden moral.

Junto a esta criminalidad más bien espectacular, que era discutida en los medios de comunicación ugandeses, también en la vida cotidiana de Toro reinaba una gran inseguridad jurídica, incluso cierta impunidad. Muchos policías vivían de los sobornos. Si alguien denunciaba a un ladrón que, por ejemplo, había birlado un pollo, podía pasar que el damnificado y no el ladrón acabara en la cárcel, porque este había sobornado a la policía. Puesto que los ladrones conocidos en la ciudad podían comprar una y otra vez su libertad, muchos no veían otra salida que tomarse la justicia por su mano. De hecho, en la época en la que yo viví allí el reino de Toro tenía una de las tasas de linchamientos más altas de Uganda.

Los profesores y otros funcionarios a veces no cobraban el salario durante meses, porque el dinero había «desaparecido». Circulaban medicamentos, billetes, *tickets*, documentos, carnets de conducir y certificados falsificados. Corrían historias sobre «billetes satánicos» que literalmente le sacaban a gente inocente el dinero del bolsillo sin que se enterasen.[11] Frente a este empobrecimiento «mágico» había historias sobre «riquezas satánicas» que eran obtenidas por medio del sacrificio, de la

11 Es muy posible que las historias sean mucho más antiguas, pero ganasen fuerza durante la crisis. Le agradezco a Peter Geschiere la indicación.

muerte de un pariente, expresando con ello que la acumulación de riquezas se efectuaba a costa de familiares. En cierto modo, cada uno se convertía en enemigo del otro. Para decirlo sin rodeos con palabras de Jean-Paul Sartre: en Toro el infierno eran los otros (cercanos).

Mucha gente con la que entablé conversación me explicó que el orden moral se había cambiado por su contrario. Vivían en un mundo en el que no había ninguna seguridad y la muerte había asumido el control. La vida consistía en engaños, en reglas absurdas y en personas, animales y cosas que luchaban entre sí y cambiaban constantemente de forma y pertenencia. Al igual que en otros países que se encuentran en una situación desesperada, por ejemplo Alemania después de la Primera Guerra Mundial, también en Toro se manifestaban de un modo más intenso poderes ocultos. Aquí el terror cotidiano se asociaba con imágenes que en parte procedían de la época colonial, pero también con otras, aún más antiguas, de violencia imaginaria, de la naturaleza salvaje y de la muerte, que producían efectos de lo real. Uno de los personajes fantásticos que en Toro inquietaba a la gente y se extendía como una epidemia —igual que el sida— era la figura del caníbal, más concretamente, la del brujo caníbal.

Ya en 1955 Claude Lévi-Strauss había propuesto en *Tristes trópicos*, ante los estragos con los que se había encontrado en 1938 en su viaje por Brasil, sustituir la etnología por una ciencia de nombre entropología, una disciplina que debería ocuparse sobre todo de los procesos de desintegración en sus peores manifestaciones. En Toro me vi confrontada con circunstancias sociales de desintegración y de desesperación que me quitaron definitivamente de la cabeza mi ingenua concepción de la etnología como una ciencia que pretende albergar un potencial positivo y utópico (para criticar con él sobre todo las propias circunstancias). Estaba escandalizada del reparto profundamente desigual del riesgo, el infortunio, el sufrimiento y la muerte, tal y como se manifestaba en Toro como parte del orden global. Me faltaban las palabras para hacer justicia a las catástrofes humanas en su brutalidad y en sus complejas interconexiones locales y globales. Para semejante etnografía del desastre yo no conocía ningún modelo. Pero ya entonces me parecía que la entropología de Lévi-Strauss resultaba insuficiente, porque, si bien prestaba atención a la miseria y la desintegración, pasaba por alto que las catástrofes encierran también a veces un potencial productivo y pueden generar nuevas comunidades que encuentren soluciones a la luz de sus propias teorías de las catástrofes.

5

Justo al inicio de mi trabajo en Toro tuve que reconocer que casi nadie —aparte de la familia real y algunos monárquicos— se interesaba por mi tema de investigación, la monarquía. En cambio, para mi sorpresa se hablaba mucho sobre caníbales y canibalismo. En Toro se podían encontrar (en esa época) brujas caníbales por todas partes, en algunos lugares eran incluso una epidemia. Reinaba un pánico moral, un temor a ser asesinados y comidos justamente por esas personas que se hallaban cerca de uno.

Mujeres y hombres de todas las clases sociales, tanto en la ciudad como en el campo, se quejaban de que los caníbales se habían comido a sus parientes, vecinos y amigos en oscuros banquetes que parecían pervertir la misa cristiana. Me contaron que estos caníbales eran brujas, que mataban a sus víctimas por medio de embrujos, pero que después del entierro, al igual que

Cristo en la Pascua, los hacían resucitar, para comérselos luego en un festín junto con otros caníbales. El muerto embrujado no estaba realmente muerto; tenía que resucitar, pero no subía al cielo, sino que entraba en la barriga del caníbal. Los caníbales en Toro eran parte de un discurso radicalizado sobre la brujería, en el que la víctima debía sufrir la muerte dos veces. La figura del caníbal representaba un exceso violento que trataba de superar la muerte.

Yo no pensaba estudiar a los caníbales de Toro. En su libro *The Man-Eating Myth*, de 1979, el etnólogo William Arens había dado a los caníbales por muertos. Afirmaba que el caníbal nunca había existido y era sobre todo un estereotipo (colonial) de extrañeza radical. Por el contrario, Claude Lévi-Strauss insistía en la realidad de las prácticas canibalísticas, quizás porque se interesaba sobre todo por las dos Américas, y allí, como confirman investigaciones recientes, se practicaron en algunas regiones distintas formas de canibalismo, entre otras también la necrofagia, el comer cadáveres. Entretanto, la tesis de Arens se impuso entre gran parte de los africanistas; el tema se consideraba resuelto. Pero cuando fui confrontada cada vez más frecuentemente con relatos sobre caníbales no encontré a nadie que hubiese puesto en duda la realidad de los caníbales y una estrecha colaboradora y devota católica me contó que su hermano pequeño había sido devorado por su suegra, comencé a interesarme por la historia y las condiciones sociales y políticas de la producción de caníbales. Pronto supe que una organización de laicos de la Iglesia católica, el Gremio de los Mártires Ugandeses (GUM) realizaba una «cruzada» contra los caníbales. En consecuencia, decidí convertir en tema de mi trabajo etnográfico, no la monarquía, sino la institución transnacional de la Iglesia católica y su particular manifestación local en Toro.

6

Debido a la guerra de guerrillas con las Allied Democratic Forces tuve que restringir mi investigación durante los cinco primeros años a Fort Portal, la capital del distrito de Kabarole y del reino. Fort Portal, por entonces con aproximadamente 41 000 habitantes, estaba bajo la protección del ejército gubernamental. Puesto que la población local —a diferencia del norte de Uganda— apenas colaboraba con los rebeldes, la vida transcurría más o menos pacíficamente a pesar de la fuerte presencia militar en la ciudad.

Fort Portal, llamada también por sus habitantes a causa del mal estado de las calles «Fort Pothole», era una fundación colonial, originariamente un fuerte, que había levantado Lugard, el ya mencionado capitán inglés. Hasta hoy, el pasado colonial define la arquitectura y el trazado de la ciudad. Esta se extiende a lo largo de varias colinas con distintos centros: en Boma, el antiguo centro colonial, en el que se encuentra ahora la administración poscolonial, linda con un campo de golf que separa la parte antaño colonial del «estómago de la ciudad», el enorme mercado con numerosos puestos y pequeños negocios. Muchas de las pequeñas tiendas pertenecían antes a comerciantes indios, que Idi Amin expulsó del país. La disposición del espacio urbano sigue en gran parte el modelo de la organización dualista, tal y como la desarrolló Lévi-Strauss tomando como ejemplo a los indígenas sudamericanos. También Fort Portal se divide en dos mitades, que surgieron durante la época colonial por la rivalidad entre la misión anglicana y la católica. Cada una de las mitades poseía su propia iglesia, un hospital y una escuela. Regía la prohibición de casarse entre anglicanos y católicos, la Biblia de los otros era «del diablo», y ambos crearon dos «lenguas» a las que tradujeron la Biblia. La rivalidad y oposición de ambas religiones durante la época colonial se ha mantenido hasta ahora y se ha inscrito en el orden espacial y cultural. En los últimos años los musulmanes han construido, además, una impresionante mezquita financiada por Arabia Saudí, cerca del mercado, justo enfrente de la iglesia católica.

La mezquita y, sobre todo, la expansión de nuevas iglesias y movimientos cristianos desde los años ochenta llevaron a una ampliación de la organización dual y a una hasta entonces desconocida cultura cristiana de masas, que unía publicidad, negocio, espectáculo, entretenimiento, modernos medios de comunicación y la vida cotidiana con la doctrina y las prácticas cristianas. Surgió una modernidad cristiana que tomó posesión del espacio público.

Como también en otras ciudades de Uganda, vallas publicitarias con el rótulo «Jesus Saves Chemical Store», «Christ-Net Computer and Business Holding», «End Time Disco», «Hallelujah Enterprises», «God is Great Pumbling», «Miracle Snacks», «Holy Ghost Cosmetics» o «Sweet Jesus Hair Fashions» trataban de atraer a los clientes. Algunos negocios intentaban protegerse de ladrones y rateros con ayuda de letreros bendecidos en iglesias: «Protected by the Blood of Jesus». Camiones, coches y taxis llevaban inscripciones crípticas como «Dt 8,1» o «Is 41,10», que remitían a citas bíblicas. Y desde los altavoces de los autobuses retumbaban aleluyas y otras canciones piadosas cristianas. En camisetas, motocicletas o bicicletas se podía leer «I will make it in the Name of Jesus» o «With Jesus I will always win». Algunos cristianos llevaban relojes de pulsera con el rostro de Cristo en la esfera, de modo que el tiempo giraba en torno a él. Otros se vestían con telas que estaban estampadas con motivos cristianos y que los envolvían como con una segunda piel cristiana. La ropa cristiana no solo expresaba su fe, sino que también prometía proteger de Satán y sus cómplices.

Muchos cristianos, mujeres y hombres, llevaban crucifijos y rosarios como talismanes (sobre el cuerpo, a menudo varios, para aumentar su efecto). Y estudios fotográficos populares les ofrecían a clientes piadosos fotografiarse con emblemas cristianos o en fotomontajes como seguidores de Cristo, insertados en un paisaje africano y llevando la cruz.

El *revival* cristiano iba también acompañado de un nuevo uso de los medios técnicos. Las comunidades religiosas compraban tiempo de emisión en la radio local Voice of Tooro y en la televisión. Diferentes párrocos, profetas y sacerdotes predicaban no solo en iglesias, sino también de un modo estridente en las esquinas de las calles y en el mercado; sermones y canciones cristianas sonaban en los radiocasetes y conquistaban nuevos espacios sociales. En restaurantes y salas de vídeo ponían películas producidas en Nigeria y en Ghana que a menudo habían sido financiadas por Iglesias pentecostales. Puesto que algunos directores se tenían por médiums cristianos, que recibían el contenido y la trama de sus vídeos directamente de Dios en sueños y visiones, estas películas alcanzaron el estatus de mensajes divinos. Los protagonistas eran con frecuencia o bien villanos «satánicos», hombres elegantes y seductores de nombre «Diábolo», o jóvenes hermosas que eran en realidad brujas y trataban de destruir lo que era bueno y cristiano. En dramáticas luchas de dimensión cósmica y con muchos y fantásticos efectos especiales, valerosos hombres de la Iglesia erradican el mal. Como mostraron Birgit Meyer y Tobias Wendl,[12] las acciones de brujas, malos espíritus, el demonio y caníbales alcanzaban en los vídeos una nueva visibilidad y realidad; abrían un espa-

12 Birgit Meyer, *Sensational Movies. Video, Vision, and Christianity in Ghana*, Oakland, University of California Press, 2015; Tobias Wendl (ed.), *Africa Screams. Das Böse in Kino, Kunst und Kult*, Wuppertal, Peter Hammer, 2004.

cio imaginario globalizado, en el que iconografías cristianas se asociaban a estereotipos coloniales de salvajismo y horror. De hecho, especialmente los vídeos importados de Ghana y de Nigeria contribuían de un modo nada despreciable a reforzar la mediatización y presencia de las fuerzas satánicas también en Toro. Pero, al mismo tiempo, ofrecían también modelos pentecostales de cómo el mal podía ser vencido.

Puesto que el Estado poscolonial no había cumplido las promesas de la modernidad (para todos) y se demostró además incapaz de acabar con el «terror interno», fueron los antiguos y nuevos movimientos e Iglesias cristianos los que buscaron soluciones sobre cómo podría prestarse protección contra brujas y caníbales y establecerse un nuevo orden moral. Sobre todo impulsaron la renovación cristiana y ganaron numerosos seguidores los movimientos e Iglesias pentecostales.

También miles de católicos se unieron a ellas. La Iglesia católica reaccionó ante esta pérdida con un movimiento carismático que, por su parte, adoptó muchos elementos de las Iglesias pentecostales. En Toro se organizó una campaña para ganar poder y recuperar «almas» perdidas. Le permitió a un movimiento de laicos, el Gremio de los Mártires Ugandeses (GUM), tomar posesión del espacio público, politizarse y emplear el «superpoder» del Espíritu Santo, así como la práctica del exorcismo,[13] como «armas» en la lucha contra brujas y caníbales. A pesar de las voces críticas de algunos sacerdotes mayores, el

13 Mientras que el papa Pablo VI les había negado a los sacerdotes en la ordenación la autorización para practicar exorcismos, el papa Benedicto XVI instituyó en 2006 un nuevo curso de formación para exorcistas y exigió que cada diócesis tuviese un exorcista propio. Ya en 1999 se revisó el antiguo ritual de exorcismos de 1614. Véase también Thomas Csordas, *The Sacred Self. A Cultural Phenomenology of Charismatic Healing*, Berkeley, University of California Press, 1994.

GUM no actuó, como yo había supuesto al principio, fuera o incluso contra la Iglesia, sino con su aprobación. Un sacerdote recibió el encargo de vigilar las actividades del gremio, y su presidente intercambiaba regularmente impresiones con él.

7

La Iglesia católica se había fundado en 1897 el Gremio de los Mártires Ugandeses para recordar el martirio que habían sufrido 22 católicos (así como 23 protestantes y siete musulmanes). Antes incluso de que Uganda[14] se convirtiese en un protectorado británico, misioneros anglicanos y católicos llegaron al reino de Buganda y comenzaron su trabajo misionero. No lograron convertir al entonces rey Mwanga, pero sí a un grupo de mujeres y hombres jóvenes, entre ellos también varios de sus pajes. Cuando Mwanga, al que le gustaban los hombres jóvenes, trató de seducir a sus pajes, se encontró con la oposición de algunos de ellos, que se habían convertido. Los misioneros les habían enseñado que arderían en el infierno y sufrirían terribles tormentos si aceptaban tener sexo «antinatural» con el rey. En consecuencia, Mwanga organizó en 1885 una «persecución» de cristianos y mandó decapitar, descuartizar, acuchillar o quemar a aquellos que se habían negado a cumplir su voluntad, creando con ello una nueva generación de mártires que sucedieron a antiguos mártires como Perpetua, Felícitas o Cipriano, el obispo de Cartago. En 1920, el Vaticano proclamó beatos (solo) a los

14 Cuando los británicos declararon Uganda un protectorado, la denominación «Uganda», que puede traducirse como «Estado de los ganda», se refería solo al reino de Buganda. No fue hasta algo más tarde que también otros reinos, como Toro y Bunyoro, así como más regiones, se incluyeron como parte de Uganda.

22 mártires católicos, y en 1964, santos. Aunque la Iglesia se esforzó en establecer un culto alrededor de los mártires ugandeses y levantó un pomposo lugar de culto cerca de la capital Kampala, la popularidad de estos mártires fue limitada. Solo a principios de los años noventa, bajo la dirección de Lawrence Kasaija, su presidente, y un sacerdote de Texas, el gremio logró que se prestara atención y se otorgara poder a los mártires y a su gremio mediante «cruzadas» o cazas de brujas.[15]

Al contrario que los científicos occidentales, que por lo general les niegan a las brujas y brujos cualquier tipo de realidad, la Iglesia católica mantuvo un enfoque diferenciado. Al fin y al cabo, existían el demonio y los espíritus satánicos, a los que se podía hacer responsables como causa de la desgracia, el sufrimiento y la muerte; y existía el exorcismo como sanación. Pero tras la Ilustración en Europa, la Iglesia lo tuvo también difícil en África con las brujas. Había recibido demasiadas críticas tras las cazas de brujas y la Inquisición. De hecho, la Iglesia católica en Uganda negó hasta finales de los años ochenta, por lo menos oficialmente, la existencia de brujas. Si alguien se figuraba que estaba embrujado y buscaba consejo, entonces el sacerdote le explicaba, como me comunicó el padre Tadeus Balinda, que la brujería era una cuestión de fe: «Si no se cree en brujas, tampoco le pueden hacer nada a uno».

Pero a principios de los años noventa tuvo lugar una ruptura radical. En vista de la crisis, el aumento de las acusaciones de brujería y la rivalidad con las Iglesias pentecostales, la Iglesia reconoció —al contrario que el Estado poscolonial— la «realidad» de las brujas y los caníbales. Autorizó al gremio de los

15 Como me hizo saber Peter Geschiere, todos los mártires ugandeses —no solo los católicos— atrajeron recientemente la atención internacional cuando el movimiento gay ugandés los reclamó para sí y comenzó a venerarlos como antecedentes suyos.

mártires ugandeses de Toro a constituirse como movimiento católico anti-brujería y a buscar y encontrar brujas caníbales. Equiparable a las cazas europeas de brujas hasta el siglo XVIII, recurría aquí a prácticas de persecución para (volver a) ganar poder y almas perdidas. Y como en Europa, donde sobre todo la Inquisición conformó el concepto de bruja diabólica, la Iglesia contribuyó también en Toro, precisamente con su antagonismo, a la realidad, radicalización y multiplicación de brujos y caníbales. El intento de atribuir la crisis, el infortunio y la muerte a poderes satánicos, haciéndolos así comprensibles y acabando con ellos, hacía, por una parte, que se reforzase el proceso que el gremio combatía. Por otra parte, con el establecimiento de un ritual de purificación, logró de un modo ambivalente «sanar», reintegrar y limitar la violencia de las brujas y los caníbales que habían confesado.

También el movimiento del Holy Spirit de Alice Lakwena en el norte de Uganda había sido un movimiento cristiano antibrujería. Pero cuando comencé a investigarlo, en 1987, ya era historia; había sufrido una desastrosa derrota y se había disuelto. Así, mi trabajo en el norte de Uganda fue sobre todo una reconstrucción histórica. En Toro, en cambio, en la época de mi investigación el GUM seguía realizando cazas de caníbales y, desde mi perspectiva, convertía en sospechosos a mujeres y hombres más o menos inocentes, en su mayor parte ancianos. Me encontré en un dilema, pues por primera vez aquí no me era posible aceptar y justificar las formas de actuar de las personas con las que colaboraba. Me vi obligada a defender sobre todo a sus víctimas y a hacer públicas las prácticas de las cazas católicas de brujas. Pero con ello me vi en una situación sumamente contradictoria y, en el fondo, apenas sostenible.

8

Ya en Kampala conocí a Jacinta Kabageny, una devota católica de 50 años aproximadamente, que había estudiado Lingüística en la Universidad de Mekerere y estaba muy interesada en la cultura propia de Toro. Estaba dispuesta a colaborar conmigo. Tal y como me contó, inicialmente quiso ser monja, pero luego se decidió por la profesión secular de profesora. Trabajaba en una escuela secundaria cerca de Fort Portal y no estaba casada, aunque llevaba una casa grande, porque se había hecho cargo del cuidado de los niños huérfanos (por el sida) de su familia extensa. Era extraordinariamente amable y educada, siempre vestida correctamente, y prestaba atención a que yo me adecuase igualmente a los recatados estándares católicos. No llevábamos pantalones, sino faldas anchas y largas, y blusas abotonadas. Jacinta traducía de un modo excelente, compartía generosamente sus amplios conocimientos conmigo y me introdujo en su red social. Cuando estábamos juntas de camino en Fort Portal y sus alrededores, nos encontrábamos a menudo con antiguos alumnos que venían corriendo para saludar a su querida y apreciada profesora. Juntas visitábamos a católicos, pero también a protestantes y musulmanes en sus pisos, y realizábamos entrevistas abiertas, algunas veces en la lengua local, el rutoro, pero la mayoría de las veces en inglés. Participábamos en actos eclesiales, ceremonias católicas de sanación y reuniones informales. Jacinta determinó de manera sustancial el rumbo de mi investigación. Daba su opinión cuando hablábamos sobre el desarrollo de la investigación y hacía propuestas. Sin ella, sin su ayuda, su competencia y su amistad generosas no habría podido llevar a cabo mi trabajo etnográfico.

Cuando Jacinta trabajaba en la escuela, la reemplazaba su hermana pequeña Teddy Kabatoro, que, por lo demás, se ocupaba ella sola de sus cuatro hijos. Permanecí así en la familia, conocí también al padre, a otra hermana y a un hermano. Con cada nuevo encuentro, con cada nuevo conocido y amigo con el que ellas me ponían en contacto, se abrían nuevos campos de conocimiento y de investigación, nuevos argumentos, otra mirada, otro sufrimiento y a veces también sorprendentes promesas de salvación.

Ya en nuestro primer encuentro Jacinta y Teddy me dieron un apelativo cariñoso. En Toro hay un repertorio de once apelativos cariñosos, que se reparten entre toda la población. Solo el rey dispone de un apelativo cariñoso que le pertenece únicamente a él. Los otros diez pertenecen a todos, y simplifican la comunicación en una sociedad muy jerárquica. Expresan respeto y afecto, independientemente de la clase, estatus y edad. Como me explicó Jacinta, la posesión de un apelativo cariñoso es el requisito para poder ser saludado, esto es, para no seguir siendo un extraño. Sin este nombre se es una no-persona. Si un extraño rechaza un apelativo cariñoso, esto se interpreta como un acto de enemistad.

Jacinta y Teddy me dieron el nombre «Akiiki», que también llevaba Jacinta. Nominalmente me convertí en su doble, lo que llevó a numerosas pequeñas confusiones, la mayoría de las veces graciosas. Si alguien gritaba «Akiiki», las dos nos sentíamos aludidas. Nos mirábamos la una a la otra interrogativamente, nos reíamos y Jacinta aclaraba a quién de las dos se referían.

Como supe más tarde, llevar apelativos cariñosos en Toro se había vuelto, sin embargo, problemático. Los tradicionalistas y radicales cristianos mantenían un intenso debate, divulgado también en la emisora local de radio Voice of Tooro. Mientras que tanto los radicales católicos como los protestantes rechazaban las propias tradiciones como «satánicas», y con ello también los apelativos cariñosos, que asociaban con espíritus «paganos», la contraparte moderada los veía como parte de la propia cultura, que valoraban y querían conservar. El hecho de que Jacinta y Teddy me dieran un apelativo cariñoso no solo hacía posible mi integración, sino que era también una declaración político-religiosa. Como otros intelectuales, formaban parte de las mujeres y los hombres que no rechazaban por principio la propia tradición como satánica, sino que, en cambio, aspiraban a una fusión de la antigua religión y el cristianismo.

Entre los católicos moderados con los que Jacinta me puso en relación figuraba también Lazarus Rubongoya, un fornido anciano que entonces tenía aproximadamente 65 años. Había estudiado Lingüística en la London School of Economics y era un conocedor de la lengua, cultura e historia de Toro. Había escrito ya varios libros, entre ellos una gramática de la lengua local, y era un estudioso sumamente apreciado al que le gustaba intervenir en debates. Cuando lo conocí se encontraba ya jubilado y llevaba una vida más bien retirada con su enorme familia en Karambi Subcounty, no lejos de Fort Portal.

En 1982 Rubongoya había fundado un grupo cultural de ancianos y ancianas que se reunían regularmente y discutían sus textos sobre cultura, historia y lengua, para llegar a un consenso sobre ellos. Al principio Rubongoya mantenía una cierta reserva hacia mí y mis preguntas. Tenía cuidado de no decirles demasiado a personas como yo, que podían robar o copiar de él. Solo cuando le ofrecí publicar una etnografía de la que él era autor, se volvió más accesible y me apoyó de palabra y obra. Yo había fundado en 1998, inspirada por la petición de Michel Leiris de que los africanos respondiesen escribiendo, la serie de libros «Los africanos responden». En esta serie incluí *Naaho Nubo. The Ways of our Ancestors*, un texto en el que Rubongoya defendía las tradiciones de Toro difamadas como satánicas por los radicales cristianos y las legitimaba remitiéndose al Antiguo Testamento. La Fundación Volkswagen financió la publicación, y la primera edición llegó a Uganda a través de la Embajada alemana. Cuando los libros arribaron en 2003, Rubongoya organizó una gran fiesta. Orgulloso, les presentó su trabajo a los numerosos dignatarios invitados, a vips y a un amplio público.

Lazarus Rubongoya murió el 6 de abril de 2015 a la edad de 92 años. Su hijo mayor, Deo Katekere Rubongoya me escribió que la muerte de su padre había sido una buena muerte, y me envió fotos en las que este estaba retratado junto con el presidente Museveni y una enorme tarta de nata de dos pisos.

A través de Jacinta conocí también a Yosoni Kyamulesire, un anciano casi ciego que en 1999, cuando lo encontré por primera vez, tenía 110 años. Pertenecía a la Iglesia anglicana y vivía a las afueras de Fort Portal en la granja de uno de sus hijos. El hijo le había construido en el terreno una casita independiente. Tenía una cama, un escritorio y, en una estantería de madera, sus libros. Ahí nos reuníamos regularmente.

Al igual que Rubongoya, también Yosoni se interesaba por la historia y la cultura propias. A pesar de su edad, tenía una memoria excelente y recordaba, por ejemplo, las terribles epidemias —varicela, enfermedad del sueño y peste bovina— que habían azotado Toro durante su infancia y habían llevado entonces a una crisis comparable a la del sida en los años noventa. A Rubongoya y a Yosoni les debo sus visiones sobre el particular proceso histórico de diabolización de la religión africana en Toro. Cuando los misioneros anglicanos llegaron a Toro hacia finales del siglo XIX, lograron convertir al entonces rey al cristianismo. Este exigió de sus súbditos que siguiesen su ejemplo. A aquellos que se negaron a convertirse —eran sobre todo expertos religiosos (paganos), curanderos y médiums— hizo que los persiguieran, que los castigaran, a veces incluso que los mataran o desterraran del reino. En cierto modo, comenzó entonces el rechazo radical de la propia religión, tal y como después, en los años noventa, fue retomada por el Gremio de los Mártires Ugandeses y otros grupos cristianos radicales.

Cuando visitábamos a Yosoni, él estaba ya sentado esperando delante de su escritorio. Si llegábamos demasiado tarde, nos reprendía. Por lo general estaba de buen humor y perfectamente preparado. Entonces nos proponía las preguntas que teníamos que hacerle. «Pregúntame hoy sobre los reyes de Toro». «¿Tienes un lápiz para escribir?».

Cuando algo era muy importante para él, se aseguraba de que yo lo anotara también correctamente. Después tenía que repetir sus indicaciones. Revisaba a conciencia la transferencia de conocimiento que me brindaba. Cuando yo había hecho todo correctamente, él sonreía satisfecho.

9

Para comprender mejor la figura del caníbal[16] de Toro, comencé a ocuparme de los alimentos, la ingestión, el comer y el ser comido. Pues las sociedades, las clases sociales y las comunidades se definen de un modo esencial a través de lo que comen y beben y de lo que no. El intercambio de alimentos (o la negación) determina si uno se une, se separa, se purifica, se mancha o mata. Tanto el reparto como la retención de alimentos, tanto el cerrar y el abrir el cuerpo como el llenar y el vaciar estómagos, son técnicas de poder que en cualquier

16 Los caníbales son denominados en rutoro *abali abantu*, «personas que comen personas». Cuando hablábamos en inglés, mis interlocutores usaban la palabra *cannibal*.

lugar del mundo configuran sujetos, reyes y súbditos, hombres y mujeres, jóvenes y viejos.

El acto de comer presupone que exista algo comestible, algo que es ingerido, digerido y (en parte) expelido. Este algo es parte del mundo exterior, que en el acto de la ingestión desplaza los límites entre dentro y fuera. El cuerpo se expande para restablecer con lo ingerido una unidad perdida o para destruir lo ingerido. Estas dos aspiraciones contrapuestas se vuelven a encontrar también en el canibalismo, como ingestión del otro por amor, para llegar a ser uno con él, y como ingestión agresiva, para matar y aniquilar. En la cosmología de Toro, que se pudo reconstruir por una antigua etnografía del misionero John Roscoe[17] de 1923 y por otras fuentes, tanto los que comían como los comidos eran parte de una máquina social de aniquilación, así como de regeneración y reproducción. Integrados en el intercambio de líquidos —agua, leche, semen, sangre y cerveza— y alimentos sólidos en ciclos cósmicos, personas, objetos, animales y plantas comían y bebían y eran por su parte comidos y bebidos, ingeridos y expelidos para ser de nuevo reciclados. El comer y el ser comido no solo establecían límites sociales o los disolvían, sino que lo comido (o bebido) producía también, en el sentido estricto de la palabra, las distintas personas sociales. Así, el rey comía platos muy especiales que solo él recibía. Era parte de la sociedad y, sin embargo, se encontraba fuera de ella, porque tomaba su comida solo; además, no podía ser visto. Bebía con regularidad la leche de vacas «sagradas» que solo le pertenecían a él. Como me contó el ya citado etnólogo inglés John Middleton, que trabajó en Uganda en los años cincuenta y tenía amistad

17 John Roscoe, *The Bakitara or Banyoro*, Cambridge, Cambridge University Press, 1923.

con el entonces rey Rukidi, incluso en un bar londinense un sirviente le llevaba al rey el vaso de leche prescrito. La leche (y no el whisky) era la sustancia de la que estaba compuesto (o debería estar compuesto) el rey, al igual que los miembros de la clase pastoral, mientras que los agricultores eran considerados como «verdura» y la leche de vaca les estaba en gran medida prohibida en la época precolonial.

La leche y también otros alimentos eran usados conscientemente para darles a las transformaciones sociales una dimensión corporal, sustancial. Así, una joven que fuese prometida a un hombre de otro clan sería alimentada ya años antes de la boda con leche del clan del futuro marido, para que se convirtiese físicamente, y con ello sustancialmente, ya en un miembro del clan antes de que el matrimonio se consumase. Ella se convertía en lo que bebía, esto es, regordeta, gruesa y hermosa. Mediante la sustancia que se acumulaba en su cuerpo se iba integrando en el clan de su marido.

Como lingüistas, Jacinta y Rubongoya me introdujeron en la rica semántica del comer —*ku-lya* en rutoro— y ser comido. Así, el campo semántico de *ku-lya* incluye también el sexo. Un hombre «come» una mujer, es decir, tiene sexo con ella y alimenta al hijo en el vientre de esta con su semen. El sexo es una forma de ingestión, si bien solo una parcial. También en otras muchas sociedades dentro y fuera de África el sexo y la comida son vistos como homólogos y vinculados de diversas formas, tanto en las prescripciones como en las prohibiciones.

También en la posesión de espíritus, la penetración de un espíritu en el cuerpo de su médium, la relación entre espíritu y médium se entiende como una forma de ingestión y a veces se sexualiza. *Ku-lya* también tiene connotaciones políticas y puede significar «acceso al poder». El rey precolonial de Toro tenía que «comer el reino» para llegar al poder. En el ritual de la entronización ingiere los fluidos corporales de su predecesor (y padre), garantizando con ello la continuidad.

Yosoni me contó de un ritual que se llamaba «comer la amistad». Los habitantes de Toro intercambiaban granos de café y sangre con los extraños, y se convertían así en hermanos de sangre. Para quitarle a un extraño su extrañeza, no solo se le regalaba un apelativo cariñoso, sino también un grano de café que estaba empapado en la sangre del donante. A la inversa, el extraño mojaba un grano de café en su sangre y se lo daba al que tenía enfrente. Después ambos se tragaban el grano de café del otro. Con los granos venía también una transferencia de sangre, y creaba una conexión verdaderamente sustancial, por así decirlo de parentesco. El sacerdote católico Tadeus Balinda veía en esta práctica, tal y como me dijo, también una variación local, precristiana, de la eucaristía. Para explicarles a sus alumnos el significado y la función de la eucaristía recurría a la institución precolonial de la hermandad de sangre.

Pero el intercambio de sangre y granos de café, y con ello la creación de un vínculo, por así decirlo, de parentesco, no eran, como explicaba Yosoni, necesariamente fiables. Los mitos del origen del reino informaban repetidamente de traiciones, por ejemplo, porque un rey no había usado su propia sangre, sino la de un sirviente, de modo que la alianza no era vinculante.

También a mí me entregaron mujeres y hombres, en su mayoría tradicionalistas, a veces en su primera visita, granos de café —aunque sin sangre— como una especie de regalo que me debía arrebatar la extrañeza y me reconocía como huésped. Como en las montañas Tugen, también en Toro la comida colectiva, el intercambio de alimentos, servía como máquina de integración.

Pero *ku-lya* no solo tenía connotaciones positivas. Comer a alguien significa también explotarlo, atacarlo, herirlo, destruirlo y aniquilarlo. También la brujería es una forma de comer destructora, una manera excesiva de dañar a otra persona.

En la lengua local, la desgracia, las guerras, las enfermedades y las epidemias «comen» a sus víctimas, las matan y aniquilan. Como se puso de relieve en el transcurso de mi investigación, los habitantes de Toro han interpretado en los últimos doscientos años los muchos poderes que irrumpen en su mundo desde fuera en el idioma del comer y el ser comido. También la violencia que tuvieron que padecer durante la época colonial era expresada en el idioma del ser comido y del canibalismo. En la crisis de los años noventa este idioma experimentó una desviación hacia dentro y una especie de hipertrofia: por todos lados había personas que comían a otras.

Tengo que subrayar que la figura de la bruja caníbal no estaba limitada a Toro; tiene una historia transnacional y una dimensión global con intensidades diferentes en función de la situación. Aparece con variaciones también en Europa, así como en otras regiones de África, por ejemplo en el Congo, en Sudáfrica, en Camerún, o, difundida a través del comercio trasatlántico de esclavos, en Haití.

10

Jacinta y Teddy me introdujeron en un entorno «exaltado» y muy cargado carismáticamente, con rasgos escatológicos y apocalípticos. Sacerdotes de la diócesis nos contaron que todos los días se acercaban a ellos sobre todo mujeres para informarles de visiones, sueños y profecías. Confiaban en un reconocimiento oficial de sus revelaciones que, sin embargo, no se otorgaba.

Tenía lugar una ritualización cristiana de la vida cotidiana que diluía los límites entre el espacio eclesial y el hogar. Las viviendas católicas que visitamos estaban provistas de altares pequeños o grandes, adornados de flores de plástico y velas; por todas partes había cuadros cristianos y velas. También yo contribuí a esto y llevé a mis amigos dramáticos hologramas de la tienda de *souvenirs* de la catedral de Colonia que valoraron mucho. En una de las imágenes mágicas, por ejemplo, Jesús se transformaba (algo incestuoso) en su madre y de nuevo en sí mismo; en otra llevaba una corona de espinas y mantenía los ojos cerrados, si se movía la imagen, los abría y goteaba sangre de la frente y las mejillas.

Mientras que las Iglesias establecidas intentaban explicar la crisis y sobre todo la epidemia de sida también como un castigo de Dios, y apelaban a la responsabilidad individual de las personas concretas de reconocer y expiar sus pecados, la mayoría de los cristianos se veía en manos de poderes satánicos amenazadores que venían de fuera. Se percibían solo de un modo limitado como un sujeto cristiano responsable de sí mismo y con un cuerpo cerrado al exterior. Ser pecador significaba entregarse abiertamente y sin protección a los ataques de poderes diabólicos; un estado (utópico) sin pecados prometía, por el contrario, salud y protección.

Ante la epidemia, muchos habitantes de Fort Portal se esforzaban por inventar un nuevo orden desde la fuente de su desesperación y por experimentar con diferentes proyectos cristianos de vida. Muchos católicos devotos seguían un rígido régimen ascético; como los musulmanes, rezaban en momentos establecidos, sobre todo por la noche, y rechazaban mercancías occidentales y medios de comunicación como la radio y la televisión como algo diabólico. Se sometían a rígidos tabúes sexuales y alimentarios e intentaban llevar una vida sencilla, rechazando las tentaciones de la modernidad. Por el contrario, otros veían precisamente en los medios de comunicación modernos una posibilidad de compartir su cristianismo con otros creyentes en Uganda y en todo el mundo e intercambiar opiniones. Su inventiva era impresionante. En los sueños y visiones enviados por Dios, las mujeres se veían encomendadas a repartir tierra sagrada como remedio contra el sida, o se tenían por la encarnación de Jesús o de la Virgen. A causa de una inspiración divina, el católico Dosteo Bisaka llegó al punto de ampliar la Santísima Trinidad a una «cuaternidad». El cuarto en la unión era él mismo. Para la Iglesia esto fue demasiado lejos; Bisaka acabó en la cárcel y fue excomulgado. Esto no le impidió, sin embargo, fundar una Iglesia muy exitosa y escribir su propia biblia. Tras una nueva inspiración divina regresó a la Trinidad, expulsando a Jesús (como hombre blanco) y colocándose él mismo en su lugar.

En general me tropezaba una y otra vez con la Trinidad, y con ello con el número tres, precisamente también en la banal vida diaria: madres devotas exhortaban a sus hijos a comer «por Dios» y a tomar tres pedazos, uno por el Padre, el segundo por el Hijo y el tercero por el Espíritu Santo, y un padre devoto pegó a su hijo maleducado y le dio tres bofetadas.

II

La mayor parte de los miembros del gremio —que eran mujeres— habían tenido recientemente una experiencia de despertar espiritual, que les llevaba a dar a su vida anterior un nuevo rumbo según el modelo carismático o pentecostal. Tenían escasa formación escolar y eran por lo general pobres. «Contra las letras muertas» activaban el Espíritu Santo, recurriendo a prácticas extáticas cristianas como hablar en lenguas, a visiones, audiciones, exorcismos y, sin confesarlo, también a la propia y larga tradición local de posesión de espíritus. Pues de la ruptura con la antigua vida formaba parte también el rechazo radical a las propias tradiciones religiosas, que ahora eran combatidas como satánicas.

Algunos miembros del gremio se sentían autorizados directamente por el Espíritu Santo para reconocer, combatir y sanar el mal en la figura de brujas y caníbales. Mientras que en el movimiento del Holy Spirit de Alice Lakwena el Espíritu Santo estaba escindido en muchos espíritus que solo asaltaban a Alice como a su médium, entre los miembros del gremio el Espíritu Santo se mantuvo como un poder único y singular, pero que podía tomar posesión potencialmente de todos los miembros. En la Iglesia católica de Toro, y especialmente en el gremio, el acceso al Espíritu Santo era democratizado.

El presidente del Gremio de Mártires Ugandeses (GUM), Lawrence Kasaija, que había asumido su cargo a principios de los años noventa, logró obtener atención, popularidad y poder para la organización de laicos. Antes de su entrada en funciones había trabajado, tal y como me contó, como boxeador, y había entrenado a soldados del ejército gubernamental. Entonces tuvo una clásica experiencia de vocación, provocada por una crisis existencial. Enfermó gravemente y ya no pudo boxear; ningún médico o curandero pudo ayudarlo. En este estado lastimoso de desamparo y debilidad se encontró con miembros del GUM y les pidió que rezasen por él. Cuando pronunciaron la primera oración sintió un fuerte movimiento del corazón y una fuerza milagrosa lo levantó. Flotó sobre las cabezas de los presentes, y una voz le dijo que debía predicar. Cuando decidió obedecer la voz, volvió a descender al suelo y estaba curado. Abandonó su vida anterior. Siguiendo el modelo del «sanador herido», ingresó en el gremio y se convirtió pronto en su presidente y en un conocido curandero.

Además de Kasaija, trabajábamos también con Silvano Bahemuka, al que llamaban «Dr. Bimji», por un exitoso médico indio. Ya su abuelo había sido un famoso curandero «tradicional». Su padre, que se había convertido al cristianismo, había escondido en secreto el maletín del abuelo con todos los utensilios del arte de la curación y se lo entregó a su hijo. Junto con este maletín el Dr. Bimji recibió también algunos espíritus de su abuelo y se convirtió en un curandero y adivino poderoso y con éxito. Pero entonces comenzó a visitarlo en sus sueños uno de los 22 mártires ugandeses, y «la religión católica penetró profundamente en él». Quemó el maletín heredado y se transformó en un «católico puro» y más tarde en el secretario del GUM. Como converso, se presentaba ahora en público para desvelar los trucos y engaños de sus antiguos colegas. Como «ex *witch doctor*» mostraba el «superpoder» de la Iglesia católica, que era más fuerte que el de los curanderos tradicionales. El Dr. Bimji se veía como un educador que desvelaba las maquinaciones «satánicas» de sus anteriores colegas, contribuyendo así considerablemente a la credibilidad del gremio y de sus métodos católicos de sanación. Criticaba su brujería para llamar la atención sobre la más poderosa magia cristiana, y revelaba los secretos del arte de la curación «tradicional» para romper con el pasado de una vez por todas. Sus antiguos colegas lo odiaban. Siempre que le sobrevenía una desgracia, se caía de la bicicleta o enfermaba su hija, lo tomaba por un ataque de brujería de sus adversarios. Entonces rezaba fervorosamente toda la noche. El Dios católico y su Espíritu lo habían protegido hasta el momento, explicaba.

Otro protagonista del GUM era Richard Potthast, un sacerdote católico de aproximadamente 50 años, que en 1967 había llegado a Toro desde Texas y se había establecido en Kyarusozi, en las afueras de Fort Portal. Allí había llevado una vida solitaria y apenas había salvado almas. Las personas iban a verlo, contaba, porque necesitaban dinero o medicamentos; el Dios católico y su salvación eterna les interesaba poco. En unas vacaciones en su país tuvo por primera vez noticia de la renovación carismática dentro de la Iglesia católica y se unió a ella. Cuando regresó a Toro descubrió que también allí había ya sacerdotes y laicos que pertenecían al movimiento carismático.

Había esperado encontrar en este sacerdote un crítico de las cazas de caníbales. Ocurrió lo contrario. Como Jacinta y otros me contaron, pertenecía al núcleo duro de los carismáticos y había dirigido, junto con el GUM, las primeras cazas católicas de brujas. La historia de su vocación, que publicó también en el periódico local, seguía —como la de Kasaija— el modelo del «sanador herido». Después de que espíritus caníbales lo atacaran y le hubiesen explicado a través de un médium que lo querían comer, se reconoció como promotor de una guerra espiritual, de una dramática lucha a vida o muerte. Con la ayuda de Dios sanaba a enfermos y, como los profetas del tiempo «tradicionales», se aseguraba de que lloviese. Tuvo éxito, y la iglesia de Kyarusozi se llenó. Es cierto que los sacerdotes mayores del clero no estaban de acuerdo con su actividad, pero puesto que el obispo lo apoyaba a él y al GUM, la crítica no tuvo en un primer momento consecuencias. Junto con otros miembros, Potthast, Kasaija y el Dr. Bimji transformaron el GUM en un movimiento militante, que se encontraba «en un estado de guerra permanente» y organizaron las primeras «cruzadas».

Las primeras cruzadas, que habían tenido lugar antes de mi llegada a Toro, fueron muy violentas. Me contaron que en 1997, en el pueblo de Kabende, los cazadores católicos de brujas y caníbales habían identificado a una anciana protestante como notoria caníbal. Ella se transformó en una gata negra. Algunos miembros del gremio atraparon a la gata y comenzaron a quemarla, pero ella en ese momento cambió de apariencia, se volvió de nuevo humana y tuvo que ser llevada al hospital con graves quemaduras. Se querelló contra el GUM, y algunos, entre ellos también Kasaija, fueron a la cárcel. Tras este incidente, la Iglesia católica prohibió inicialmente otras cruzadas. Durante dos años los miembros del gremio aprendieron en talleres a familiarizarse con la Biblia y el trato pacifico con brujas y caníbales. Solo después se pusieron en marcha nuevas cruzadas.

En esta época inventaron un nuevo ritual de purificación que les posibilitaba integrar de nuevo a la persona marginada, estigmatizada. Si hasta entonces las brujas o el caníbal eran el otro radical que no podía ser asimilado, ahora eran tras su confesión exorcizados en público, purificados y sanados. En un espectacular teatro de espíritus, se les permitía a los espíritus satánicos, por un tiempo determinado, alzar su voz y mostrar su poder a través del cuerpo del médium, después eran expulsados. La catarsis funcionaba. Tras la expulsión y la purificación el excaníbal recibía la eucaristía y los habitantes del pueblo lo acogían de nuevo.

Al igual que en muchas otras regiones del mundo, los miembros del GUM recurrían a las prácticas de la posesión de espíritus y del exorcismo, que son consideradas por muchos creyentes en Europa, Asia y América como deseables. Contra la creciente racionalización de un entorno vital globalizado, optan por la eliminación de los límites corporales, por la catarsis y la exaltación, por lo orgiástico, la pérdida del control, de la conciencia y de la responsabilidad.

El gremio logró recuperar numerosas almas que se habían ido a otras Iglesias. Si a finales de los años ochenta tenía aproximadamente treinta miembros, en 2002, como Kasaija me informó orgulloso, eran más de diez mil. Dijo también que hasta entonces ningún miembro activo había sido denunciado por brujería o canibalismo. La pertenencia al GUM garantizaba así una cierta protección. El gremio abría un espacio social, una especie de *communitas* (en el sentido de Victor Turner) que estaba libre de brujería y, por lo menos en los primeros años, se basaba en la solidaridad y la confianza mutua.

Como en otras regiones, tampoco en Toro el *revival* cristiano provocó el fin de la brujería, sino que, por el contrario, generó nuevas formas católicas que declaraban a Satán señor y maestro de brujos, brujas y caníbales. Por el contrario, el Dios cristiano, y sobre todo el Espíritu Santo, aparecían como una especie de superbrujos que en la lucha contra el mal (casi) siempre conseguían la victoria.

La mayoría de los católicos con los que hablé apoyaban las cazas de brujas y caníbales del GUM. Veían en la dramática escenificación de desenmascaramiento del mal una liberación, una purificación y una sanación que, como Yosoni y Rubongoya me enseñaron, no eran en absoluto nuevas, sino que conectaban con prácticas de la época precolonial. Entonces había sido tarea del rey purificar del mal una vez al año el país. Mujeres y hombres que habían sido identificados por al menos tres personas como brujos eran ejecutados públicamente, arrojados desde una roca o envueltos en hojas secas de plátano y quemados. Durante la época colonial la administración prohibió la caza de brujas, salvando con ello la vida de numerosas personas. Solo en la época poscolonial, desde principios de los años noventa, volvieron a realizarse, organizadas ahora por la Iglesia católica.

12

Lawrence Kasaija me invitaba una y otra vez a participar en las cruzadas del GUM. Yo rehusaba, porque no quería ratificar por medio de mi presencia la legitimidad de las cazas de brujas. Sin embargo, cambié de actitud cuando, en 2002, el artista y videocreador Armin Linke me visitó en Fort Portal junto con su mujer, Margret Köll, para rodar una película sobre una caza católica de brujas. Vi ahí una oportunidad de llamar la atención de la opinión pública internacional sobre las cazas católicas de brujas. Kasaija se mostró interesado y le pidió al obispo permiso, que fue también concedido.

El 24 de agosto nos marchamos por la mañana temprano al campo en dirección a Kyamiaga, en Buhesi, donde ya se habían reunido miembros del gremio. Cantaban, tocaban el tambor y rezaban para llenarse de la fuerza del Espíritu Santo. Fortalecidos así, querían luchar contra el mal, ponerse delante de la cámara, ser vistos y filmados. Se habían preparado perfectamente para dar una imagen de sí mismos que fuese también aceptable para un público occidental. Los participantes, incluso aquellos que fueron tomados por espíritus satánicos, actuaban con destreza ante y para la cámara. Aprovechaban la presencia del medio técnico para demostrar su propia importancia y su poder espiritual. Nos utilizaban para rodar una especie de película publicitaria para el GUM. Reflexionando sobre el poder de la cámara, crearon una versión domesticada, más o menos pacífica, de una caza de brujas para consumidores locales y occidentales. El Espíritu Santo, que actuaba en los cuerpos de los cazadores de brujas, no descubrió un solo caníbal. O habían huido el día anterior, o la cruzada del gremio ya realizada hacía siete años había tenido un efecto tan duradero que en Kyamiaga no se podía encontrar ya ningún caníbal, explicó Kasaija. Nos alegramos de esto. Pero espíritus caníbales tomaron a algunos participantes en la cruzada, que confesaron sus horribles acciones ante la cámara.

Armin Linke logró grabar imágenes únicas. Cuando miembros del gremio, «cargados» con el Espíritu Santo, rozaban a las brujas y a los caníbales confesos en cabeza, pecho, barriga, brazos y piernas, su cuerpo, un fardo de pasiones, se transformaba en una superficie que hacía visible y audible el mal. El roce obligaba a hablar a los espíritus satánicos. Las voces —algunas veces de perros o cerdos, de rivales en el trabajo o de mujeres y hombres celosos—, que resonaban y reconocían sus fechorías, daban a los acusadores la satisfacción de haber sacado a la luz la verdad. Decían lo que de otro modo no podía decirse, mencionaban conflictos, pasiones, envidia y odio, y expresaban con ello el lado oscuro del parentesco, de la familia y de la vecindad. En las extremidades que temblaban y se contraían, en la espuma que salía por la boca y en las convulsiones del cuerpo rabioso se manifestaban los poderes satánicos. Con la fuerza conjunta de sus «armas», con crucifijos, agua bendita, rosarios, oraciones, canciones piadosas y masajes, los miembros del GUM expulsaban el mal. Al final vencía siempre el Espíritu Santo.

Mientras las mujeres y los hombres del GUM escenificaban los sucesos para la cámara, Armin Linke seguía su propio juego. Lejos de adoptar solo la perspectiva de observador, involucraba a la cámara como actor en los acontecimientos e interactuaba con los filmados. A veces se llegaba al punto de que la presencia de la cámara —como en el caso de Jean Rouch— creaba lo que sucedía.

Según lo prometido, le di al gremio una copia del vídeo y organicé una proyección en Fort Portal. Juntos estudiamos las posibilidades que había en el vídeo de una «etnografía compartida». Los múltiples comentarios y críticas no solo me ayudaron a mí a entender mejor numerosos aspectos, sino que llevaron también a un largo proceso mutuo de traducciones interculturales, que incluyeron a los miembros del gremio como espectadores, productores, directores y cineastas.[18]

18 La película de vídeo se convirtió como DVD en parte del libro que escribí sobre el GUM. Armin Linke colgó también en Internet el vídeo

13

Una vez concluido el rodaje sobre la caza de brujas del GUM, Armin, Margret y Teddy (Jacinta trabajaba en la escuela) acordamos aprovechar la ocasión y filmar ahora, como contraste con las formas cristianas de la posesión de espíritus en el GUM, una sesión de espiritismo «tradicional».

Con ayuda de Jacinta, en 1999 había visitado varias veces al adivino y curandero Benedikto Kahemura. Trabajaba como tamborilero real y médium «tradicional», y vivía con su familia no lejos de Fort Portal, en una granja algo venida a menos. Estaba orgulloso de su trabajo y le gustaba hablar sobre él, alardeaba a veces de su poder y nos contó que incluso el presidente Museveni iba por las noches en secreto a su casa en busca de consejo y «ayuda». Aunque era médium de distintos espíritus «paganos» que había recibido de su abuelo, se había convertido al catolicismo. En su casa colgaban cuadros del Crucificado y de la Virgen María.

Pregunté si tenía interés en que filmasen sus habilidades como médium y concertamos una cita. No obstante, explicó que para prepararse y como ofrenda a los espíritus necesitaba dinero. Tenía que comprar aguardiente, que sus espíritus adoraban. Y también él tenía que beber aguardiente «to get the powers». Le di el dinero.

Cuando aparecimos en la fecha convenida, él no estaba. Su mujer nos explicó —ligeramente abochornada— que no sabía exactamente dónde se hallaba. Con el coche y uno de sus hijos salimos en su busca, pero no lo encontramos.

Dos horas más tarde, cuando ya había oscurecido, llegó completamente borracho a casa. Propuse posponer los trabajos

---

con el título *Satan Crucified.*

de grabación, pero él insistió en realizar el ritual de posesión de espíritus que habíamos acordado. Convocó a sus hijos y a algunos vecinos, que se reunieron alrededor del fuego, hizo a mano un adorno para la cabeza con distintas plantas, volvió a beber un traguito y comenzó, sentado al fuego, a llamar a los espíritus. Sacudía con fuerza la matraca y cantaba a la vez distintas canciones, mientras que otro hombre golpeaba el tambor, y los niños y las mujeres cantaban también. Balbuceó, se cayó, a duras penas volvió a levantarse tras unos minutos, se sentó erguido y siguió cantando con voz ronca. Su representación era obviamente una farsa. Armin la filmaba, y Margret grababa el sonido, mientras que yo me decía que esta representación era interesante etnográficamente, puesto que permitía tener una perspectiva de una situación de fracaso.

Después de aproximadamente una hora, el estado de ánimo cambió bruscamente. Si los espíritus vinieron sobre Benedikto o si fue sobre todo el espíritu del aguardiente el que lo hizo volverse grosero, no puedo decirlo. En una pausa, cuando Armin cambiaba el videocasete, Benedikto —o el espíritu que lo había tomado— lo escupió a él y después también a Margret en la cara, un gesto inequívoco de ofensa y desprecio. Nos asustamos, los jóvenes presentes se rieron. Teddy aconsejó desaparecer tan rápido como fuese posible. No emprendimos una retirada ordenada, sino que recogimos a toda prisa los aparatos y nos subimos al coche. Huimos de un modo muy poco heroico y tuvimos que escuchar cómo se carcajeaban los que se habían quedado allí. Del susto Margret había olvidado apagar el sonido, y así nuestra poco honrosa fuga quedó registrada. Escuchamos una y otra vez la pista de sonido, pero tampoco nos ayudó a entender (mejor) lo ocurrido.

Con la confusión olvidamos el trípode de la cámara. A la mañana siguiente nos fortalecimos con un buen desayuno y condujimos de vuelta al lugar de los hechos. No me sentía nada bien. Pero Benedikto no hizo acto de presencia, solo su mujer nos saludó educadamente y nos dio el trípode. Después no volví a visitar a Benedikto.

Habíamos fracasado, habíamos experimentado una forma drástica de rechazo e interrumpido la grabación de vídeo por miedo a una paliza. Hasta el día de hoy no sé por qué pasó esto. ¿Fue el comportamiento de Benedikto una protesta contra la presencia de medios técnicos y contra el registro técnico que lo fijaba como médium en otro medio?[19] ¿Quería mostrarnos a nosotros y a sus vecinos qué poder tenía? ¿Era nuestro fracaso su éxito? ¿Era su actuación un acto de sabotaje y de resistencia, que encontraba su expresión no solo en la ebria representación ritual, sino también en el insulto a sus visitantes? Pero ¿cuán responsable era de su comportamiento? ¿Se debía su resistencia a la posesión por un espíritu? En contra de esto habla que había interrumpido su actividad ritual cuando escupió a Armin y a Margret. ¿O armó bulla porque había bebido demasiado?

Como médium de espíritus no cristianos, Benedikto formaba parte de los enemigos del GUM. Quizás había llegado a sus oídos que habíamos rodado un vídeo con ellos; quizás con ello, como médium pagano, se sentía atacado y traicionado por nosotros.

De hecho, ofreció un espectáculo que invertía las escenas coloniales de superioridad técnica. Como ya se mencionó en el capítulo anterior, no solo James Frazer en *La rama dorada*, sino también numerosos viajeros, misioneros y etnólogos describie-

19 Más tarde escribí un artículo sobre este tema: Heike Behrend, «Spaces of Refusal: Photophobic Spirits and the Technical Medium of Photography», en Heike Behrend, Anja Dreschke y Martin Zillinger (eds.), *Trance Mediums and the New Media, Spirit Possession in the Age of Technical Reproduction*, Nueva York, Fordham University Press, 2015.

ron una y otra vez en sus relatos cómo los «salvajes», cuando eran confrontados con aparatos técnicos como la cámara, huían llenos de pánico. Esta vez fuimos nosotros los cegados mágicamente, que creíamos que con dinero y tecnologías podríamos alcanzar todo lo que quisiésemos. Esta vez fuimos nosotros los que huimos llenos de miedo.

14

Jacinta era demasiado educada y discreta para interrogarme por mis creencias. Pero puesto que yo quería establecer una relación de confianza con ella, me sentí obligada a ser sincera y le conté que había sido educada (no mucho) en el protestantismo, luego había estudiado el bachillerato en un colegio de monjas católico y después de 1968 había abandonado la Iglesia evangélica. Expresé con cuidado mi crítica a la institución de la Iglesia, a sus apetencias de poder y de dominio, por ejemplo en la época de las Cruzadas y de la Inquisición. Pero al mismo tiempo intenté también hacerle algunas concesiones como católica creyente al no excluir (completamente) la creencia en una fuerza superior. Viviendo en un entorno secular convertido para mí en evidente, que ciertamente no estaba libre de creencias (por ejemplo, en la ciencia), le describí mi postura más bien agnóstica. Quizás perdí el tino cuando, con una sonrisa, cité el conocido aforismo de Voltaire: «Dios, si es que hay uno, sé clemente con mi alma, si es que hay una». Jacinta no sonrió, en modo alguno encontró mi postura graciosa o divertida. La toleró, pero a partir de ese momento guardó una cierta distancia conmigo. A sus ojos y a los de otros católicos me había dado a conocer como no creyente o, aún peor, como una apóstata.

Solo en el transcurso del trabajo etnográfico comprendí qué fuerte carga negativa tiene la denominación «no creyente» en el contexto del *revival* cristiano. Si los misioneros católicos en el siglo XIX habían discriminado a los habitantes de Toro como servidores de Satán antes de que se convirtiesen, ahora yo les parecía a muchos cristianos una representante del mal. Había tenido lugar un cambio radical de las posiciones.[20] De hecho, el furor católico en las cazas de brujas del GUM se dirigió sobre todo contra los seguidores de la religión «pagana» y solo más tarde contra otras denominaciones cristianas, como por ejemplo los Adventistas del Séptimo Día. Pero como mis amigos católicos no habían abandonado la esperanza de salvar mi alma, pasaron al principio por alto mi déficit religioso.

Mi estatus como no creyente tuvo como consecuencia que ahora se esforzasen por llevar al camino correcto no solo a otros pecadores, sino también a mí. Antes de cada entrevista o conversación tenía que rezar, cantar canciones piadosas y al final de una entrevista arrodillarme ante el altar doméstico. Rezaban concienzudamente no solo por mí, también por mi investigación; bendecían mi trabajo, al igual que también bendecían coches, casas y monederos. Así, mientras que, por una parte, se me ponía en manos de las bondadosas fuerzas de la Iglesia, por otra parte se me llamaba la atención repetidamente sobre la existencia de fuerzas malignas que acechaban por todas partes. Cuando el sacerdote católico de Texas me invitó a asistir a un exorcismo realizado por él, me advirtió de que el espíritu

20 De hecho, muchos cristianos africanos se ven como mejores cristianos. Los miembros de una Iglesia africana en Colonia que investigó Sarina Rahn declaraban, por ejemplo, que habían ido a Alemania para —como los misioneros occidentales en África— llevar al buen camino a los hombres y mujeres pecadores que allí vivían. Y también Alice Lakwena se proponía recristianizar a los habitantes de Europa.

exorcizado se podía apoderar de mí. Me asusté. Me costaba mucho defenderme contra esta forma de inclusión, más aún cuando estaba rodeada de católicos ocupados en demostrarme la existencia de espíritus satánicos, brujas y caníbales. Cuanto más horribles eran los actos de Satán y sus colaboradores, más grande y eficazmente resplandecía el poder del Dios católico. En particular, el sacerdote texano veía a Satán por todas partes, incluso en una rana que había entrado saltando en la iglesia. La roció con gasolina y la quemó.

Hoy debo admitir que en la cuestión de la (falta de) fe era incapaz de verme con los ojos de mis amigos católicos. En ese entonces no reconocí que los había puesto en una situación muy difícil. Pues en la situación de «terror interno» intentaban justamente salvarse por medio de su fe. Buscaban su salvación en un orden cristiano que ponía coto a brujas y caníbales y restablecería la confianza perdida entre las personas. Como no creyente, yo me encontraba, desde su perspectiva, en el otro lado, el falso. Les obstaculizaba el camino (a la salvación) e impedía, puesto que nos faltaba la base religiosa común, que me dieran su confianza.

15

Mientras que mi trabajo sobre el movimiento del Holy Spirit había sido sobre todo una reconstrucción histórica que trataba de darles voz a los perdedores, el GUM seguía estando activo en la época de mi estancia. Se entendía como un movimiento militante que llevaba a cabo «cruzadas» o «guerras santas» para combatir un enemigo interior y restablecer un orden moral. Llenos del Espíritu Santo, los católicos identificaban a otros como brujas y caníbales en zonas sobre todo rurales. Los así acusados tenían que entregar sus instrumentos satánicos y admitir en una detallada confesión a quién habían matado y comido y cómo lo habían hecho. Las confesiones públicas confirmaban una vez más la existencia de las brujas y caníbales y conducían a una diferenciación barroca del discurso caníbal, con detalles fantásticos siempre nuevos, así como a una ampliación del círculo de personas sospechosas. Los caníbales identificados eran en su mayoría ancianas que ocupaban una posición marginal en los pueblos y recibían poco apoyo de parientes y vecinos.

Puesto que el Estado poscolonial en Uganda exigía «pruebas materiales» para el arresto y el castigo de brujas y caníbales, que no podían, sin embargo, ser aportadas por los residentes que se sentían amenazados, la policía volvía a dejar libres a los supuestos malhechores por falta de pruebas. Si regresaban a sus pueblos, con frecuencia eran linchados. Solo en la región de Kijura, según me contó un policía, los aldeanos lapidaron o quemaron entre enero y septiembre de 2002 a cinco personas sospechosas de canibalismo. Otros pueblos desarrollaron un procedimiento «democrático»: sometían a votación si la persona sospechosa era un caníbal y podía permanecer o no en la población. Pero también tras una votación ganada, su estatus seguía siendo incierto, y con cada nueva desgracia o fallecimiento debía inquietarse de nuevo. El gobierno local y la policía se mostraban solo hasta cierto límite capaces de proteger a supuestos caníbales del linchamiento de los aldeanos, y de reducir el temor a ser matados o comidos por ellos. Era el GUM el que ofrecía una solución en sí contradictoria. Aunque el gremio (desde mi perspectiva) identificaba a inocentes como brujas y caníbales, con lo que confirmaba su realidad y contribuía, por tanto, en última instancia, a la crisis que combatía, logró sin embargo desarrollar prácticas de purificación y sanación que ponían al menos límites a los actos de violencia.

Mientras que la mayor parte de la gente en Toro daba la bienvenida a las cazas católicas de brujas porque sus enemigos eran descubiertos y, tras una confesión pública, purificados y convertidos en «inofensivos», yo veía en los identificados como brujas y caníbales a víctimas de los celos, la envidia y los miedos difusos de los acusadores. Aunque tuve que admitir que también las acusaciones funcionan como sanación, y que la venganza y la violencia pueden ser mitigadas y limitadas en rituales, no podía compartir la general aceptación de la caza de brujas.

Además tuve que reconocer que buena parte de la experiencia de los católicos en el oeste de Uganda seguía siendo inaccesible para mí, y la brujería y la magia (católica) escapaban siempre a mi comprensión cuando creía haberlas comprendido. Como si la racionalidad occidental crease un residuo que produce grietas en la empresa etnológica y causa que lo excluido regrese como una especie de fantasma. Este residuo yo solo podía marcarlo como límite más allá del cual se sienten y sufren los efectos de los poderes.

Hice todo lo que pude para entender los discursos locales también desde una perspectiva histórica. Mientras que, por una parte, ponía en cuestión lo que era evidente para la mayoría de los católicos en Toro, a saber, la «realidad» de brujas y caníbales, intentaba, por otra parte, contener la duda y el escepticismo y aceptar tanto como fuese posible las ideas locales. Me esforcé en mediar entre nuestras distintas posiciones e intenté explicarle a Jacinta (con ayuda de Foucault) que la diferencia entre sus puntos de vista y los míos no era en absoluto tan grande, que los discursos crean su objeto y le dan una realidad propia, y que la brujería también producía para mí efectos muy reales. Habría admitido también que la misma empresa etnológica aparece algunas veces como una especie de hechizo contra los efectos que genera la brujería como excitación intensa. Me resultaba evidente que la brujería —como la muerte— sobrepasa los límites de la racionalidad científica y debe ser del todo reconocida como un poder que procede de otra parte. Pero no podía aceptar que el hueco o espacio vacío que yo llamaba casualidad se llenase con el nombre de una bruja o de un caníbal.

Todas las personas con las que hablé insistían en la «realidad» de las brujas caníbales, también Rubongoya. Incluso una acusada de canibalismo que insistía en su inocencia no dudaba de la existencia de brujas y caníbales. Este empeño en la realidad de las brujas y mi intento de identificar otra razón para los miedos generalizados apenas podían conciliarse. De hecho, mi posición no era nueva. Durante la época colonial, el Estado y las Iglesias misioneras habían negado la existencia de brujas. Si alguien acusaba a una persona de brujería, podía pasar que acabase en la cárcel en lugar de la supuesta bruja. A esto se unía que el Estado colonial prohibió las ordalías (como las practicadas por el gremio) para identificar a las brujas. Desde una perspectiva local, con ello adoptó una posición que apoyaba y protegía a las brujas. Puesto que de este modo se ponía —como yo— del lado del mal, una y otra vez surgía en historias la sospecha de que también los europeos que constituían el gobierno colonial eran ellos mismos brujas o caníbales.

Ni Jacinta ni los miembros del GUM podían aceptar mi enfoque. Se veían como educadores que, con ayuda del Espíritu Santo, desvelaban y hacían público el mal, mientras que yo ponía en duda sus esfuerzos como una especie de «antieducadora». No solo me encontraba en el lado equivocado, sino que, aún peor, tomaba partido por aquellos que desde su perspectiva causaban sufrimiento y muerte. Con ello me descalificaba absolutamente para poder entender sus prácticas y su realidad. Mi interés por el tema y todos sus esfuerzos por explicármelo solo nos alejaba aún más.

En realidad, me di cuenta demasiado tarde de que no solo se prestaba atención a mi interés por brujas y caníbales, sino que este producía también efectos muy reales. Ya en el norte de Uganda había tenido que consignar que no había un hablar neutral e inocente sobre el tema. Nunca es, como mostró Jeanne Favret-Saada, solo comunicación e información, sino que ha estado siempre integrado en un campo de fuerzas que incluye a la etnógrafa. Así, muchos católicos vieron en mi investigación no solo una acumulación de conocimientos, sino también una especie de oscura adquisición de poder. A mis amigos católicos les debe de haber parecido paradójico que, por una parte, reconociese el tema de mi investigación como objeto de conocimiento, pero, por otra parte, lo desterrase al campo de lo imaginario. En Toro no logré —a diferencia del resto de mis investigaciones— desarrollar un proyecto común que habría incluido también a mis colaboradores e interlocutores (con excepción quizás del vídeo que los miembros del gremio pudieron aprovechar para autorrepresentarse y hacerse publicidad).

De hecho, así lo veo hoy, la pregunta por la «realidad de brujas y caníbales» está mal formulada. Cuando ya había acabado mi investigación conocí a James Siegel, un etnólogo americano, en un congreso en Berlín, y leí su libro *Naming the Witch*, de 2006, que me impresionó mucho. Siegel muestra, por una parte, que la oposición entre realidad e imaginario solo tiene sentido cuando hay también géneros de ficción. Las brujas y los caníbales no hablan en Toro en primera persona. Si bien pueden decir «yo», este yo es el yo de otro, por ejemplo del espíritu de un caníbal. El caníbal es al mismo tiempo perpetrador y víctima, porque está movido por fuerzas para las que no tenemos ningún nombre.

Por otra parte, Siegel recurre al concepto de lo inquietante de Freud; en lugar de preguntar por la «realidad» de brujas y caníbales, intenta averiguar cuándo y bajo qué condiciones lo oculto, familiar y conocido se convierte en lo inquietante, de tal modo que personas cercanas son inducidas a matarse unas a otras.

16

Para convencerme de la realidad de los caníbales, desde el comienzo de nuestro trabajo común Jacinta me había hablado del ya mencionado sacerdote de Texas. Este alcanzó una cierta fama local porque había grabado en una cinta confesiones de espíritus caníbales. Lo visitamos en agosto de 1999, y él puso la cinta. Escuché una voz distorsionada, algo ronca. El sacerdote me explicó que pertenecía a una anciana que estaba poseída por un espíritu caníbal. Era conocida como una caníbal notoria. Numerosos espíritus caníbales de otras personas habrían confesado que ella los había enviado. Había matado y comido a mucha gente.

Como ya se ha mencionado, había esperado encontrar en él un escéptico y crítico de la «creencia en los caníbales», y me quedé más que sorprendida de que tomase la reproducción técnica de las voces como una prueba de la existencia de caníbales. Tampoco dudaba en mencionar un nombre y pronunciar una acusación contra una persona que él atestiguaba con la grabación. Yo escuchaba la voz incorpórea de una mujer que no había tenido la oportunidad de justificarse. Si es verdad que la mejor defensa para una acusada en un drama de brujería es la confesión, entonces a ella se le privó de esa posibilidad.

A raíz de mis preguntas quedó comprobado que las confesiones registradas de los espíritus caníbales habían puesto a la anciana en dificultades muy reales. Tuvo que temer por su vida y abandonó Kyarusozi. Solo años más tarde, después de haberse sometido a un ritual de purificación en una Iglesia independiente, se atrevió a regresar. Como me explicó Jacinta, la transferencia de los crímenes a los espíritus caníbales permitía disculpar como poseído al caníbal identificado, declararlo no responsable realmente de sus delitos. Puesto que no eran causalmente malos, por no ser responsables, podían ser exorcizados, «purificados» y «sanados». Para ello pagaban, no obstante, un alto precio: para ser asimilables tenían que confesar sus (presuntos) crímenes y aceptar con ello su definición como otro (malo).

Junto con la grabación, otros medios técnicos desempeñaban en el GUM un papel importante para documentar el propio trabajo y, sobre todo, para proporcionar pruebas materiales de la realidad del mal. El Dr. Bimji nos enseñó un álbum de fotos. En ellas se mostraban cacerolas en las que los caníbales habrían cocinado carne humana. También se podía ver una mano seca en primer plano; habría sido utilizada para remover cerveza de mijo. Un fotógrafo había tomado imágenes de los objetos satánicos encontrados con ayuda del Espíritu Santo tras una exitosa caza de brujas y expuestos después públicamente. Estos objetos, que les servían a los curanderos «tradicionales» sobre todo para curar a enfermos, los católicos los declaraban ahora artefactos diabólicos, que tenían que ser destruidos. Fueron expuestos delante de la iglesia a modo de «fetiches» satánicos como en un museo de la infamia y luego quemados.[21] Demostraban el triunfo de los católicos sobre el mal y eran mostrados con agrado a no creyentes como yo. Pero puesto que la existencia de los poderes malignos era confirmada en

21 Por lo que sé, los objetos fueron realmente quemados y no vendidos como «fetiches» en el mercado del arte.

el acto iconoclasta, la liberación de ellos duraba solo poco tiempo. Todos lo sabían: el mal volvería.

17

Junto con Jacinta y Teddy comencé a investigar a brujas y caníbales en Toro. Esto resultó extremadamente difícil. Pues el caníbal que yo quería entender se nos escabullía una y otra vez. Cuando creía haberlo atrapado y comprendido, se escapaba. Estaba en todos lados y en ninguno, se encontraba siempre en el pueblo siguiente. Poseía la cualidad de lo huidizo y de lo difícil de aprehender, no solo para mí, sino también para mis amigos católicos. En esto estábamos de acuerdo. No podía atraparse, y sin embargo enardecía a los habitantes de Toro de un modo que yo difícilmente podía entender.

Un día Jacinta llegó con la buena noticia de que había encontrado a un caníbal que estaba dispuesto a darme una entrevista. Pero poco antes del día convenido anuló la cita. Llevaba ahora una vida cristiana y no quería hablar sobre sus crímenes, el recuerdo de ellos era demasiado doloroso, nos hizo saber. Así pues, no me encontré en Toro con ningún caníbal que hubiese dicho de sí mismo que lo era.[22]

Mientras que, por un lado, el caníbal se nos escabullía, en los informes y relatos adquiría de forma creciente una apariencia barroca, se diferenciaba y expandía en espacios sociales siempre nuevos. En los medios locales, los periódicos y en la radio, pero también oralmente, se propagaba y repetía en variaciones siempre nuevas. Circulaban historias —como en el

22 Pero sí que escuché historias sobre hombres que afirmaban de sí mismos que eran caníbales, y presumían de su supuesto poder.

Congo— de ataúdes que rodaban, saltaban o temblaban, que el caníbal ponía en movimiento para llevarse a casa el cadáver que allí yacía. Teddy contaba de un entierro que acabó en un tumulto, porque el ataúd se había tambaleado y todos los presentes huyeron llenos de pánico.

De este modo, el caníbal ganaba en realidad y adoptaba un aspecto más o menos fijo. Si bien es cierto que hacía brujerías como un brujo o una bruja, al contrario que el brujo clásico no vivía solo, sino en una pequeña sociedad secreta caníbal. Como el brujo, buscaba a sus víctimas entre personas que se llevaban mal con él, con las que estaba enemistado, que odiaba o de las que tenía envidia. Pero también comía a extraños. Si había matado a un pariente, no podía comerlo él mismo, sino que tenía que entregárselo a sus compañeros caníbales, que a su vez a cambio lo abastecían de carne cuando ellos mismos habían matado a un pariente. La prohibición de comer parientes se correspondía así con la prohibición del incesto, el exocanibalismo con la exogamia. Uno solo podía comer a aquel con quien se podía también casar. Me hablaron de un caníbal que tuvo espantosos dolores de muelas porque había participado por descuido en la comida de un pariente lejano.

Me había imaginado al caníbal de Toro como una especie de libertino, como alguien que se toma la libertad de romper todas las reglas sociales y canibalizar a quien y lo que anhela. Sin embargo, como tuve que constatar, estaba atrapado en un sistema de intercambio asesino. Pues la especial forma del canibalismo —del exocanibalismo— generaba una asimetría, una deuda de carne. Un caníbal que había comido al pariente de otro caníbal se endeudaba. A corto o a largo plazo tenía que saldar la deuda y suministrar a su vez un pariente para el banquete colectivo. Si no podía saldar su deuda de carne, él mismo era devorado. Los caníbales de Toro no eran alegres devoradores de personas, sino que eran arrastrados en un sistema paranoico, que no permitía el abandono. Los participantes estaban obligados a «alimentar» continuamente el «sistema». Era como si el sistema caníbal no solo demostrase una inversión y perversión de las reglas sociales de la hospitalidad y de la comida colectiva. También el principio de la reciprocidad, que ha entusiasmado repetidamente a los etnólogos (también a mí) porque crea socialidad (sin un Estado), es representado aquí en última instancia como mortal.

Aunque la figura del brujo caníbal ya existía en la época precolonial, se adaptó a los tiempos modernos y aprovechó sus tecnologías. El caníbal circulaba en coche o en avión; a veces conseguía una fotografía de la víctima y embrujaba a la persona retratada, de modo que esta enfermaba y moría.

Como ya se ha mencionado, el caníbal en Toro mataba dos veces. La primera vez mataba a su víctima embrujándola. Después, tras el entierro, soplaba un silbato o una flauta de bambú, se levantaba un fuerte viento, y el cadáver se levantaba de la tumba. Como Jesús, resucitaba de la sepultura y corría directamente hacia el caníbal, iba a buscar agua, recogía leña, extendía hojas de plátano en el suelo y afilaba el cuchillo. Se tumbaba, y el caníbal lo troceaba en pedazos bien proporcionados y cocinaba estos en la cazuela. Los caníbales de Toro eran caníbales civilizados, no comían a su víctima cruda, sino que la cocinaban en la cacerola. Una vez hecho el trabajo, el caníbal llamaba a los otros caníbales a la mesa y juntos tomaban la comida.

De hecho, el caníbal era ya una figura literaria. En los años setenta, en el marco de un «Oral History Project» en la Universidad de Makerere, Peter Mulindwa y Asaba Ruyonga, dos etnólogos de Toro, habían investigado sobre el tema del canibalismo y escrito sobre esto sus trabajos de fin de carrera. De los textos se desprende que los caníbales ya celebraban entonces la eucaristía cristiana y la resurrección de un modo «invertido». Pero el número de caníbales era entonces limitado y estaba restringido a Kijura. En otras regiones de Toro había brujas, pero no caníbales. No fue hasta los años noventa que los caníbales se extendieron también a otras regiones y se convirtieron en una epidemia. Y en todos los lugares en los que los gremios realizaban sus cazas de caníbales, los habitantes se asombraban de la cantidad de caníbales que los miembros del gremio descubrían. Una mujer me dijo que no había sabido cuántos vivían en su pueblo; estaba agradecida por la aclaración.

El texto de Ruyonga me impresionó de un modo especial porque no condenaba simplemente a los caníbales de Kijura. Adoptaba una posición radical de relativismo cultural y defendía las prácticas canibalísticas como parte de la propia cultura. Pues del culto de los muertos en Kijura formaba parte —como en el caso de la eucaristía— el comer respetuosamente los propios muertos. No por hambre, codicia o apetito, sino por amor y deber hacia los difuntos, los vivos —como los reyes precoloniales— ingerían un trocito de los muertos. Este acto no solo garantizaba la unidad de los vivos con los muertos y protegía a los vivos de la venganza de los muertos, sino que estaba también inserto en una cosmología, en un ciclo de reproducción física. La necrofagia transformaba a los muertos en vivos y viceversa, haciendo con ello la muerte reversible.

Ya en los años noventa y posteriores no pude encontrar los aspectos positivos del canibalismo. Habían desaparecido. Sobre todo la cristianización de la brujería había borrado todas las ambivalencias previas, la oscilación entre bueno y malo, entre sanar y dañar. También las formas anteriores de comunión entre vivos y muertos habían sido en gran parte olvidadas.

Como ya se ha mencionado, comprobé que las partes centrales de la enseñanza cristiana se habían incorporado a la ya existente figura del caníbal: la eucaristía y la resurrección. El caníbal era híbrido, se componía de imágenes entretejidas, cada una de las cuales se reflejaba en la otra, que europeos y africanos se habían asignado mutuamente. Así como los misioneros cristianos, en el siglo XIX y a principios del siglo XX, habían demonizado y satanizado las religiones locales, así los expertos rituales «paganos» invirtieron en contrapartida aspectos centrales del cristianismo y los integraron en un discurso de la brujería. Quizás ambos presentían a veces que, a pesar de su oposición, tenían algo en común, compartían algo: la figura del caníbal.

18

Mientras que en las montañas Tugen tuve la oportunidad de transformarme de mono en persona social, es decir, pude ascender con rituales, en Toro experimenté más bien un descenso. Después de que me hubiese dado a conocer como no creyente y hubiese caído con ello del lado equivocado, me movía en una zona insegura.

Un fin de semana, Jacinta, Teddy y yo hicimos una excursión conjunta a un lago situado más al norte. Hacía mucho calor; el agua estaba fresca, y en el lago se podía nadar. Tenía allí un bañador, me zambullí, nadé y vi desde el agua que Jacinta y Teddy me observaban. Cuando salí del lago, me contaron de una mujer blanca que formaba parte de los bacwesi habitaba en el agua y embrujaba a las personas. Se rieron; no dijeron que yo fuese una mujer semejante ni que no lo fuese. Quedó abierto. Y yo preferí no preguntar.

Como me había contado Yosoni, los bacwesi fueron los primeros extranjeros que llegaron hacía muchos siglos a Toro con sus vacas. Conquistaron el reino y tomaron posesión de él. Eran blancos, tenían el color que se asocia con la muerte, y fundaron una nueva dinastía. Pero después de algunas graves catástrofes volvieron a desaparecer, aunque regresaron como espíritus. En cultos de posesión que existen hasta el día de hoy se encarnan en médiums, que antiguamente se ocupaban de la salud y el bienestar de sus seguidores, pero hoy son rechazados por muchos cristianos como satánicos.

Yo ya había escuchado numerosas historias de europeos «satánicos», que, si se quedaban cerca de o en el agua, podían adoptar todas las formas posibles. En el agua existía una especie de inframundo satánico: quien se quedaba allí se hacía rico, pero como contrapartida tenía que sacrificar a sus seres queridos, al propio hijo, la madre, el hermano.

Una posibilidad de revertir mi satanización y mi descenso social habría sido convertirme al catolicismo. En la historia de la etnología hay un número asombroso de conversiones. Muchos de mis colegas fueron convertidos, no tanto por cristianos como por sacerdotes y curanderos «tradicionales», que los introdujeron en un mundo extraño de espíritus, hechiceros y brujas.[23] Entre los etnólogos la participación en una iniciación se consideraba como la prueba de que uno era aceptado por los etnografiados y estaba en condiciones de obtener

23 En la etnología se distingue entre brujería y hechicería. La brujería surge de una fuerza innata o adquirida que obliga a la bruja a hacer algo malo también contra su voluntad. Por eso no es responsable de sus actos. El hechicero, por el contrario, es alguien que manipula bajo su propia responsabilidad determinadas sustancias o cosas para alcanzar su objetivo. En muchas regiones de África es válida esta distinción, en otras no. En Toro, donde la brujería y la posesión de espíritus han experimentado una fusión, *kuroga* designa «brujería» y «hechicería»; es traducida por los residentes anglófonos como *witchcraft*. Por eso en lo sucesivo utilizaré solo la denominación «brujería».

conocimientos exclusivos, incluso secretos.[24] Eric de Rosny, Wim van Binsbergen, Paul Stoller y muchos otros se hicieron iniciar. También Roy Willis, un etnólogo inglés que estudió con Evans-Pritchard en Oxford, se interesó por el ocultismo occidental, tuvo en 1953 una experiencia cercana a la muerte y experimentó con distintas drogas que alteran la conciencia, pasó en los años cincuenta en Zambia por una iniciación en el oficio de curandero y hechicero.[25] Tanto en Escocia como también en Zambia logró, según escribe, curar a enfermos. Expone también sus visiones y audiciones, así como sus propias experiencias de posesión de espíritus. De hecho, en los años noventa se movió en Zambia en un entorno que se parecía al mío en Toro. También en Zambia el sida, y con ello la muerte, eran una epidemia, la brujería era omnipresente y aparecían también caníbales que comían a sus víctimas o las obligaban tras la resurrección a trabajar como esclavos. Para acabar con la crisis, mucha gente reclamaba un *revival* del movimiento prohibido *kamcape*, un movimiento «tradicional» antibrujería que, como el GUM católico en Toro, identificaba y sanaba o mataba a brujas. Willis informa de que una y otra vez eran linchadas personas concretas. Sorprendentemente, la violencia y la muerte potencial que acompañan a la designación de brujas no representaban para él ningún problema.

24 Como ha mostrado Timothy Landry, en la actualidad los sacerdotes de vudú de Benín les ofrecen no solo a los etnólogos, sino también a los turistas de Estados Unidos y Europa iniciaciones a su culto. Exigen a cambio mucho dinero y, paradójicamente, salvaguardan por medio de estrictas reglas de confidencialidad la expansión global de la religión del vudú; véase Timothy Landry, *Vodún. Secrecy and the Search for Divine Power*, Filadelfia, University of Pennsylvania Press, 2019.

25 Roy Willis, *Some Spirits Heal, Others only Dance. A Journey into Human Selfhood in an African Village*, Oxford y Nueva York, Berg, 1999.

Pero yo no quería convertirme en católica y cazar caníbales. No quería pertenecer a una institución religiosa y política como la Iglesia católica, que ya era responsable de la muerte de muchas personas en la Edad Moderna y ahora en Toro daba poder a personas para atribuir a otros, que figuraban más bien entre los indefensos, el nombre de bruja o de caníbal. No podía ni quería someterme a una iniciación al catolicismo ajena a mí. Y con ello perdí, así lo veo hoy, la posibilidad de un trabajo de campo que hubiese reunido a los etnografiados y a la etnógrafa en un proyecto común.

19

No quería convertirme en Mrs. Stevenson, o, más concretamente, no quería pagar el precio de salvar vidas humanas. Mrs. Matilda Coxe Stevenson fue la autora de un texto en el que Claude Lévi-Strauss se apoya de un modo fundamental en su famoso artículo «El hechicero y su magia». Trabajó como etnóloga con los indígenas Zuni y publicó su trabajo en 1902. Era también la esposa del director de la expedición organizada por el Bureau of American Ethnology. Refiriéndose a la «admirable investigadora Mrs. Stevenson», en el texto anteriormente mencionado Lévi-Strauss cuenta de un joven indígena que fue acusado de haber embrujado a una muchacha. Tras algunos intentos infructuosos de insistir en su inocencia, confiesa el hecho y lo adorna de un modo que hechiza a sus oyentes. Cuenta lo que se espera de él: confirma la realidad de las brujas y con ello se convierte, según Lévi-Strauss, en el curandero del grupo. Él, realmente inocente, expresa con palabras los difusos miedos y temores presentes antes, pero que no podían articularse.

Pero como ha mostrado James Siegel,[26] Lévi-Strauss omite en su texto el papel que Mrs. Stevenson desempeñó en el proceso. Omite que al joven, desenmascarado como hechicero, lo habrían matado si Mrs. Stevenson no hubiese intervenido. Para salvar la vida del joven, ella interpretó, por su parte, a un hechicero, que trata al joven y «lo intenta curar». Le explicó a los guerreros que lo querían matar que, tras este tratamiento, ya no podría realizar su arte diabólico y por eso no sería necesario colgarlo. Era, escribe Siegel, conocida por sus intervenciones y llamaba a la policía cuando una bruja o un hechicero debía ser ejecutado. Mrs. Stevenson salvó vidas humanas, y al mismo tiempo ratificó un sistema con el que apenas se podía acabar o controlar. Pues si se mataba a un brujo, otros venían detrás.

Tampoco los miembros del gremio y otros católicos esperaban que brujas identificadas como tales se defendiesen y pusiesen en duda la acusación. Al contrario, también en Toro era su obligación ratificar la acusación y la realidad de las brujas. A causa de esta connivencia con los acusadores, el inculpado se transformaba en un colaborador de la acusación, que ratificaba la coherencia y la lógica de la brujería y garantizaba que los miedos indefinidos de la comunidad adoptasen el nombre de una bruja (o de un caníbal), y con la designación pudiesen ser también «tratados». Por medio de la confesión, la bruja se transformaba en curandero de una comunidad rota, pero bastante a menudo pagaba esta transformación con su muerte.

Si bien puedo seguir en parte a Lévi-Strauss y reconocer al brujo o caníbal inculpado como curandero, en Toro no era una persona individual la que era acusada de brujería, sino que

26 Véanse también las consideraciones de Peter Geschiere, *Witchcraft, Intimacy and Trust. Africa in Comparison*, Chicago, University of Chicago Press, 2013, pp. 172ss.

eran numerosas mujeres y hombres. Además, la mayoría quedaban estigmatizadas a pesar de la purificación ritual. Con cada nuevo fallecimiento volvían a correr peligro de ser linchados. Me parece que el terror de los cazadores de brujas se atenúa aquí en favor de un desplazamiento e inversión funcionalistas para sanar la sociedad. Pues, como mostró también Siegel, la designación de una bruja no garantiza seguridad, ni orden ni el fin de sospechas y acusaciones.

En Toro encontré solo una única mujer que se negó a confesar bajo la presión del GUM. Fue acusada en su pueblo de brujería y entregada a la policía. Pero puesto que la policía no tenía pruebas, dejó libre a la mujer y la mandó de vuelta a su pueblo. No obstante, ella tenía miedo de que los desesperados aldeanos la linchasen e intentó asentarse en otros lugares. Pero la echaban de todos lados. Huyó a Fort Portal y se instaló junto a la calle principal, delante del Stanbic Bank, que era vigilado por dos policías. Allí la encontré. Me mostró su cadena con una cruz y dijo que estaba bajo la protección de Jesús y María. Ella no era ninguna caníbal, era una buena católica. Pagó un alto precio por su negativa a confesar. Expulsada de su pueblo, vivía al borde de la carretera como un monumento visible de su exclusión, de su muerte social. Cuando hablé con Kasaija sobre la mujer, la calificó de loca. Su firme negativa no le hacía dudar de su culpabilidad. La inocencia de una bruja o de un caníbal no estaba prevista en el sistema del GUM.

Aunque también en Europa se practicaba y se practica la brujería, y no solo en el campo por «campesinos atrasados», sino también por hombres y mujeres de clase media que viven en Londres,[27] desde la Ilustración la mayoría de la población

27 Tanya Luhrmann, *Persuasions of the Witch's Craft*, Oxford, B. Blackwell, 1989.

ha dejado de hacer determinadas preguntas. Mientras que en Europa aquellos que practican la brujería siguen siendo marginales y no son apoyados por instituciones poderosas, la mayor parte de las personas en Uganda y en otras regiones insisten en explicar eso que llamamos casualidad. En Toro les ayudaba en esto la poderosa institución de la Iglesia católica.

Vuelvo a Mrs. Stevenson. Ella se convirtió en hechicera y adoptó la lógica de la hechicería. De esta manera estuvo en condiciones, también gracias a su posición poderosa, de salvar vidas humanas. Por suerte, mis amigos católicos no me pusieron en una situación comparable. Pero por no convertirme y no ratificar el «sistema», como sí hizo Mrs. Stevenson, yo también pagué, como se mostrará, un alto precio.

Con el fin de encontrar aliados para mi posición, hablé con distintos curanderos «tradicionales» que tenían una relación extremadamente crítica con el GUM y cuyas prácticas rechazaban estrictamente. Me explicaron que los miembros del gremio no solo los perseguían como caníbales, aunque fuesen inocentes, sino que también falsificaban pruebas. De hecho, el gremio logró inculpar a algunos curanderos y meterlos en la cárcel. Pero estos insistían en que su trabajo consistía solo en curar y no en matar. Señalaban los muchos muertos que yacían en el depósito de cadáveres y que si hubiese caníbales, habrían encontrado allí suficiente para comer. No negaban la realidad de los caníbales, únicamente le daban la vuelta al argumento y se lo devolvían al gremio. No ellos, sino los miembros del gremio eran caníbales. ¿Por qué, preguntaban, desaparecía tanta gente justo en Navidad? Como todos sabían, justo en Navidad, la fiesta cristiana más importante, los caníbales estaban especialmente hambrientos.

20

El debate acerca de la «realidad» y sobre todo la designación de brujas y caníbales concretos que llevé a cabo con Jacinta, Teddy y otros fue solo uno de mis problemas en Toro. Me vi también ante la dificultad, que ellos y otros católicos no compartían, de hacer que reviviese un estereotipo colonial con mi investigación sobre brujas y caníbales, y volver a caer en un discurso colonial más o menos tenebroso. En Fort Portal no se había impuesto una posición crítica oficial acerca del colonialismo. La ciudad llevaba inalterablemente el nombre de Sir Gerald Portal, que había trabajado por el establecimiento del protectorado británico en Uganda. Aunque él mismo nunca puso un pie en la ciudad que lleva su nombre, alrededor del año 2000 se le erigió allí un monumento. Una calle principal llevaba también el nombre de Captain Lugard, el director de la Imperial British East Africa Company, que había fundado (por segunda vez) Fort Portal y el reino.

La etnología se considera en general como una ciencia que alberga una predilección por las diferencias. Sin embargo, yo opté por intentar una etnografía del canibalismo que pregunta no tanto por las diferencias como por los rasgos comunes: ¿qué compartimos «nosotros» y «ellos», qué tenemos en común? Este enfoque me parecía tanto más importante puesto que, como se ha mencionado, «nosotros» y «ellos» no somos ya desde hace tiempo entidades claramente separadas; incluso allí donde «nosotros» y «ellos» se definen en una oposición radical entre sí, «nosotros» y «ellos» se encuentran entrelazados y, de un modo (in-)voluntario, nos referimos mutuamente los unos a los otros.

Averigüé que la figura del caníbal no era solo un fantasma occidental para «cambiar» a los africanos, sino que también los africanos la habían empleado como figura de alteridad para excluir a los europeos y a otros extranjeros. Ya en el siglo XIX las relaciones de etnografía, alteridad, brujería y canibalismo entre africanos y europeos eran complejas, interdependientes, inestables y dinámicas. Todos los implicados empleaban la figura del caníbal también estratégicamente. Para impedir que los europeos y los árabes siguiesen penetrando en África central, los africanos instigaron rumores sobre espantosos caníbales que apreciaban especialmente la carne de los europeos. Por su parte, comerciantes y traficantes de esclavos portugueses, ingleses o franceses difundieron asimismo brutales historias de que los otros eran caníbales, para perjudicar a la competencia en el comercio (también con esclavos). Los relatos fantásticos, atroces y violentos que colonizadores y colonizados se contaban mutuamente provocaban efectos muy reales.

Como han mostrado Michael Taussig[28] y Allen F. Roberts,[29] la mímesis desempeñó un papel central en los encuentros e interacciones entre europeos, árabes y africanos en la segunda mitad del siglo XIX y posteriormente. Las imágenes que mutuamente se creaban unos de otros llevaban a curiosos reflejos y dependencias. En especial, el interés realmente obsesivo de los europeos por la figura del caníbal generó respuestas miméticas, caníbales africanos que caricaturizaban a caníbales, mostraban los dientes, se chupaban los dedos, mordían en el brazo y gritaban «carne, carne» cuando descubrían a un europeo. Algunos viajeros y misioneros europeos reaccionaron a su vez a la amenaza de presuntos caníbales interpretando por su parte al caníbal para extender el miedo y el terror. El investigador

28 Michael Taussig, *Shamanism, Colonialism and the Wild Man. A Study of Terror and Healing*, Chicago, University of Chicago Press, 1987.

29 Allen F. Roberts, «Sinister Creatures, Mimetic Competition: Cannibalism in the Later Years of the Belgian Congo», conferencia no publicada, Uppsala, 1993.

alemán Georg Schweinfurth, por ejemplo, recogió las cabezas decapitadas de africanos después de un combate y las hirvió en una gran olla para venderles los cráneos limpios a museos de historia natural en Alemania. El estereotipo occidental de caníbal africano que cocina a hombres blancos, sobre todo misioneros, en una olla, aparece aquí como la práctica invertida del científico occidental, que refleja sus propias acciones en las imágenes del otro.

Decidí por tanto escribir una historia del caníbal con sus implicaciones, interconexiones y reflejos transculturales (pos-) coloniales, sin excluir aquí a mi persona.

21

Para descolonizar un poco la imagen del caníbal, se ofrecía como figura central de mediación la eucaristía. Pues en la eucaristía lo canibalístico está a buen recaudo. Aunque es trascendido y elevado, sigue siendo un resto salvaje y no domado. Al fin y al cabo, el hijo de Dios es consumido crudo, no cocinado.

La eucaristía es una forma positiva de canibalismo, una comunión con un muerto y con ello una forma de canibalismo amoroso que se puede encontrar en Toro en la ya mencionada Kijura, en el Congo y en muchas otras regiones, como por ejemplo en Sudamérica.[30] En el Toro precolonial el cadáver del rey[31] era momificado y secado lentamente sobre un pequeño

30 En la maravillosa película *Señores naturales*, del artista recientemente fallecido Lothar Baumgarten, se puede ver una comunión semejante.

31 De hecho, el rey precolonial era —como Cristo— también víctima (algo que James Frazer reconoció muy bien). Puesto que respondía con su cuerpo del bienestar del reino, cuando se volvía anciano, débil e impotente lo mataban para dar paso a un sucesor más joven y fuerte.

fuego. Su sucesor ingería los fluidos segregados mezclados con otros elementos en el ritual de la entronización, que era llamado «comida del rey». De este modo, la sustancia corporal y el poder del predecesor eran transferidos y fijados en el cuerpo del nuevo rey. Tenía lugar una comunión en la que el antiguo y el nuevo rey se convertían físicamente en uno. Así, la transmisión del poder real se efectuaba sobre todo en forma de ingestión del predecesor y no tanto como asunción de un cargo.

En el Occidente cristiano, la eucaristía ha adoptado la forma de teofagia, el comer al Dios cristiano. Originariamente, la eucaristía es una construcción sumamente contradictoria y paradójica. Es sacrificio y proclama al mismo tiempo el fin del sacrificio. En el pan y el vino el Redentor está literalmente presente, pero las palabras y acciones del sacerdote son necesarias para producir la presencia. A pesar de la presencia real del hijo de Dios en la hostia que se da a comer a los fieles, el acto caníbal es negado. Es la transustanciación, una acción mágica, la que garantiza la presencia real de la carne y la sangre, pero al mismo tiempo la declara un acto incruento y simbólico.

De hecho, la misa proporcionó durante mucho tiempo el sustrato religioso de la antropofagia. Lo que los primeros viajeros europeos en América o África vieron en el canibalismo de los caníbales era también, como mostró Frank Lestringant, la imagen más o menos deformada de la eucaristía.[32] Hasta el siglo XVIII, fue la misa católica la que hizo al caníbal como otro al mismo tiempo inaceptable y, con todo, comprensible.

Desde el principio, en Europa la acusación de canibalismo formó parte de la historia de la interpretación de la eucaristía.

32 Frank Lestringant, *Cannibals. The Discovery and Representation of the Cannibal from Columbus to Jules Verne*, Berkeley, University of California Press, 1997.

Ya los primeros cristianos fueron acusados de antropofagia, y la misma Iglesia culpó por su parte de canibalismo a los herejes. Durante la Reforma, los protestantes hicieron suya la acusación de canibalismo y la dirigieron contra los católicos, que, al contrario que los calvinistas, insistían en la presencia real del Hijo en la hostia en el momento de la transustanciación. Desde la perspectiva de los protestantes, los católicos eran «primitivos» que se aferraban al acto caníbal en lugar de sublimarlo.

En el siglo XIX, en la época del imperialismo y el colonialismo, lo propio desapareció en gran medida en lo otro. Incluso (o precisamente) los misioneros católicos ya no reconocieron en el presunto canibalismo de los africanos la propia misa. Así, el caníbal se convirtió en la personificación del «salvaje» y radicalmente otro, pero regresó a Europa—al igual que el fetiche— como una figura de crítica a la propia cultura. En la teoría cultural de Sigmund Freud —y ya antes en los textos de etnólogos ingleses como William Robertson Smith o James Frazer, al que Freud se remite— es un acto caníbal el que establece el inicio de la cultura. En *Tótem y tabú*, los hijos matan al padre y se lo comen. Para Freud, comer al padre es un acto negativo, agresivo, a través del cual los hijos se convierten en culpables e internalizan la ley del padre. En Toro, por el contrario, la ingestión ritual del padre era una acción positiva, una comunión que unía al rey muerto con el vivo.

En la eucaristía se encuentran los aspectos más positivos y más sagrados de la comida y la alimentación, como también los más aberrantes y tabú, y son estas transgresiones las que aparentemente le confieren tanto poder.

22

Mi intento de introducir la eucaristía como figura de mediación en nuestro debate no les gustó nada a mis amigos católicos. Tenían sus propias ideas de la misa. Como descubrí en el archivo de los misioneros combonianos en el Vaticano, cuando estos visitaron Toro hacia finales del siglo XIX, «racionalizaron» la eucaristía convirtiéndola en una comida de la memoria, y habían excluido en gran medida el escandaloso momento canibalístico. La comida ritual de la carne de Jesús era un *skandalon*. Por el contrario, la hostia alcazaba el estatus de un remedio purificador, que conectaba moral con poder. A espaldas de los misioneros, los católicos la transformaron sin embargo en una medicina que proporcionaba protección contra brujas y caníbales. Como me explicó Rubongoya, la misa se convirtió en una ordalía en la que participaba solo quien fuese «puro» y no estuviese envuelto en alguna práctica de brujería. Si un pariente o vecino tomaba la hostia, era considerado inocente; si, en cambio, se ausentaba de la comunión, se volvía sospechoso. En este contexto se puede entender que, después de confesar y curarse, los miembros del gremio les ofreciesen la eucaristía a los caníbales identificados. Esto confirmaba y garantizaba una vez más su recobrada «pureza».

Mis amigos católicos no podían compartir mi interés canibalístico en la misa. Por el contrario, un día Kasaija me preguntó si en Europa no había también caníbales. Respondí que durante las guerras y en épocas de hambre y escasez se había llegado probablemente al canibalismo, pero que, por lo que sabía, los caníbales nunca habían aparecido de forma masiva. El Dr. Bimji intervino y preguntó si no vivían caníbales en la Selva Negra, él había oído hablar de eso. Yo contesté negativamente y recuerdo que sus miradas se cruzaron y me contemplaron escépticos.

En diciembre de 2002 —estaba de nuevo en Alemania— el «caníbal de Rotemburgo» apareció en escena en los medios de comunicación internacionales. Si bien es cierto que no era de la Selva Negra, sino de Hesse, ahí estaba él, el muy real caníbal alemán, y con él correteaban en internet otros 800 caníbales. Un agente de policía que buscaba pornografía infantil en internet se tropezó por casualidad con el chocante anuncio de un hombre que buscaba a alguien que se dejase sacrificar y comer por él. Cuando la policía registró la casa del hombre en Rotemburgo, encontró partes de un cuerpo humano, envueltas en bolsas de plástico azules, en la nevera y enterradas en el jardín, además de un vídeo que mostraba el asesinato y canibalización de su víctima. El caníbal de Rotemburgo, un informático de 41 años de edad, confesó haber matado a un hombre de 42 años de Berlín a petición de este y haberlo comido en parte delante de la cámara. Ambos hombres habían convenido una especie de comunión, una comida compartida, que los hubiese unido como la eucaristía. Pero la comunión planeada no salió bien, porque la víctima perdió el conocimiento demasiado pronto y ya no pudo interpretar su papel. Aunque en Alemania y en Uganda no hay una ley que prohíba el canibalismo —el acto canibalístico es aparentemente tan inaudito e improbable que ni se escribió una ley en contra—, el caníbal de Rotemburgo fue condenado (en el segundo proceso) a cadena perpetua por asesinato.

En abril de 2004 recibí una carta de Fort Portal. Kasaija me enviaba un recorte de periódico de una revista ugandesa que tenía por tema el caníbal de Rotemburgo. Consistía en un *collage* que mostraba fotos de los más famosos caníbales de todo el mundo. Junto a la foto del caníbal alemán de Rotemburgo sonriente, mostrando sus dientes, estaba montada la de su víctima, que tenía una cara mucho más seria. Había también retratos de dos famosos caníbales de Fiyi, uno junto a un misionero que luego se comió; así como de dos caníbales de Uganda, una bruja caníbal de Buganda y un «Night-dancer» desnudo que comete sus excesos en Toro y supuestamente come cadáveres. Kasaija escribía educadamente que me enviaba ese recorte con las fotos y la información correspondiente con la esperanza de que me ayudasen a escribir mi libro. Era evidente que Kasaija tomaba muy en serio su parte en la producción de una etnografía. Cooperaba y me corregía. Pues el caníbal de Rotemburgo confirmaba lo que yo había negado, pero lo que Kasaija, el Dr. Bimji y muchos otros en Uganda sabían desde hacía tiempo: era la expansión global del canibalismo. No a través de una construcción abstracta y paradójica como la misa, sino de una referencia a un caníbal muy real en Alemania, Kasaija me hacía saber que él y el Dr. Bimji tenían razón, que no solo en Toro, sino también en Alemania había caníbales (reales). Con ello también él intentaba —al igual que yo, solo que de otra manera— salvar el abismo entre nuestras posiciones antagónicas.

Debo mencionar además que en el caso del caníbal de Rotemburgo también el tema de la brujería apareció en los medios de comunicación. La madre del caníbal, así lo escribieron reporteros de la prensa sensacionalista, habría sido una bruja que habría empujado a su hijo al canibalismo.

23

Una mañana en octubre de 2005 encontré delante de la entrada de mi casa en Toro algo curioso: con piedras y las flores rojas de una planta de nombre amaranga, alguien había levantado una pequeña montaña, un obstáculo evidente, en medio del camino. De dos curanderos «tradicionales» había aprendido que los pétalos de esa flor se usaban para fines de brujería. Quienquiera que hubiese puesto los pétalos, podía dar así por sentado que yo reconocería ciertamente esa pequeña montaña como una agresión. Al parecer, alguien intentaba embrujarme. Él o ella no había mandado espíritus invisibles, sino que me había suministrado una prueba muy material del ataque. Sin pensar, le di un par de patadas a la pequeña montaña y la destruí. Respondía así con una iconoclasia que, como me di cuenta más tarde, claramente reconocía el poder de esas piedrecitas y pétalos rojos. Con ello no consideraba que aquel montículo fuese capaz de dañarme. (¿Pero por qué lo había entonces destruido?). La suposición de que alguien tenía una intención hostil hacia mí era más bien lo que me afectó y me asustó. De este modo trasladé el acto mágico que me debía causar daño a un plano psicológico. La psicologización le quitaba el poder al montón de piedras y me permitía recuperar el poder de acción.

Rápidamente me vino la idea de que el posible malhechor pudo haber sido un curandero tradicional con el que había reñido. Como los miembros del GUM que cazan brujas, enseguida hice sospechoso a un curandero tradicional de querer hacerme daño. ¿Qué tan culpable o inocente era yo? Un pequeño (?) ataque simbólico (?) bastaba para sacarme de quicio y llenar el espacio vacío, algo que no conocía, con una persona. Me daba cuenta de que había entrado en la lógica de la brujería y estaba presa como en una trampa. Solo me quedaba la posibilidad de reconocer y tomar en serio la relatividad, circularidad y poca fiabilidad de mis nociones y conceptos.[33] Las distinciones con las que yo pensaba y trabajaba no cumplían aparentemente su tarea en la textura de los sucesos y relatos.

Tenía miedo de que, al igual que otros europeos, durante mi estancia en Toro fuese tomada por una caníbal por algunos

33 Peter Geschiere, *Witchcraft, Intimacy and Trust*, *op. cit.*, p. 110.

católicos. Ya en las montañas Tugen había sido confrontada conmigo misma como caníbal, pero allí más bien como una broma, como el coco de los niños. En Fort Portal era otra atribución más bien amenazante. En Toro, tampoco era yo la primera etnóloga sospechosa de ser una caníbal. Como me contó Teddy, a finales de los años ochenta trabajó en Toro un colega norteamericano, igualmente a través de la Iglesia católica.[34] Yo lo había conocido en Kampala, cuando todavía estaba trabajando en el norte de Uganda sobre el movimiento del Holy Spirit de Alice Lakwena. Teddy contó que al concluir su investigación, y como gesto de agradecimiento, organizó una gran fiesta en el pueblo de su asistente de investigación. La fiesta fue todo un éxito; hubo comida y bebida en abundancia, y todos quedaron satisfechos. Dos años más tarde, cuando el colega investigador había regresado hacía ya tiempo a los Estados Unidos, desaparecieron dos niños del pueblo y nunca más se los volvió a ver. A continuación, los habitantes del pueblo acusaron al asistente de investigación de haber robado a los niños y habérselos entregado al etnólogo para que los comiese. Lo tomaron por cómplice y ayudante del americano, que, como caníbal, tenía que ser abastecido de carne.[35]

34 Ron Kassimir, *The Social Power of Religious Organization: The Catholic Church in Uganda 1955-1991*, PhD-Thesis, Department of Political Science, University of Chicago, 1996.

35 El etnólogo holandés Peter Pels cuenta que al principio de su investigación en el este de Tanzania fue tomado por un vampiro que había inducido a su asistente de investigación a matar a personas. Cuando un hombre fue asesinado, la sospecha recayó en el asistente de investigación. Después de que se hubiese encontrado al verdadero asesino, que había puesto la sospecha en circulación, Pels y su asistente de investigación prosiguieron con éxito el trabajo etnográfico, primero como «amusing nuisance; later a good friend». Peter Pels, «Mumiani: The White Vampire. A Neo-Diffusionist Analysis of Rumour», *Ethnofoor* V, 1/ 2 (1992), pp. 165-187, aquí p. 165.

Tuve al parecer mucha suerte de que en la época de mi investigación en Toro no enfermase gravemente, desapareciese o muriese nadie de nuestro círculo cercano de conocidos. Puesto que no se llegó a una acusación directa, me movía en una indefinida zona intermedia de sospecha.

Teddy me contó también que no solo los europeos eran sospechosos de ser caníbales, sino también los africanos que colaboraban con ellos (como en el caso del colega americano). Yo le había pedido que concertase una cita con una católica devota, pero esta no nos quiso ver y le mandó decir a su marido que no estaba en casa. Teddy contó que había sido sumamente descortés con ella y la insultó por ser mi «agente», que me presentaba a otras personas para enriquecerse. Puesto que Jacinta y ella cooperaban conmigo y ganaban dinero, la rabia, el miedo y la envidia se dirigía contra ambas, dijo. Mi sombra como caníbal caía, pues, también sobre mis colaboradoras.

No había pensado que la colaboración conmigo pudiese ponerlas en peligro. Al contrario, estaba contenta de poderles pagar decentemente. Pero el dinero había adquirido, justamente entre los cristianos radicales, una connotación amoral. Circulaban historias de dinero satánico, que inducía a sus dueños a hacer todo para cumplir sus sueños, incluso matar.

Ya el etnólogo inglés Evans-Pritchard contaba en su famoso libro de 1937 *Brujería, magia y oráculos entre los azande* que, cuando él se mostraba especialmente amable y generoso hacia alguien, esta persona tenía miedo de suscitar envidia y ser embrujada. Hasta el día de hoy no sé si la envidia surgía porque la riqueza o bienestar de una persona ocurre siempre a costa de otros. ¿Porque solo podía ser una riqueza inmerecida, dinero que viene de fuera, de una extraña? ¿O porque se violaba la ley de la reciprocidad? Mi trabajo, el intercambio de sus palabras y sus conocimientos por dinero, era al parecer, a los ojos de muchas personas, un intercambio desigual. Como ya en las montañas Tugen, había también aquí la sospecha de que con la venta de sus conocimientos yo obtenía riquezas insospechadas, mientras que ellos se iban con las manos vacías.

En una mirada retrospectiva, mi trabajo entre los católicos de Toro me parece como el más complicado y difícil de todas mis investigaciones. En el transcurso de mi estancia, la imagen que tenía de mí misma y la que ellos tenían de mí no se aproximaron. Al contrario, el abismo se acrecentó. Los nombres que me daban se volvieron cada vez más negativos y acabaron en la sospecha de ser lo que ellos más combatían: una caníbal. Mientras que como mono yo todavía tenía mi sitio en la cosmología de las montañas Tugen, aunque como un ser marginal, pero que podía ser domesticado, entre los católicos me encontraba, como caníbal, en una marginalidad mucho más lejana y amenazante. En cuanto al acercamiento a los sujetos de mi investigación y la creación de un proyecto común, en Toro fracasé.

24

No envié al Vaticano el libro sobre el trabajo en Toro, titulado *Resurrecting Cannibals: the Catholic Church, Witch-Hunts and the Production of Pagans in Western Uganda*, que apareció en 2011. Pero un amable colega que vive en Roma y utiliza la biblioteca del Vaticano me informó hace poco de que estaba allí disponible.

Tras haber publicado varios artículos sobre la Iglesia católica y sus cazas de brujas en Toro, me visitó un sacerdote católico de Uganda que dirigía una diócesis en Baden-Wurtemberg. Había leído con atención los textos que se habían publicado ya antes del libro. Conversamos durante largo tiempo. Quizás él dio cuenta al Vaticano de mi trabajo. Pues tras la publicación del libro, el fanático sacerdote de Texas que había encabezado las cazas de brujas en Toro fue enviado de vuelta a los Estados Unidos. Se sustituyó al obispo carismático, que había identificado a brujas y caníbales mientras predicaba, por uno moderado. Y si bien es cierto que los miembros del GUM siguieron realizando cazas de brujas, ya no señalaron a brujas o caníbales. Purificaban el lugar sin mencionar un nombre, borraban las huellas que habían seguido antes, y establecieron un compromiso aceptable también para mí: les dieron a brujas y caníbales una realidad que ahora quedaba, sin embargo, reducida a una fuerza difusa y ya no se personalizaba. Encontraron un camino de confirmar la existencia del mal, tratarlo y curarlo, sin indicar un nombre.

En 2005, cuando terminé mi investigación en Toro, el gobierno y distintas ONG comenzaron a hacer accesibles medicamentos antirretrovirales. Si bien es cierto que el sida no podía curarse con esto, la esperanza de vida podía alargarse considerablemente. En Toro se tomó también detallada nota del comportamiento de la industria farmacéutica occidental, que se negó a vender a África medicamentos a bajo precio, y del papel fundamental de Sudáfrica en la lucha por los genéricos; demostraban que la vida de los africanos en el mercado mundial valía menos que la de los europeos. Solo después de que los nuevos medicamentos diesen pruebas de ser efectivos y los enfermos que estaban «delgados» recuperasen las fuerzas, el medicamento fue aceptado. La tasa de mortalidad disminuyó, y los miembros del GUM tuvieron que reconocer que también el número de brujas y caníbales disminuía. No obstante, ellos lo atribuyeron sobre todo a sus exitosas cazas de brujas y caníbales.

Desde 2005 no he vuelto a estar en Toro. Pero mis amigos allí confirman que el horror de las catastróficas circunstancias aquí descritas, especialmente la propagación epidémica de sida, brujas y caníbales, ha decaído en gran medida.

IV. Fotografía compartida

Prácticas fotográficas en la costa oriental de África (1993-2011)

... no es el ser humano el que sale en su fotografía, sino la suma de lo que se ha podido sustraer de él. La fotografía lo aniquila reproduciéndolo, y si coincidiera con ella, él no estaría presente.

Siegfried Kracauer[1]

1 Siegfried Kracauer, «La fotografía», en *Estética sin territorio*, ed. y trad. de Vicente Jarque, Murcia, Consejería de Educación y Cultura, Fundación Cajamurcia y Colegio Oficial de Aparejadores y Arquitectos Técnicos de Murcia, 2006, p. 289.

I

A principios de los años ochenta, de camino a las montañas Tugen, descubrí en Nakuru, la capital del Nakuru County, un estudio fotográfico de nombre «Berlin Studio». Entré en el oscuro espacio de venta y miré los numerosos retratos, carteles publicitarios, recortes de prensa, letreros enmarcados con frases piadosas, así como impresiones en color de Jesús y de la Virgen en la pared de enfrente. En una esquina había también chicas *pin up* rubias de cartón en tamaño natural, con ceñidos trajes de baño y zapatos de tacón rojos, que promocionaban a Kodak y Agfa. Como supe más tarde, a los clientes les gustaba fotografiarse con ellas (como si fuesen sus otros occidentales). En el mostrador, delante de una enorme caja, se encontraba Mr. Kamau, el amable propietario. Lo saludé educadamente y le expliqué que era de Berlín y que solo quería saber por qué el estudio llevaba ese nombre. Me contó sonriente que había pasado algunos años en Berlín Oriental para estudiar fotografía, y puesto que había disfrutado mucho de esa época y tenía de ella el mejor recuerdo, le dio al estudio el nombre «Berlin Studio». El nombre representaba un tiempo feliz. De un cajón sacó fotos en color que lo mostraban en Berlín Oriental, con un grupo de compañeras en el cuarto de estar, bebiendo cerveza, todos de muy buen humor. Era, como se puso de relieve más tarde, un comunista convencido. El hecho de que yo fuese de la misma ciudad, aunque de la mitad equivocada (capitalista), nos unió. Cuando, después de que nos conociéramos mejor, le conté del movimiento del 68 en Berlín, esto reforzó nuestra amistad. Lo visitaba regularmente, le llevaba de Berlín Occidental materiales que necesitaba, y él me regalaba fotos de estudio, las primeras de mi futura colección.

A partir de 1890 aproximadamente surgieron en Kenia los primeros estudios fotográficos como parte de una modernidad africana híbrida. Los primeros fueron fundados en la costa por fotógrafos indios de Goa. En la India se había establecido la fotografía como retrato —pero también como fotografía etnográfica en el marco de la política estatal, además de como complemento al arte cortesano— casi al mismo tiempo que en Europa. Desde hacía siglos, mercaderes indios comerciaban en la costa oriental africana. Para construir el ferrocarril, hacia finales del siglo XIX habían sido trasladados de forma creciente a Kenia por los británicos. Formaban una especie de clase media y llevaron consigo sus propias tradiciones fotográficas, que sobre todo en la costa oriental africana ejercen hasta el día de hoy su influencia sobre el estilo y las convenciones fotográficas. En sus estudios y algo más tarde en los estudios instalados por europeos trabajaban también africanos y aprendieron rápido los conocimientos prácticos. Fotógrafos que se trasladaban con frecuencia llevaron el nuevo medio de la costa al interior del país. En Kenia, en la época poscolonial en casi todas las ciudades había al menos uno o incluso varios estudios.

Contra la mirada colonial y antropológica, en los estudios de fotografía se retrataron primero a miembros de la élite, y a partir de 1950 también a miembros de las otras clases, tal y como querían que los viesen. Los estudios se convirtieron en máquinas de deseos, que trataban de mostrar no tanto al individuo idiosincrásico como la imagen ideal de la persona social. Con ayuda de técnicas de montaje, retoques y decorados pintados de un mundo moderno mejor y más rico, los fotógrafos creaban un espacio ilusorio que, sin embargo, reclamaba también verdad al mismo tiempo a través de la promesa de realidad del medio fotográfico. Los estudios eran lugares que reciclaban modernos mundos de imágenes y hacían posible participar en imágenes en un mundo globalizado y en su correspondiente *lifestyle*. Los retratos fotográficos registraban menos un pasado «Así fue» *à la* Roland Barthes; apuntaban más bien a un futuro como promesa que (quizás) se cumpliese.

Como en Europa, la fotografía generó en muchas partes de África una iconomanía, una adicción a las imágenes, sobre todo a las imágenes de uno mismo, a los retratos. Aunque en la África precolonial había ya una larga y compleja tradición del arte del retrato, la fotografía abrió un nuevo campo. Las fotos no solo permitían guardar y objetivizar el propio yo (y el de los otros) en numerosas variaciones, sino que generaban también una nueva «tecnología del yo» (Foucault) que hacía posible experimentarse como sujeto estético de un modo antes desconocido y con ello subjetivizarse. Contemplarse repetidamente en la imagen y adaptarse a ella: esto hacía surgir un *feedback*, una cadena interminable de imitaciones de la imitación. Los retratos fotográficos fomentaron el descubrimiento y cultivo del yo como una multiplicidad, y crearon así una nueva forma de verificación del yo. Modificaron también la economía del recordar y la construcción de (auto-)biografías.

Tras este primer encuentro con Mr. Kamau empecé a prestar atención a los estudios fotográficos donde quiera que me encontrase; y cuando podía los visitaba y conversaba con fotógrafos y clientes. Pero solo a principios de los años noventa, cuando mi trabajo en el norte de Uganda había terminado, comencé a trabajar de un modo sistemático sobre prácticas fotográficas y su historia en África Oriental, sobre todo en la región costera.[2]

2 En la Universidad de Colonia —allí ocupaba desde 1994 una cátedra

Del trabajo con imágenes que no había tomado yo, sino fotógrafos profesionales de Kenia, esperaba poder contraponer algo, al menos parcialmente, a la crítica de la representación de los otros en la escritura. Pues los retratos fotográficos eran ineludiblemente un medio de autorrepresentación de los etnografiados, sobre el que yo podía hablar con ellos, fotógrafos, clientes y observadores. Las fotos ofrecían, en palabras de Clifford Geertz, no solo una perspectiva sobre formas locales de representación, sino que proporcionaban también la primera interpretación, mientras que yo interpretaba solo su interpretación.[3] Aunque seguí siendo en última instancia autora, los retratos reproducidos, que debían acompañar mi texto posterior, realizaban una especie de correctivo a mis interpretaciones (de segundo orden). Las imágenes poseían el potencial de dejar una y otra vez a mi texto en la estacada. Apostaba por su inestabilidad semántica y su poder para configurar un recurso inagotable que les sugiriese siempre nuevas interpretaciones a los observadores tanto locales como occidentales.

Había otra razón para mi especial interés en el medio fotográfico analógico. Al igual que los nombres que se me dieron, también la fotografía produce dobles, que tienen una cualidad distinta a la de una efímera imagen reflejada. El acto fotográfico transforma a un sujeto en un objeto. Es, como ha formulado

---

en el Instituto de Africanística— logré, primero en el marco de un proyecto de investigación de la DFG (Fundación Alemana de Investigación) sobre la cultura popular en África Oriental, convertir en tema de una etnografía las prácticas y discursos fotográficos, y posteriormente continuar este trabajo en el centro de investigación «Medios y comunicación cultural».

3 Clifford Geertz, «"Juego profundo": notas sobre la riña de gallos en Bali», en *La interpretación de las culturas*, trad. de Alberto L. Bixio, Barcelona, Gedisa, 1988.

Roland Barthes, «el advenimiento de yo mismo como otro».[4] El acto fotográfico repite así, en cierto modo, metafóricamente, lo que había experimentado durante mi trabajo de campo en las montañas Tugen y en Uganda: convertirse en objeto de los otros, estar en sus manos y multiplicarse en curiosos dobles, en los que a veces solo me reconocía con dificultad. A ello hay que añadirle también que el proceso de revelado se corresponde con el modelo clásico de los ritos de paso, como me explicó en Mombasa un fotógrafo que le había dado a su estudio fotográfico ambulante el nombre de «Photo Doctor». Se veía como médico y curandero de la imagen fotográfica. Sin haber leído a Van Gennep, tomaba el negativo fotográfico literalmente como *negativo*, como débil, enfermo y vulnerable, que él tenía que tratar para que se curase y se convirtiese en un positivo, decía sonriendo. El negativo, un doble transparente cuya información es reconocible, pero que está invertido en los valores negro-blanco, se le aparecía como liminal, como el lado vulnerable de una imagen, que albergaba la posibilidad tanto de dañar como de curar a la persona retratada.[5] No solo el acto fotográfico, sino también el proceso químico de revelado suministraban imágenes para pasos rituales, que en cierto modo traducían a otro medio mi propia liminalidad durante el trabajo de campo.

4 Roland Barthes, *La cámara lúcida. Nota sobre la fotografía*, trad. de Joaquim Sala-Sanahuja, Barcelona, Paidós, 2004, p. 40.

5 También F. W. Murnau empleó, por ejemplo, negativos en su película *Nosferatu*, cuando el protagonista atraviesa el puente de camino al castillo de Drácula; con ello remite al paso a un mundo al revés lleno de peligros mortales.

2

La etnografía y la fotografía tienen una larga historia común. Ya en la segunda mitad del siglo XIX la fotografía estaba incluida en una variedad de prácticas y discursos que integraban el nuevo medio en distintos ámbitos de la ciencia, el arte y la cultura popular. Mientras que la nueva técnica establecía por una parte una alianza con el Estado y la ciencia para producir documentos y pruebas, esto es, servía para objetivizar y encontrar la verdad, por otra parte fue utilizada en ferias, así como en determinados círculos científicos para producir ilusiones, milagros y «materializaciones» de lo invisible, como por ejemplo en la fotografía de espíritus. La fotografía contribuyó así de un modo fundamental a la aparición de una «cultura del realismo» moderna y positivista, mientras que al mismo tiempo reforzaba el otro lado, la magia, la ilusión y la fantasía.

Ambos aspectos se cruzaron de diversas maneras cuando la fotografía se integró en las nacientes prácticas del trabajo etnográfico de campo. Como han mostrado Christopher Pinney[6] y Elizabeth Edwards,[7] la aparición de la etnología como disciplina científica, la colonización de África y la difusión del medio fotográfico pueden contarse como historias paralelas e interrelacionadas.

6 Christopher Pinney, «The Parallel Histories of Anthropology and Photography», en Elizabeth Edwards (ed.), *Anthropology and Photography*, New Haven y Londres, Yale University Press y Royal Anthropological Institute, 1992, pp. 74-94.

7 Elizabeth Edwards (ed.), *Anthropology and Photography*, *op. cit.;* Elizabeth Edwards y Janice Hart (eds.), *Photographs, Objects, Histories. On the Materiality of Images*, Londres y Nueva York, Routledge, 2004.

En África, los viajeros, investigadores, misioneros y funcionarios emplearon la fotografía de un modo extensivo durante la época colonial para clasificar, tipificar, imaginar y dominar a sus habitantes en la imagen fotográfica —como a los locos y criminales en Europa—. Puesto que desconfiaban del interrogatorio oral, porque consideraban a las mujeres y a los hombres del lugar notables mentirosos (o porque no entendían la lengua), optaron por la observación y, sobre todo, por el ojo técnico de la cámara. Pues la cámara como medio de inscripción automática prometía compensar la deficiencia del ojo humano, creaba distancia y parecía poseer la capacidad de crear para la ciencia imágenes «verdaderas» de objetos, personas y paisajes.

A esto había que añadirle que la fotografía, a causa de su propia contingencia, proporcionaba un sinfín de detalles que a veces solo el observador descubría y que también hoy (por ejemplo, en las fotos históricas) siguen constituyendo el material de base para el saber etnológico (e histórico). En las prácticas etnológicas se desarrolló una historia de la fotografía más bien incierta y a veces también angustiosa; constaba de una serie de intrusiones interculturales, diferentes interacciones en parte violentas y experimentos que trataban de averiguar los potenciales de producción de evidencia del medio.

Tras una fase de ingenuo entusiasmo por la tecnología de los primeros etnólogos, siguió —con la creación de la etnología clásica moderna por Bronisław Malinowski— una época de rechazo de los medios técnicos «en el campo». Se originó una curiosa paradoja: aunque también Malinowski fotografiaba, era solo la (arcaica) libreta la que le servía al etnógrafo moderno como medio de registro. Así, la etnología se estableció ya en el campo como ciencia que se basaba en la escritura y el texto. Aparentemente, el trabajo de campo aparecía como huida del mundo moderno a otro arcaico, en el que los medios técnicos no tenían realmente cabida.[8]

A la luz del método clásico de la «observación participante», el etnógrafo *à la* Malinowski participaba, por un lado, en la vida ajena, pero, por otro lado, desarrollaba un ojo etnográfico que, de acuerdo con un modelo científico, observaba a los que debían ser etnografiados distanciadamente como en un laboratorio. De hecho, el etnógrafo se convertía ahora él mismo en una especie de cámara que registraba lo que sucedía ante él. La fotografía como objeto de reflexión desapareció del proyecto etnográfico en el instante en el que el etnógrafo comenzó a simular el proceso fotográfico y se concibió como un aparato de registro más o menos neutral.[9]

A pesar de eso, se realizaron numerosas fotografías. Le sirvieron a Malinowski, por ejemplo, como instrumento visual de control mientras escribía sus textos. Y en las monografías las imágenes tuvieron la función de ilustrar el texto y proporcionar la prueba, como advirtió Clifford Geertz, de que el etnólogo realmente estuvo también sobre el terreno.

Mientras que la primera fotografía antropológica representaba con frecuencia a sus sujetos desnudos ante un fondo neutral o una estructura reticulada con fines de investigación y medición, arrancándolos violentamente de su entorno y humillándolos, etnólogos como Malinowski intentaron mostrarlos en su entorno vital. Él y sus sucesores practicaron la fotografía instantánea, que se consideraba más auténtica que las imágenes en las que los representados posaban. Contra la fotografía del

8 A esto hay que añadirle que etnólogos modernos como Malinowski o Radcliffe-Brown trataron temas como los sistemas de parentesco u organizaciones sociales que no necesariamente se ofrecían a ser fotografiados.

9 Anna Grimshaw, *The Ethnographer's Eye: Ways of Seeing in Anthropology*, Cambridge y Nueva York, Cambridge University Press, 2001.

Estado colonial, contra la primera fotografía de antropólogos físicos y contra la fotografía de estudio «arreglada» y artificial, ahora los etnografiados debían ser fotografiados en toda su «naturalidad», como si la cámara no estuviese presente. Esto llevaba a veces a los mayores absurdos: el etnólogo y fotógrafo Hugo Adolf Bernatzik, por ejemplo, lanzó petardos entre los vecinos de una aldea para que no posasen «en fila», sino que se comportasen «de un modo natural» ante la cámara.

Surgió un nuevo tipo de objetividad científica que en cierto modo tomaba como modelo a la cámara; la presencia mediadora del etnógrafo debería hacerse desaparecer y en su lugar la cámara como instrumento que se registra a sí mismo debería sustituir al observador fatigado y que se inmiscuye.[10] La presencia del etnógrafo y del fotógrafo era concebida como un estorbo que «manchaba» o distorsionaba la pureza de la cultura representada y ponía así en peligro la supuesta objetividad de la investigación. Para que esta no se traicionase, a los fotógrafos se les instaba a no mirar a la cámara. Para asegurar la verdad de la fotografía, el etnógrafo intentaba que no se viese cómo él observaba a otras personas (a través de la cámara). Gregory Bateson, por ejemplo, trabajó en Bali con una cámara que disparaba detrás de las esquinas. Así, mientras el etnógrafo y el fotógrafo intentaban ser invisibles, aquello que veían era hecho completamente visible en el texto y la imagen —es decir, los sujetos de su investigación— .

Como muy tarde en los años ochenta, cuando la autoridad etnográfica de los etnólogos clásicos había sido sometida a una crítica radical, también los medios que se habían utilizado

10 Lorraine Daston y Peter Galison, «The Image of Objectivity», *Representations* 40, Special Issue: Seeing Science (1992), pp. 81-128, aquí: pp. 82ss.

para investigar y representar las culturas ajenas —entre ellos también obviamente la escritura— fueron cuestionados en relación con su medialidad específica. Ya antes se había establecido la antropología visual y en su marco se había elaborado críticamente la conexión entre vigilancia, control, dominio colonial y fotografía antropológica. Sobre todo realizadores etnográficos como Jean Rouch o David MacDougall lograron integrar el medio cinematográfico de un modo nuevo en la investigación y emplearlo para experimentos en el ámbito del *feedback* intercultural. Rouch y MacDougall intentaron no desaparecer; al contrario, empleaban conscientemente la cámara para provocar sucesos que sin su presencia no habrían tenido lugar.

3

Es escandaloso que los etnólogos occidentales e historiadores del arte no se enterasen hasta comienzos de los años noventa de que los africanos no solo habían sido fotografiados, sino que ya desde 1860 habían trabajado en estudios fotográficos en el oeste, este y sur de África, y habían creado sus propias prácticas híbridas y tradiciones estéticas.[11] No fue hasta mayo de 1991 que Susan Vogel mostró en la exposición *Africa Explores*, en el New York Center for African Arts, algunas fotos de

11 Janheinz Jahn había ya señalado en 1960 algunas peculiaridades del arte africano del retrato, véase Janheinz Jahn, *Durch afrikanische Türen. Erlebnisse und Begegnungen in Westafrika*, Düsseldorf y Colonia, Eugen Diderichs, 1960; y Stephen Sprague escribió un famoso artículo sobre la fotografía de estudio en Nigeria, véase Stephen Sprague, «How I see the Yoruba see themselves», *African Arts* 12/1 (1978), pp. 9-28.

estudio de Seydou Këita.[12] A continuación siguió en 1996 la exposición *In/sight: African Photographers, 1940 to the Present* en el Museo Guggenheim, comisariada por Okwui Enwezor, así como la publicación de la obra de Seydou Këita y Malick Sidibé por André Magnin. En 1998 Tobias Wendl, Kerstin Pinther, Henrike Grohs y yo organizamos la exposición *Snap me One! Studiofotografen in Afrika* [Fotógrafos de estudio en África], en Múnich y Ámsterdam. Partes de esta se mostraron en Berlín, Londres, París, Bamako y en 2010 en Tokio. Siguieron otras exposiciones y publicaciones sobre fotógrafos en África. Alrededor del año 2000 se celebró en Sotheby's la primera subasta de arte, en la que se subastaron con éxito fotos de Seydou Këita y Malick Sidibé. Este acontecimiento señaló la entrada de las fotografías africanas de estudio en el mercado occidental de arte. Más o menos al mismo tiempo los marchantes —sobre todo de Italia y Francia— comenzaron a comprar los archivos de fotos de distintos fotógrafos de toda África.

¿Cómo pudo suceder que durante tanto tiempo no se prestase atención en Occidente a los fotógrafos africanos y sus imágenes? De hecho, la gente de África constituía sobre todo el objeto de la fotografía occidental. Como «salvajes» y «primitivos», proporcionaban la matriz para una África que, como escribió V. Y. Mudimbe, estaba caracterizada sobre todo por la desviación.[13] Solo el reconocimiento de que también en África había una modernidad hizo posible la mirada sobre el tratamiento local de los medios técnicos.

No es ninguna casualidad que el «descubrimiento» de fotógrafos africanos fuese acompañado del desarrollo de una nueva

12 Pero sin mencionar el nombre de Seydou Këita.

13 V. Y. Mudimbe, *The Idea of Africa*, Bloomington (IN), Indiana University Press, 1994.

disciplina, la antropología de los medios de comunicación. Como muy tarde desde los años ochenta, los etnólogos debieron constatar de forma creciente que ya no eran los únicos en encontrarse en posesión de medios técnicos como la cámara, el magnetófono o (más tarde) el ordenador, sino que entretanto también los etnografiados utilizaban los mismos aparatos para fines propios. En todos los lugares del mundo se fotografía, se filma y se emite; múltiples versiones mediáticas tienen lugar. Esta omnipresencia de medios y prácticas mediáticas coloca tanto a los sujetos de nuestra investigación como a nosotros mismos ante la tarea de vivir en espacios, tiempos y relaciones creados mediáticamente. Presencia, ausencia, cercanía situacional y distancia eran organizadas sociotécnicamente, pero eran constituidas y reflejadas de distinta manera a la luz de las diferentes historias de los medios y prácticas culturales.

Para nosotros —la primera generación de tecnólogos de los medios— se trataba sobre todo de establecer un concepto de medios lo más abierto posible, que integre no solo los medios de comunicación de masas, sino también el cuerpo humano como medio, para poder contar historias transculturales de medios que incluyan, por ejemplo, a los médiums.

El desarrollo de la antropología de los medios trajo consigo una (otra) ofensa de la acción occidental. La rígida separación entre ser humano y cosa acometida en el siglo XVII fue cuestionada. Integrados en una red de cosas y aparatos técnicos, mujeres y hombres —también los científicos— aparecían ahora como los que sufrían más bien la acción de los medios técnicos y estaban a merced de ellos. Los medios técnicos determinaban lo que debía ser considerado como «realidad»; conformaban de un modo esencial los sentidos y la subjetividad. Y aunque justamente los medios técnicos eran celebrados como extensiones e intensificación de las capacidades humanas, y por consiguiente podían alegar que seguían garantizando el progreso de Occidente, resultaron ser medios y mediadores sumamente ambivalentes, que seguían sus propios caminos, a veces difícilmente controlables. De nuevo los etnólogos tenían que resignarse; debían reconocer que con frecuencia no eran más que un eslabón, una etapa en una larga cadena de transmisiones mediáticas.

4

En el marco de la nueva antropología de los medios se desarrolló también una antropología internacional de prácticas fotográficas que incluía no solo a África, sino también a Asia y a Sudamérica. De hecho, intentamos descentralizar la historia de la fotografía, tal y como Occidente la había contado hasta el momento. Buscamos otras historias transculturales de medios, que no se referían tanto a la pintura, como en Occidente, sino más bien a tejidos, espíritus o esculturas; nos interesamos por prácticas locales, por interacciones transculturales, por la manera en que esa capacidad para actuar que poseen los individuos no es igual para todos y por la relación del medio fotográfico con la materialidad, los sentidos y los distintos conceptos de verdad. De este modo queríamos averiguar más sobre la relación entre inscripción mecánica, deseo y poder. Constatamos que la fotografía analógica como dispositivo, como acto y como objeto no es una empresa inocente o neutral. En el dispositivo técnico está inscrito por una parte un régimen visual occidental, a saber, la perspectiva central, a través de la que se produce una posición de sujeto específica y la imagen es matematizada y espacializada. Si, sin embargo, el acontecimiento aparentemente único de la «invención» de la fotografía se fractura, como proponen algunos historiadores de la ciencia, en muchas pequeñas habilidades, surge otra imagen.[14] La fotografía se muestra entonces como un medio verdaderamente global, no solo porque desde el principio ha atravesado fronteras nacionales y culturales, sino porque también el artefacto técnico se originó a causa del intercambio y préstamo entre distintas culturas. Así la *camera obscura*, un *immutable mobile* (Bruno Latour) y pieza clave de la posterior cámara fotográfica, era ya conocida en la antigua China. A través del sabio árabe Alhazen la «cámara oscura» llegó a Europa, donde fue utilizada para producir imágenes en perspectiva primero en la pintura y más tarde en la cámara de fotos. En el contexto de reforzamiento de la globalización, la cámara regresó también a sus distintos lugares de origen. Con ello consolidó, como ha mostrado Hans Belting, el predominio de la perspectiva central.[15] Pero justamente los fotógrafos populares en el África Oriental (y en cualquier otra parte) encontraron una y otra vez maneras y medios de cuestionar este predominio, quitarle a la imagen la profundidad espacial y transformarla en una superficie. También lograron romper una y otra vez la hegemonía de lo visual, a la que la fotografía contribuyó de un modo esencial. No solo le dieron a las fotos mudas una voz, sino también un olor, celebraron sus colores y su tactilidad, y algunas veces les devolvieron la vida a los retratados petrificados en la foto.

14 Bruno Latour, «Visualisation and Cognition: Drawing Things Together», *Knowledge and Society* 6 (1986), pp. 1-40.

15 Hans Belting, *Florenz und Bagdad. Eine westöstliche Geschichte des Blicks*, Múnich, C. H. Beck, 2008, pp. 12, 104 ss.

5

Decidí convertir la costa keniana en el lugar de mi investigación. La había visitado ya en 1975, antes de comenzar a trabajar en las montañas Tugen, con mi marido y mi hijo. Como ingenuos turistas, disfrutamos de tal manera los «pleasures of sun, sand and sea», la playa con palmeras, el mar y, en las ciudades, los escenarios propios de *Las mil y una noches*, que con posterioridad regresamos allí una y otra vez para descansar.

Desde hace siglos la costa oriental de África ha estado integrada en una red cosmopolita de relaciones comerciales que comprende el océano Índico e integra Arabia, Persia, China, así como la India. Al mismo tiempo, la costa era también punto de transbordo para el comercio con el interior africano. A causa de esta situación privilegiada, en las ciudades de la costa se desarrolló ya pronto una modernidad cosmopolita.

Ya en los años treinta, por tanto todavía durante la época colonial, sobre todo Mombasa, Malindi y Lamu se convirtieron en un paraíso vacacional para colonos blancos, en su mayoría granjeros del altiplano. Al igual que allí desplazaban brutalmente a la población africana residente y se adueñaban de su país, ocupaban ahora la playa, el mar y algunos edificios en el barrio antiguo. Cuando en los años sesenta nuevas tecnologías de transporte en forma de aviones de fuselaje ancho llevaron el turismo de masas también a Kenia y nuevos medios de comunicación intensificaron la movilidad de personas, mercancías, imágenes e informaciones, el exclusivo turismo de colonos fue sustituido por el turismo de masas occidental, con gigantescos complejos hoteleros y centros turísticos. El turismo floreciente atrajo también a numerosos trabajadores inmigrantes del oeste de Kenia y de la provincia central que trabajaban en la costa en los hoteles, ejercían de guías turísticos, u ofrecían servicios sexuales como *sugar mummies*, *beach boys* o *sugar boys* (era aún la época anterior al sida) o producían y vendían *souvenirs*. Participaban de numerosas maneras en el negocio turístico y contribuían no poco a (re-)producir los exotismos y estereotipos deseados por los europeos. Así, había por ejemplo grupos de masáis «salvajes», que a menudo ni siquiera sabían hablar el idioma de los masáis, pero que se hacían pasar por valerosos guerreros masáis, armados con una lanza, y representaban en los hoteles danzas «tradicionales», al servicio del cliché.

Al mismo tiempo, el negocio turístico determinaba también la imagen que la población local se hacía de los europeos. Veían en ellos huéspedes ricos y ociosos, que a menudo se comportaban de un modo sumamente inmoral, se paseaban más o menos desnudos, practicaban mucho deporte (totalmente inútil), vivían con lujos y celebraban permanentemente fiestas.

En su famosa novela *Un recodo en el río*, V. S. Naipaul describe cómo los sellos que elaboraba la administración británica le abren los ojos al protagonista a la belleza de determinados lugares de Mombasa que veía todos los días, pero nunca había percibido como hermosos. Naipaul escribe: «Era como si a través de esos sellos un extranjero nos dijera: "Esto es lo más impresionante de este lugar"».[16] Solo la apropiación de la mirada ajena sobre lo cotidiano propio realza el lugar como especial y hace que se convierta en un objeto estético. De manera similar, así me contó más tarde un fotógrafo, los residentes afincados en la ciudad desde antiguo reconocieron solo a través de la mirada ajena de los turistas la belleza del mar, de la playa y de las palmeras de Mombasa. Si en la época precolonial el mar y la playa se evitaban como lugares más bien peligrosos, en la época poscolonial, según el modelo del turismo occidental

16 V. S. Naipaul, *Un recodo en el río*, Barcelona, Mondadori, 2009, p. 25.

hegemónico, fueron transformados en espacios de libertad, ocio, descanso y juego, y estetizados. También los turistas kenianos del interior del país descubrieron la belleza de las playas y del mar, y los recuperaron por lo menos en parte. Allí se establecieron también, en mayor o menor medida, fotógrafos ambulantes para ofrecer sus servicios a los turistas.

Durante mis numerosas estancias en la costa, sucesos como la Guerra de Golfo, el bombardeo de la embajada americana en Nairobi (y simultáneamente también en Daressalam) en agosto de 1998 y más tarde el 11 de septiembre de 2001 alteraron profundamente la situación local y regional. Puesto que la costa había sido islamizada desde el siglo VIII y, durante el período colonial portugués y más tarde británico, también habían fracasado en gran medida los intentos de los misioneros cristianos de convertir a los musulmanes al cristianismo, con las dos guerras del Golfo se endureció la oposición entre cristianos en el interior del país y musulmanes en la costa. Ya antes, en los años ochenta, organizaciones humanitarias musulmanas, con fondos sobre todo de Arabia Saudí, habían construido nuevas escuelas, mezquitas y hospitales, y habían predicado un islam centrado en el texto y más bien purista, que rechazaba muchas de las tradiciones autóctonas como no islámicas. Contra Occidente y el gobierno central orientado más bien hacia el cristianismo, los musulmanes reformistas, que rechazaban la idea de la religión como algo privado, intentaron hacer política y ocupar el espacio público. Se sometían a un régimen disciplinario, adoptaban el saber y los medios técnicos (occidentales) y exigían al mismo tiempo la imposición de «verdaderas» tradiciones musulmanas, como la separación de los sexos y llevar el velo en público.

Durante las guerras del Golfo, la mayoría de los musulmanes se pusieron del lado de Irak, mientras que la mayoría de los trabajadores inmigrantes cristianos simpatizaban con los Estados Unidos. La costa keniana, lejos de Estados Unidos, Irak e Irán, fue arrastrada no obstante a la guerra. Tras el bombardeo de la embajada americana y tras el 11 de septiembre de 2001, sobre todo los musulmanes del barrio antiguo de Mombasa debieron experimentar lo que significaba ser el objetivo de las medidas de seguridad americanas y kenianas y de brutales operaciones de búsqueda de terroristas. Los musulmanes se convirtieron en sospechosos de terrorismo, fueron estigmatizados como nunca antes y sometidos en gran parte a una total vigilancia. El conflicto global se inscribió de un modo violento en la política nacional, regional y local de Kenia.

6

Si Malinowski aún sostenía que el etnólogo tenía que vivir «solo entre salvajes» y debía tener el menor contacto posible con otros europeos (coloniales), su diario publicado póstumamente[17] muestra las consecuencias de esta pose heroica. Sufría de soledad y se consolaba con novelas lascivas; deseaba a jóvenes «desnudas», pero no podía admitir este deseo y caía en insultos racistas bastante desagradables. El diario, que apareció en 1967, formaba parte de las lecturas obligatorias en el Instituto Berlinés. La consecuencia que sacamos de esto fue que era mejor no jugar al héroe solitario.

Además yo estaba feliz de poder llevarme a mi hijo a las montañas Tugen y ser visitada por mi marido y amigas. Era importante mostrarles a los habitantes de Bartabwa que no me habían expulsado de casa, sino que tenía familia, parientes y

17 Bronisław Malinowski, *A Diary in the Strict Sense of the Term*, Nueva York, Harcourt y Brace & World, 1967.

amigos. Únicamente llevé a cabo yo sola el trabajo de campo en zonas de guerra en Uganda. No quería poner a nadie en peligro. Al trabajo etnográfico en la costa oriental de Kenia, por el contrario, me acompañó por vez primera una joven colega y amiga. Henrike Grohs había terminado a finales de los años noventa la carrera de etnología y estaba indecisa sobre si debía hacer el doctorado o dar el salto a la práctica no académica. Cuando le propuse acompañarme a Kenia, aceptó enseguida, porque esto le daba la posibilidad de ganar tiempo y someter su afición por la investigación etnográfica a un examen adicional. Henrike Grohs, como mostraré, me apoyó en el trabajo etnográfico de un modo inestimable. Con su carácter amable, inteligente y atento, sabía como casi nadie ganarse las simpatías de las más diversas personas; donde llegaba era querida y las puertas se abrían. Después de nuestro trabajo común, sin embargo, decidió dejar la ciencia y prefirió trabajar en el sector cultural. No quería pasar una parte de su vida escribiendo y leyendo sola en un escritorio.[18]

Mientras que antes yo había trabajado sobre todo en un lugar fijo —en Bartabwa, Gulu o Fort Portal—, ahora investigábamos «multi-localmente» en las ciudades de Mombasa, Malindi y Lamu (y más tarde también en la inglesa Birmingham)[19]

18 Tras realizar distintas actividades trabajó en la Haus der Kulturen der Welt [Casa de las culturas del mundo] en Berlín y más tarde en el Instituto Goethe de Johannesburgo, Sudáfrica. Después ascendió a directora del Instituto Goethe de Abiyán, en Costa de Marfil, África Occidental. Organizó con éxito exposiciones de arte y convirtió el Instituto Goethe en un importante punto de encuentro social, no solo de la élite. El 13 de marzo de 2016 fue víctima de un atentado en Grand-Bassam, un lugar al este de Abiyán, junto con otros catorce civiles.

19 El fundador del estudio Parekh de Mombasa, Narayandas V. Parekh, vendió en 1983 su estudio y se mudó a Birmingham, en Inglaterra, junto a uno de sus hijos. El nuevo propietario nos permitió estudiar el extenso

junto con distintos fotógrafos y sus clientes sobre producción, circulación y consumo de imágenes fotográficas. Buscábamos nuevas posibilidades de investigación fotográfica «compartida» y experimentamos con muchos métodos distintos. Además de mi ya mencionada actividad de recopilación, practicábamos una observación participativa, participábamos en sesiones fotográficas en estudios y en fiestas, sobre todo bodas. Manteníamos conversaciones más o menos estructuradas con fotógrafos y sus clientes, visitábamos archivos oficiales (nacionales) y privados, y discutíamos fotos y álbumes de fotos escogidos con distintas personas. Con ello constatamos que las fotos —como la magdalena de Proust— despiertan recuerdos y pueden producir relatos sorprendentes.

Esta investigación antropológica de los medios exigía no solo una reflexión crítica de los límites de los métodos convencionales, así como experimentos con los nuevos métodos etnográficos, sino que invitaba también a integrar el mismo medio técnico que había que estudiar en el proceso de investigación y emplearlo como instrumento de producción de conocimiento. Y, de nuevo, el proceso de investigación —como en el caso de las otras investigaciones— fue determinado en gran medida por actores locales y no transcurrió en absoluto de acuerdo con el plan ni sin conflictos.

Comenzamos visitando, sobre todo en Mombasa, distintos estudios fotográficos. La mayoría pertenecían a indios, la segunda o tercera generación que vivían en Kenia. El contacto con los fotógrafos y propietarios de estudios transcurría siempre del mismo modo. Entrábamos en el estudio como clientes

---

archivo fotográfico que Parekh había dejado. Entusiasmadas por sus fotos nos pusimos en contacto con Parekh y lo visitamos en Birmingham. Acudió a la inauguración de la exposición de «Snap me One!» en Múnich y pronunció el discurso de presentación.

y nos fotografiábamos, es decir, nos poníamos en manos del fotógrafo y nos sometíamos a un régimen visual ajeno. El acto de ser fotografiado era el comienzo universalmente aceptado de una relación social (y comercial). En el transcurso de la larga investigación en la costa los fotógrafos me pedían una y otra vez que me fotografiase (algunas veces en compañía de ellos). Insistían en este acto de toma de posesión fotográfica.

Por eso, este capítulo estuvo a punto de convertirse en una fotonovela etnográfica. Habría mostrado una serie de fotos con Henrike y conmigo en distintos estudios y situaciones. Pero las fotos no eran realmente —al contrario que los nombres que se me dieron en anteriores investigaciones— contraimágenes ajenas. Mientras que los nombres abrían espacios ajenos y ficticios, y contenían un considerable potencial para la inquietud, las fotos se asociaban más bien a la decepción que a menudo lleva aparejada la visibilidad. A los lectores de ese libro, que no conocían las circunstancias de aparición de las imágenes, les habrían parecido sobre todo turísticas y, en correspondencia con esto, superficiales y banales. Habría tenido que dotar a las fotos de textos pormenorizados para transmitir algo de las condiciones de la fotografía, la atmósfera del intercambio y las interacciones a veces serias, pero a menudo también graciosas, entre los participantes. Pero me decidí por la supresión de las fotos, por la escritura y con ello por el poder.[20]

Casi siempre nos retrataron frontalmente respecto a la cámara, la mirada dirigida directamente al objetivo. Esto se ajusta a las reglas de la educación, explicó un fotógrafo. Uno se acercaría a otra persona (o a la cámara) siempre de frente y

20 En el libro *Contesting Visibility: Photographic Practices on the East African Coast*, que escribí como resultado de la investigación, están incluidas dos fotos que nos muestran a Henrike y a mí y fueron tomadas por Maina Hatchison.

no de lado (de perfil). La luz se colocaba de tal modo que la persona retratada no proyectaba ninguna sombra. En la foto acabada en blanco y negro aparecíamos a veces como fantasmas, sobreexpuestas, con caras en las que solo podían verse los ojos y la silueta. Algunos de los fotógrafos indios propusieron colorear las fotos acabadas. El fotógrafo Salyani explicó que los colores nos devolvían la vitalidad que se había perdido en las fotos en blanco y negro, nos devolvían la vida.

Mientras que, por un lado, había normas y reglas claras, por el otro el estudio servía como una especie de laboratorio para experimentos visuales. Allí los fotógrafos y sus clientes jugaban con nuevos roles sociales, identidades e imágenes ajenas de masculinidad y feminidad. En el estudio se transformaban en el *gentleman*, la *lady*, la ama de casa, la romántica pareja de enamorados, hacían referencias a fotogramas de películas, imitando, por ejemplo, a Humphrey Bogart o a los héroes de las películas del Oeste y de kung-fu. Pero desde los años ochenta, así lo comprobamos, Occidente quedó progresivamente relegado a un segundo plano como proveedor de modelos, y el cine de Bollywood indio, las telenovelas egipcias y la moda de Dubái asumieron esa tarea. En el contexto de la crisis del petróleo y la nueva riqueza de los Estados árabes, Occidente perdió progresivamente su hegemonía.

Y también nosotras intentamos imitar en los estudios lo que habíamos aprendido del repertorio local de poses y disfraces. El estudio se convertía en un escenario en el que nosotras, junto con el fotógrafo, jugábamos con las convenciones (a veces en absoluto) ajenas y nos transformábamos en medio de grandes carcajadas: en una mujer con sombrerito, en una vip con micrófono, de pie en un aeródromo, delante de un tapiz con caballos saltando, sentadas ante un paisaje alpino o nuestras cabezas montadas en un mapa de África.

En las fotos así creadas me reconozco a mí y a Henrike sin dificultades. La toma fotográfica como acercamiento mimético rara vez conducía a un extrañamiento; apenas creaba fantasmas, como los nombres que se me dieron. El medio técnico de la fotografía proporcionaba inscripciones que permitían que también disfrazadas y en entornos extraños nos reconociésemos.

7

Si la historia transcultural de la costa ha transcurrido de un modo tan interconectado, la historia de los investigadores etnográficos y sus interlocutores locales fue también compleja. Al contrario que en las montañas Tugen, en la costa oriental africana seguíamos los pasos de un número considerable de etnólogos, lingüistas, historiadores y arqueólogos occidentales que habían estado allí antes que nosotras. Cuando comenzamos a trabajar allí a principios de los años noventa, nos encontrábamos continuamente a colegas. Era casi como en el chiste de los etnólogos sobre la típica familia de indígenas navajos, de la que no solo forma parte el padre, la madre, los hijos y quizás el hermano de la madre, sino también un etnólogo.

Puesto que muchos de los científicos se conocían mutuamente y en parte eran también amigos, se había formado una red internacional de estudiosos nativos y occidentales en la que también nosotras entramos. Así, un etnólogo amigo, el inglés John Middleton, me puso en contacto con el arqueólogo e historiador Athman Omar Lali de Mombasa. Antes de que Middleton investigase en el norte de Uganda, había visitado la costa como soldado en la Segunda Guerra Mundial, y a continuación había comenzado a trabajar allí etnográficamente. Athman Omar Lali trabajó en aquel tiempo como su asistente de investigación, estudió después en Yale (donde Middleton fue profesor hasta el final de su vida) y se formó como arqueólogo. Durante un tiempo fue director del Museo Nacional en Mombasa; en su hermosa casa en el barrio antiguo se encontraban con regularidad estudiantes de Etnología y Lingüística de Yale. Allí vivíamos también Henrike y yo cuando la casa no estaba ocupada por otros etnólogos. Athman Omar Lali nos ayudó generosamente de palabra y obra, y nos convirtió en miembros de su familia.

Middleton me había recomendado también al Sheij Ahmed Nabhany, que era considerado como *el* experto de la «swahili culture». Nabhany estaba muy ocupado, después de que la UNESCO hubiese reconocido el barrio antiguo de Mombasa como Patrimonio Cultural de la Humanidad; a la ciudad llegaba mucho dinero. Varias veces intentamos en vano encontrarnos con él. Cuando por fin nos recibió, me entregó su tarjeta de visita, en la que se describía como «Kwisahili Consultant», responsable de lengua, literatura, historia, poesía y cultura. El encuentro no transcurrió felizmente. Él encontró inadecuado nuestro tema de investigación sobre la «fotografía popular»,[21] aunque, o justamente porque, como averiguamos más tarde, una de sus hijas trabajaba como fotógrafa y productora de vídeo. La fotografía no entraba dentro del sublime canon de su idea de cultura. Además exigía por su ayuda una

21 De hecho, Tobias Wendl y yo intentamos en distintos textos romper los límites entre arte popular y arte «elevado», más que consolidarlos. Después de que la fotografía popular de retrato en África triunfara en el mercado del arte y algunos fotógrafos alcanzaran el estatus de artistas, el tema fue retomado también por artistas de África. Nos alegramos de que los artistas se dejasen influir por «nuestros» artistas, y no a la inversa, y de que nuestros fotógrafos proporcionasen el modelo que los artistas hacían suyo y transformaban.

suma de dinero tan exorbitantemente alta que tuvimos que renunciar a seguir colaborando.

Pero no solo se «recomendaban» los antiguos asistentes de investigación y los expertos culturales, también los taxistas de confianza. Así, a la lingüística americana Ann Biersteker, igualmente de Yale, le agradecí que me pusiese en contacto con Mr. Kazungu, un conductor sumamente amable, inteligente y servicial que la había llevado en Mombasa y alrededores, y que más tarde lo hizo también con nosotras de un modo extraordinariamente fiable. Athman Omar Lali, Sheij Nabhany y Kazungu estaban ya perfectamente familiarizados con las idiosincrasias y manías de los investigadores e investigadoras occidentales; sabían lo que les caía en suerte cuando se involucraban con los (en absoluto tan) extranjeros y cooperaban con ellos. Y, a la inversa, también en nosotras recaía un poco del aura carismática de John Middleton cuando nos podíamos remitir a él y las puertas se abrían de par en par.

Los numerosos textos y monografías que etnólogos, historiadores, arqueólogos y lingüistas habían escrito sobre la costa estaban a disposición en bibliotecas públicas tanto en Mombasa como en Lamu y eran leídas por los habitantes interesados de la costa. Estos lectores eran a veces extraordinariamente críticos. John Middleton me contó que el etnólogo egipcio Abdul Hamid El-Zein, que había investigado en Lamu y publicado en 1974 el libro *The Sacred Meadows*, había sido maldecido por los jerifes de la mezquita local de Reiyadah. No estaban en absoluto de acuerdo con el texto; El-Zein murió catorce días más tarde en Chicago.

A diferencia de Mombasa, una ciudad abierta y cosmopolita, Lamu, en la isla del mismo nombre en el norte (allí había trabajado El-Zein) era considerada más bien conservadora y cerrada. La élite aristocrática intentó desde finales del siglo XIX no solo mantener alejados de su ciudad a los extranjeros, sino también aferrarse a sus «tradiciones». Ambas cosas fracasaron. Lamu se convirtió en el centro de una nueva mezquita de nombre Reiyadah, «prado sagrado»,[22] cuyo fundador Habib Saleh abogaba por la liberación de los esclavos y fundó un famoso colegio de teología islámica, con una celebración anual del Mawlid* que congregaba en Lamu a miles de musulmanes de todo el mundo.

En octubre de 1996 Henrike y yo viajamos a Lamu junto con Muzna Mohammed Said Ali, una bisnieta del fundador de la mezquita Reiyadah. Allí queríamos encontrarnos con Nadjati Ali, una joven de una aristocrática familia que ya había colaborado con la etnóloga francesa Françoise Le Guennec-Coppens, la americana Linda Giles y la finlandesa Minou Fuglesang. Cuando entramos en la casa a la hora acordada, la madre de Nadjati no nos saludó. Tampoco más tarde nos dirigió ni una sola palabra; era como si no estuviésemos presentes. Nadjati, que trabajaba para Kenya Airways, nos explicó que por desgracia no tenía tiempo. Nos citó por la tarde, media hora. Para comprender la descortesía, e incluso enemistad, incomprensible para nosotras, pregunté con cuidado por la tarde. Se puso de manifiesto que el libro de Minou Fuglesang *Veils and Videos. Female Youth Culture on the Kenyan Coast*, publicado en 1994, había provocado un gran revuelo y rechazo. Fuglesang había colaborado sobre todo con la hermana de Nadjati. Escribió, así se nos comunicó, cosas falsas sobre las mujeres de Lamu. Más tarde Muzna nos contó que Fuglesang fue tomada por una espía; según ella, había instalado en sus zapatos un minúsculo micrófono para grabar en secreto las

22 A esto se refería el título de la monografía de El-Zein.

* Fiesta que conmemora el nacimiento del profeta Mahoma *(N. de la T.)*.

conversaciones informales entre las jóvenes. Había abusado de la confianza de las mujeres y las había engañado.

En su libro, Fuglesang había descrito la vida de mujeres jóvenes, sus deseos y sueños individuales, de un modo —desde mi punto de vista— sumamente amable y simpático. Se trataba de sus ideas del amor romántico, el cual se propagaba en vídeos de Bollywood que las jóvenes miraban con entusiasmo en variaciones siempre nuevas con mucho corazón y dolor, cantos y bailes. Frente al matrimonio concertado por los padres, las jóvenes ponían sobre la mesa el matrimonio por amor, cuestionando con ello a las autoridades tradicionales.

Para proteger a las mujeres, Fuglesang había eliminado sus nombres. Al parecer esto no fue suficiente, pues algunas mujeres afirmaban haberse reconocido a sí mismas y a otras en el texto. Este reconocerse era doloroso, vergonzoso y perturbador, porque su exposición desvelaba demasiadas cosas privadas y personales que realmente habrían debido quedar ocultas.

Lo sorprendente era que ninguna de las mujeres con las que hablamos había leído el libro. Lo conocían de oídas, su duro juicio lo habían adoptado de otros, sin revisarlo.

Como feminista cuidadosa, Fuglesang había trabajado con la mejor intención sobre todo con muchachas y mujeres jóvenes, para darles una voz y para incorporar su punto de vista al discurso científico. Este intento había fracasado radicalmente, al menos desde la perspectiva de las mujeres etnografiadas. Todas las mujeres que habían colaborado de alguna manera con ella se negaron a hablar con nosotras; no debíamos tener ninguna oportunidad de escribir mentiras sobre ellas. Guardaron silencio, y en consecuencia tuvimos que hablar principalmente con hombres, que contestaron de buena gana nuestras preguntas.

Mucho tiempo después, en Mombasa, una mujer que procedía originariamente de Lamu opinó que todo había sido quizás una intriga de los hombres, que se vieron excluidos de la investigación de Fuglesang (también de los beneficios financieros que una investigación traía consigo), y con sus maniobras se habían asegurado de volver a estar en el centro del trabajo etnográfico.

La presencia y las investigaciones de otras etnólogas tenían así repercusiones concretas en la nuestra. Permitían o impedían el acceso a determinadas mujeres y hombres como interlocutores. Y encerraban también un enorme problema epistemológico que ya he abordado. No solo los habitantes de la costa eran nuestros otros, sino que en sus discursos asomaban de un modo u otro también los muchos colegas que habían trabajado etnográfica o históricamente en la costa antes que nosotras. Su presencia había dejado tras de sí huellas también en los investigados. Teníamos que preguntarnos si en lo que nuestros interlocutores decían sobre el terreno no nos encontrábamos también o sobre todo a nuestros colegas. No solo la etnóloga y el tema del trabajo etnográfico se modifican en el transcurso de la investigación; también los interlocutores locales se transforman en las interacciones con los etnólogos. Aprenden, asimilan o rechazan; interpretan y transforman lo escuchado y visto, y lo representan de vuelta, poniendo así en marcha una recursividad que la etnóloga tiene que reflejar.

Me enteré de que había ya una larga historia de interacciones entre tradiciones locales que siempre fueron híbridas y tradiciones discursivas más bien globales, un diálogo muy largo entre los etnólogos y sus interlocutores «en el campo», que no se fundaba necesariamente en un consenso respecto al contenido, sino más que nada en que el diálogo continuase.

8

Como constatamos en el transcurso de la investigación, en la costa existía, sobre todo entre los musulmanes, un orden visual que no necesariamente asociaba verdad con visibilidad. Mientras que en Occidente la producción de saber estaba vinculada por lo general a la mirada y a las técnicas de imagen de la visibilización —como la fotografía y el cine—, los habitantes de la costa preferían en determinadas situaciones la opacidad a la transparencia, y les gustaba mostrar que no mostraban algo. De hecho, en la costa oriental de África, especialmente entre musulmanes, hasta el día de hoy sigue siendo determinante un régimen visual que desconfía más bien de las imágenes. En el contexto de un *revival* musulmán (reformado), la denominada prohibición islámica de las imágenes fue también actualizada. Tuvieron lugar intensos debates sobre los modernos medios visuales, y también sobre lo que las películas, los vídeos y las fotos deberían dejar ver y lo que no. Aunque la fotografía como medio global fue integrada tras una resistencia inicial también en la costa oriental de África en numerosos ámbitos de la vida cotidiana y de la cultura festiva, se desarrollaron también espacios iconoclastas en los que la presencia de la cámara era prohibida más o menos explícitamente. En conformidad con esto, nos interesaba cómo los productores y consumidores de fotografías creaban espacios iconoclastas y trataban de controlar la producción y circulación de imágenes. Como objeto no previsible de la investigación se configuró lo que posteriormente designé como «estética de la privación visual»: diversos intentos locales, paradójicamente en el medio visual de la fotografía, de eludir, con recursos sumamente distintos, la visibilidad fotográfica.

Muchos de mis colegas que trabajaron en África o en otros lugares sobre prácticas fotográficas ejercían también como fotógrafos en el campo. Establecían el uso de la cámara como un pequeño ritual científico, pero se ponían también al servicio de los sujetos de su investigación fotografiando a petición rituales y fiestas. Yo, por el contrario, decidí no fotografiar yo misma «en el campo» y, en lugar de esto, preferí sobre todo comprar o hacer que me regalasen fotografías que habían sido elaboradas por fotógrafos locales. En vista de la violenta fotografía colonial y en oposición a los numerosos turistas occidentales que fotografiaban sin reparos y descaradamente a mujeres y hombres en la costa sin pedir permiso, preferí dejar mi cámara en casa.

Mi intento de evitar dificultades no fotografiando abrió, sin embargo, otro campo de batalla. Puesto que yo misma no fotografiaba, dependía de la adquisición de imágenes ya existentes para mi archivo, y con ello conectaba con la problemática historia de las colecciones etnográficas. Esta se encuentra estrechamente entretejida con los antecedentes de la etnología clásica, una historia de expediciones coloniales, de intercambio desigual, de saqueo y de robo.

Puesto que en Mombasa o en Lamu no había ningún verdadero mercado para retratos fotográficos —como aquí en mercadillos o en tiendas específicas— intenté comprar fotos en distintos estudios. Pronto comprobé que mi actividad coleccionista, mi deseo de comprar retratos, no siempre encontraba simpatía, sino que provocaba bastante desconfianza, y por lo visto podía no ser compatible con las convenciones locales. De hecho, así lo averigüé después de algún tiempo, en varios estudios me vendieron fotos que habían sido encargadas, pero no recogidas. En Kenia el cliente da como depósito tras la sesión fotográfica la mitad del precio de la foto y liquida el resto al recogerla. Puesto que mucha gente disfruta ya del acto de fotografiarse en sí, porque marca algo como un acontecimiento y lo revaloriza, ocurre con relativa frecuencia que las imágenes acabadas no se recojan. Los propietarios de estudios y fotógrafos pierden con ello dinero —en un negocio en el que, en cualquier caso, los cálculos son bastante justos— y disponen de todo un arsenal de castigos para clientes morosos. El propietario de un estudio me contó que exponía las fotos no recogidas en su escaparate como represalia. Era (a veces) efectivo, decía, un cliente, por ejemplo, se había enterado de que su foto estaba en el escaparate y había corrido hasta él para recogerla y pagar. Otro fotógrafo aumentó el castigo colocando las fotos de los clientes morosos no solo en el escaparate, sino además al revés, un gesto bastante claro de represalia. Y otro fotógrafo colocaba las fotos, sujetas a un letrero, bajo la lluvia.

Aunque el estudio es un espacio más bien público, las fotos eran consideradas como privadas y su exhibición en el escaparate o fuera, visibles para todos los transeúntes, era una violación flagrante de su privacidad.[23] Evidentemente, a pesar de la comercialización de su producción, los retratos fotográficos no están realmente destinados a seguir vendiéndose. Si bien son mercancías, en su mayor parte, una vez hechos, son retirados de la circulación comercial y en su lugar son integrados en un intercambio de ofrendas entre personas más o menos íntimas.

La venta de las fotos no recogidas a extranjeros como yo formaba así parte del arsenal de castigos para clientes morosos. Se relacionaba además con la posibilidad de recuperar el dinero perdido. Pero, al mismo tiempo, la venta representaba una doble

23 En los años ochenta, cuando la fotografía en color fue introducida en Kenia, grandes máquinas que eran visibles para todo el mundo (a veces situadas en los escaparates) imprimían las fotos. Como cliente, cuando se tenían fotos delicadas que nadie más debía ver se podía pedir que se protegiesen con una cortina las fotos que la máquina expulsaba, ocultándolas así de la mirada de extraños.

violación, una doble quiebra de la confianza, porque la imagen destinada para un consumo más bien privado era vendida ahora como una mercancía, y además a una extranjera.

Las fotos no recogidas constituían así una parte nada desdeñable de mi archivo y con ello el objeto de mi investigación. Aquí se confirmaba la tesis de James Clifford de que los etnografiados se inscriben en la investigación a través de la versión de cultura que ponen a disposición de la etnógrafa, en este caso la selección de las fotos.

9

Ya en los años cuarenta el Estado colonial había aprovechado la nueva técnica de reproducción para identificar, vigilar y controlar de un modo más efectivo a sus súbditos. Si alguien necesitaba un pasaporte, carnet de identidad o permiso de conducir, tenía que conseguir una foto identificativa, un doble de su persona en papel. Con ello podía demostrar quién era. La realización de una foto de carnet era para muchos kenianos del campo su primer encuentro con la cámara (colonial). Seguía las exigencias del Estado y renunciaba por completo a las características sociales de la persona representada. Reducida a la cara, frontal, ante un fondo neutro, el fotógrafo encargado por el gobierno creaba una imagen liberada en gran medida de lo social como sustituta de una persona. Con ello abría un nuevo campo discursivo y creaba una práctica de identificación entre retrato fotográfico y sujeto «en lo real». Mientras que las personas en las fotos se convertían en primer lugar en reconocibles e identificables para el Estado, después lo eran también para sí mismos y para otros. Ya pronto las fotografías de retrato pasaron a formar parte de las prácticas del hechizo de amor. Si los curanderos y hechiceros utilizaban antes pelo, un nombre, fluidos corporales y también una huella del pie para representar a una persona metonímicamente y «tratarla» mágicamente, a partir de los años cincuenta también los retratos fotográficos pasaron a formar parte de las prácticas locales de curar y dañar.

Como ya observó Walter Benjamin, la técnica más exacta puede dar a sus creaciones un valor mágico. Pues las fotografías de retrato, como también mostraron Christian Metz y Roland Barthes, poseen cualidades que las hacen especialmente aptas para servir como «fetiche». La pequeña dimensión y la manejabilidad, que facilita el ejercicio de control sobre la imagen, así como la indexicalidad fundamentan su poder mágico. De hecho, muchas personas en todo el mundo —entre ellas también teóricos de la fotografía occidentales— comparten la convicción de que singulares e inquietantes cualidades mágicas son propias del retrato fotográfico.

Es el negativo el que constituye esencialmente la fotografía (analógica). Es singular y una pieza única; como doble transparente e invertido forma, como ya se ha mencionado, una especie de estadio intermedio liminal. Mientras que los fotógrafos de la diáspora india, que se veían como artistas, guardaban en sus propios archivos los negativos de las fotos de los clientes, la mayoría de los otros fotógrafos —entre ellos también muchos fotógrafos callejeros— renunciaban a ello; por razones de espacio y problemas en la conservación, les daban a sus clientes no solo la copia, sino que les entregaban asimismo el negativo para que se lo llevasen a casa. Como me explicó un fotógrafo, tampoco querían estar bajo sospecha si a un cliente le sucedía alguna desgracia.

Cuando los fotógrafos en Kenia me vendían a mí como extranjera las fotos no recogidas, me entregaban en cierto modo a los allí retratados, especialmente cuando me daban también el negativo. La desconfianza con la que me tropezaba y el malestar que me sobrevenía tenía que ver aparentemente con la comprensión de la relación entre imagen y persona. Negativo y copia pertenecían a los fotografiados.[24]

Mientras los retratos fotográficos fueron considerados, al igual que la sombra, como parte o extensión de la persona fotografiada, la autoría del fotógrafo no se refuerza. El fotógrafo es sobre todo un técnico que presta un servicio apretando un botón, provocando la inscripción automática y creando la foto junto con el cliente. También en Europa los retratos fotográficos pertenecían al principio a los fotografiados. Solo cuando los fotógrafos se definieron como artistas y fueron aceptados como autores pudieron imponer que la imagen les perteneciese a ellos y no a los fotografiados. Pero la relación entre persona e imagen y el derecho al retrato fotográfico siguió siendo controvertido, como muestran una y otra vez los procesos judiciales.

En Kenia, la mayoría de los fotógrafos me vendieron fotos solo cuando nos conocimos mejor, cuando yo (la extranjera) me había convertido en una conocida o amiga. A menudo me vendían solo fotos cuando me habían fotografiado también a mí, cuando, por tanto, estábamos ligados mutuamente por un intercambio de imágenes. Las fotografías atestiguan no solo la presencia o ausencia de una persona («la persona ha estado una vez allí» *à la* Roland Barthes), sino sobre todo la existencia de relaciones sociales entre el fotógrafo, los retratados y el propietario de la fotografía.

24 Los fotógrafos indios en Mombasa, por el contrario, se veían mucho más como autores de las imágenes, y muchos recopilaban los negativos en un archivo propio, también porque de este modo podían vincular a los clientes a su estudio si estos, por ejemplo, reclamaban más copias.

Durante mis distintas investigaciones en África se me pidió una y otra vez dejarme fotografiar junto con amigos e interlocutores. Era como si de este modo se firmase y sellase una especie de contrato social. Mi consentimiento a una fotografía era también un consentimiento a hacer visible la relación social. Una negativa, por el contrario, habría dado lugar a una perturbación y quizás también al fin del vínculo.

10

Ya en 1996 conocimos a Maina Hatchison, un fotógrafo callejero que durante muchos años nos acompañó en la investigación. Tras una fracasada carrera como piloto, Maina había abandonado su tierra, la provincia central, y desde comienzos de los años noventa trabajaba como fotógrafo callejero en Mombasa. Tenía un puesto fijo en el centro turístico del barrio antiguo, cerca del fuerte portugués. Hasta allí iba periódicamente por las tardes; y allí lo conocimos también. Era inteligente y leído, había realizado algunos cursos de fotografía con Kodak y se interesó mucho por nuestro trabajo. Podía acudir a él con cualquier pregunta; si no lograba contestarla inmediatamente no la abandonaba, le daba vueltas y volvía a ella una y otra vez. Nos convertimos en buenos amigos. A continuación solo puedo decir lo mucho que me ayudó y lo mucho que estoy en deuda con él.

En mi última estancia en la costa en el año 2011, Maina Hatchison me contó, después de haber trabajado quince años juntos, que había elaborado una serie completa de fotos sobre nuestra colaboración. Había creado una historia visual de nuestro trabajo etnográfico: fotografió los regalos que le habíamos dado y también la entrega de estos. Si nos encontrábamos con nuevos interlocutores, nos fotografiaba conversando. A lo largo de muchos años, sin que yo me hubiese enterado conscientemente, había elaborado una documentación fotográfica del proceso de investigación y me dio así un ejemplo del modo extremadamente reflexivo y original para tratar con el medio de la fotografía. Había hecho de nuestro trabajo conjunto su propio proyecto.

Maina no nos había fotografiado para criticar el oficio etnográfico o para revelar aspectos ocultos de las etnógrafas. Sus fotos cumplían otra finalidad. Servían sobre todo a la comunicación y llenaban el espacio que había entre nosotros. Había respondido fotografiando y se había transformado así en un meta-etnógrafo. Generó un *feedback* transcultural que invertía nuestra perspectiva y nos convertía en el objeto de sus imágenes. Nos encontramos envueltos en frágiles actos de reciprocidad, de tomar y de dar imágenes; y precisamente de este modo Maina nos permitía comprender las dificultades que resultaban de las convenciones locales y la investigación etnográfica.

De algunas fotografías me dio pruebas, pero conservó una copia de cada una y sobre todo el negativo. Como me explicó, las fotos (y los negativos) le servían también como una especie de fianza. La foto como parte de mi persona, como una extensión de mí, le confería poder y una cierta protección frente a una persona al principio todavía en gran medida extraña. Cuando me encontraba en Alemania él podía remitirse a la relación conmigo por medio de las fotos. Hacían visible la existencia de nuestra amistad y la acreditaban. En el centro de los conflictos interculturales, de los conflictos entre métodos etnográficos y prácticas mediáticas locales, no estaba tanto la interpretación de aquello que las fotos mostraban, sino más bien las interacciones y relaciones sociales entre fotógrafo, persona fotografiada, comprador y observador. En las fotos estaban inscritas las huellas de encuentros y amistades, pero también de traición y ruptura de la relación. La lectura de estas huellas abría un espacio político en el que se reivindicaba aquello que Ariella Azoulay[25] llamaba el «civil contract of photography»: las fotografías en su calidad no tanto de objetos estéticos, sino de instrumento político que vincula en un contrato a todas las personas que toman parte en la producción, circulación y consumo de una fotografía (incluyendo el etnógrafo y todos los observadores). De este modo, las fotografías funcionan también como un tribunal que hace visibles las violaciones del contrato.

II

Cuando al comienzo de nuestra investigación, en el verano de 1993, visitamos Nairobi, Mombasa y Lamu, comprobamos que la época de los estudios fotográficos llegaba a su fin. La revolución técnica de los años ochenta, cuando no solo la fotografía en color, sino también las nuevas máquinas para el revelado y la reproducción llegaron a África, llevó a una crisis persistente. Algunos estudios tuvieron que cerrar o fueron sustituidos por máquinas como «Photo-me». Los estudios que sobrevivieron se especializaron en el revelado y la copia o la realización de fotos de carnet, en la reproducción de fotos antiguas y su coloración o la novedosa producción de vídeos. Las cámaras de fotos (todavía analógicas) eran ya tan sencillas de manejar y baratas que ahora también los miembros de la clase media podían poseer una cámara y sacar fotos. La exigencia, formulada enfáticamente ya en 1936 por Walter Benjamin, de

25 Ariella Azoulay, *The Civil Contract of Photography*, Nueva York, Zone Books, 2008.

que toda persona actual en la época de la reproductibilidad técnica tuviese derecho a ser filmada o fotografiada parecía cumplirse también en Kenia.

En este contexto decidimos ampliar el campo de investigación e incluir en el trabajo a los llamados fotógrafos ambulantes o callejeros. Pues a causa de la crisis de los estudios de fotografía, numerosos hombres jóvenes, así como algunas pocas mujeres jóvenes, intentaban ganar dinero como fotógrafos callejeros ambulantes (sin la mayor inversión necesaria para un estudio). Permanecían generalmente en grupos pequeños en lugares más o menos turísticos, y fotografiaban sobre todo a turistas africanos. Pero también fotografiaban a gente del vecindario, mujeres que querían hacerse una foto con un nuevo peinado, un nuevo vestido o un nuevo amante; o eran invitados a fiestas, bodas o cumpleaños en casa de clientes.

Fotografiaban con cámaras de pequeño formato, casi siempre con *flash*, y para revelar y sacar copias llevaban los carretes a un laboratorio, por lo general de Kodak, con el que colaboraban de un modo vinculante y obtenían los correspondientes beneficios, pero a cambio estaban también obligados a fotografiar con carretes de Kodak. Muchos veían el trabajo como fotógrafos ambulantes como una posibilidad de ganar dinero suficiente para montar más tarde un estudio propio.

En un largo paseo en Mombasa, Henrike Grohs «descubrió» en 1996 un grupo de jóvenes fotógrafos que se llamaban «fotógrafos del *ferry* Likoni». Habían trabajado originariamente como fotógrafos ambulantes, pero a principios de los años noventa ocuparon una parcela en el embarcadero del *ferry* que une el barrio antiguo de Mombasa con el continente, y allí, justo en la orilla, en una colina escarpada y rocosa, montaron estudios ambulantes. Allí trabajaban de un modo más o menos ilegal como okupas, pues el terreno pertenecía a la ciudad. Este estatus ilegal contribuyó, en mi opinión, de un modo fundamental a configurar la particular estética de los estudios. Mientras que a otros fotógrafos callejeros que trabajaban en plazas públicas se les ponían rígidas trabas por parte del Estado para modificar creativamente esos lugares porque, como me explicó un fotógrafo callejero, los lugares tenían que permanecer «naturales», los fotógrafos de Likoni no estaban expuestos a restricciones y sanciones por parte del Estado. Aunque eran amenazados una y otra vez en su existencia y temían la expulsión violenta, eran «libres» en la decoración artística de sus estudios. Dentro del Estado keniano poscolonial podían ocupar un lugar, que paradójicamente se sustraía al poder regulador del Estado.

Comenzaron con poco atrezo, una silla o un sofá, flores de plástico, así como un decorado como fondo, y fueron construyendo poco a poco, puesto que el negocio florecía, sus estudios, que tuvieron que arreglárselas sin electricidad, lámparas adecuadas y agua corriente. Se llamaban por eso también *jua kali*, que en suajili significa «sol ardiente o intenso» y designa a gente que trabaja en el llamado sector informal.

Los fotógrafos de Likoni, sus estudios y fotos constituían una creación local única que se servía de los elementos globales más diversos. En sus estudios disponían decorados pintados, sofás, tapices de Turquía, animales de peluche, letreros, flores de plástico y guirnaldas *Made in China*, para convertirlos en instalaciones que ideaban una y otra vez nuevas imágenes de un hogar moderno y festivo en el extranjero. Como en el pop-art americano creaban series de ensamblajes multicolores, adornos cosmopolitas de una modernidad africana que se distanciaba conscientemente de las propias tradiciones. Su carácter híbrido superaba la imagen de culturas particulares, así como la oposición de hogar y exilio. En sus estudios creaban un mundo globalizado. Allí, mujeres y hombres podían visitar *wildparks* como turistas occidentales, viajar con el avión o el vapor de lujo, peregrinar a la Kaaba en la Meca o hacerse entrevistar como vips con un micrófono. Como nos explicó Sammy Njuguna, del Sammy Big Seven Studio, las fotos que elaboraban en los estudios no solo debían crear una atmósfera festiva, sino que las mismas fotos eran parte de la fiesta. «We crown the celebration with a photo», dijo. En el contexto de pobreza, miseria, dificultades financieras, exilio y discriminación que los fotógrafos sufrían en la costa como trabajadores inmigrantes y extranjeros, los estudios servían como una especie de máquina de los deseos que producía visiones de una vida mejor.

Casi todos los fotógrafos procedían de la provincia central o del oeste de Kenia. Como nosotras, eran extranjeros en Mombasa; y los extranjeros, otros trabajadores inmigrantes y turistas constituían la mayor parte de su clientela. Así como los etnólogos con sus textos y fotos tratan de probar que han estado realmente sobre el terreno, los turistas y trabajadores inmigrantes utilizaban las fotos de los fotógrafos de Likoni como prueba de que habían estado «allí» y las enviaban a casa. La fotografía es hoy y ya lo era entonces un componente integral del turismo local africano, y los fotógrafos de Likoni sacaban provecho de esto y contribuían de un modo nada desdeñable a conformar las convenciones de ese turismo y al mismo tiempo a modificarlas.

En sus estudios reproducían la mirada turística del extranjero sobre determinados lugares, sobre la playa, sobre el Fuerte Jesús del siglo XVI, edificado por los portugueses, y otros sitios que habían alcanzado el estatus de atracciones turísticas. En las imágenes que ideaban en sus estudios nos reflejaban la mirada turística.

Del área de Likoni formaba también parte una estación de taxi y autobús. Para muchas mujeres y hombres, aquí comenzaba o terminaba un viaje. Como para los etnólogos, también para ellos el viaje representaba la entrada en una fase de liminalidad, de inseguridad, de abandono de la vida cotidiana. Muchos de ellos aprovechaban el comienzo o el final del viaje para fotografiarse en uno de los estudios. Se presentaban a la cámara con una maleta u otro equipaje, y retenían así, de un modo casi ritual, el instante de transición que los conducía al extranjero o los hacía regresar. Mucho antes de que los *selfies* se volviesen populares, utilizaban la fotografía para retener y documentar su vida y las transformaciones de esta.

Durante varios años visitamos con regularidad a los fotógrafos de Likoni. Algunos de ellos se convirtieron en nuestros amigos. También aquí adoptamos el papel de clientes que estaban especialmente ávidos de aprender y hacían constantemente todas las preguntas posibles. Fue un gran placer colaborar con ellos, pues estaban orgullosos de su trabajo y les gustaba hablar sobre él. Nuestro interés en su trabajo los alababa y los reafirmaba en sus actividades.

En 1998 mostramos con su permiso algunas fotos de los fotógrafos de Likoni en distintas exposiciones en Múnich, Berlín y Ámsterdam (y mucho más tarde también en Tokio) y las publicamos en el correspondiente catálogo. Las exposiciones tuvieron mucho éxito; el mundo del arte prestó atención y en 2001 el festival de arte Steirischer Herbst invitó a tres fotógrafos de Likoni a Graz.

12

Como ya habían hecho Dan Mudoola y Mike Ocan de Uganda, los tres kenianos visitaron también Europa. Solo pocas semanas después del 11 de septiembre de 2001, los fotógrafos Bonifaz Wandera y Sammy Njuguna, así como el pintor

Chakua Masada de Mombasa viajaron al Steirischer Herbst, en Graz, Austria. La estancia en Graz no era solo su primera visita a Europa, sino también su primer encuentro con la escena artística occidental.

El Steirischer Herbst, fundado en 1968, era considerado como uno de los festivales de arte más vanguardistas de Europa, notoriamente conocido por sus escándalos y sobre todo por los intentos de conectar teatro, pintura, cine, fotografía, danza, música y arquitectura con los nuevos medios y debates teóricos.

Los curadores del festival solicitaron a los tres kenianos que montaran un estudio al «estilo de Likoni» y le ofreciesen al público sus servicios como fotógrafos. De este modo, produjeron un espacio polisémico en el que más que las mismas fotografías se expuso la producción de fotografías, el acto performativo de tomar las imágenes. En ese espacio no se les dio claramente el estatus de obras de arte a las fotos de los fotógrafos de Likoni, aunque eran parte del festival de arte. Por el contrario, podían ser compradas por el público como mercancías «como en un estudio de fotografía africano». A pesar de ser parte de la exposición de arte, fueron al mismo tiempo excluidos y su estatus fue de este modo problematizado.

Puesto que el 11 de septiembre, que había conmocionado profundamente a los tres kenianos,[26] había ocurrido solo hacía unas pocas semanas, decidieron convertir este suceso en el tema de su estudio en Graz. Sammy Njuguna me contó que la idea de representar la destrucción del World Trade Center se le había ocurrido durante el vuelo (!). Cuando Masada

26 Para ellos el 11 de septiembre no fue un suceso excepcional (como lo describió Baudrillard), sino la repetición traumática del bombardeo de la embajada norteamericana en Nairobi de 1998, que había provocado muchos muertos, entre ellos también parientes y conocidos de los fotógrafos de Likoni.

pintó el decorado para el fondo, recurrió a las imágenes que del 11 de septiembre habían sido (re-)producidas sin fin por los medios de comunicación. Pero se distanció del «realismo» fotográfico disponiendo en la imagen una estructura narrativa que mostraba tanto la llegada de los dos aviones como las Torres Gemelas ya ardiendo. Así pues, transformaba la cronología de los acontecimientos en simultaneidad, destruyendo de ese modo la unidad de espacio fotográfico y tiempo.

La imagen pintada servía en el estudio de fondo, decorado y al mismo tiempo como una especie de ventana que permitía una mirada sobre las Torres Gemelas ardiendo y sobre los dos aviones acercándose, mientras que el vestíbulo se transformó en un cuarto de estar con sofá. En su estudio, los fotógrafos ofrecían al público occidental un espacio que posibilitaba experimentar el 11 de septiembre en el cuarto de estar como un espectáculo para el consumo privado.

Para crear una atmósfera festiva al «estilo de Likoni» decoraron fondo y vestíbulo del estudio con flores y hortalizas, sobre todo zanahorias de plástico, adornos para árboles de Navidad y un león de peluche que estaba tumbado debajo del sofá. Sobre la imagen del fondo con las Torres Gemelas ardiendo colgaba un gran letrero con la inscripción «God Bless America», que incluía el diseño de las barras y estrellas adornado con rosas rojas, igualmente de plástico.

Apenas se había acabado de montar el estudio cuando apareció el director del festival. Temía que la instalación se pudiese entender como un gesto antiamericano. Pero los fotógrafos de Likoni le aseguraron que su actitud era por completo correcta políticamente y que su apoyo a los Estados Unidos era absoluto. Sammy Njuguna pudo explicar de forma convincente que el letrero «God Bless America» era el mensaje del estudio, y logró disuadir así al director de las medidas de censura.

Los fotógrafos de Likoni y su estudio se convirtieron en un gran éxito. Los visitantes hacían cola para fotografiarse con distintas poses y arreglos delante de las Torres Gemelas ardiendo. No solo las fotos, también el fondo pintado de Masada fue muy solicitado, de modo que pintó una y otra vez nuevas imágenes del World Trade Center en llamas para satisfacer el deseo de compras, especialmente de un galerista italiano.

Las razones del éxito de los fotógrafos de Likoni son sumamente ambivalentes y exceden sus propias intenciones, sus motivos y los significados que le dieron a la instalación. Muchos visitantes tomaron el estudio por un lugar que transformaba la catástrofe del 11 de septiembre en entretenimiento popular y en una especie de turismo de catástrofes. Con ello participaban no solo en la iconoclasia y el poder traumático que se asociaba a la destrucción del World Trade Center, sino también en los procesos de comercialización y trivialización del 11 de septiembre, que tenían lugar en cualquier lugar de mundo (también en los Estados Unidos). De hecho, el estudio fotográfico permitía a sus visitantes, de un modo lúdico y políticamente (in-)correcto, probar en el espacio protegido del arte distintas posturas hacia el suceso «que cambió el mundo» y fijarlas en la foto. Les permitía relacionarse performativamente como sujetos fotografiados con el acontecimiento y tomar parte, mediante las fotos, en la «guerra de imágenes». De este modo, el estudio planteaba importantes preguntas sobre el tratamiento (artístico) de las catástrofes, su violencia, comercialización y transformación en distintos medios. Artistas y visitantes eran confrontados con sus reacciones a un 11 de septiembre actualizado en el estudio, y tenían que preguntarse en qué medida se habían convertido en cómplices.

En esto a los fotógrafos de Likoni se les escapó el poder de interpretación que creían fijado de un modo inalterable en el letrero «God Bless America». No estoy segura de si se dieron cuenta de esto, pues consideraban Europa como parte de Occidente y con ello a favor de Estados Unidos, sin conocer las fuertes voces críticas con Estados Unidos justamente en el ambiente artístico.

Con la venta de las fotos y las imágenes pintadas lograron ganar tanto dinero, que no solo compraron nuevas máquinas fotográficas digitales, sino también cámaras de vídeo, y así pudieron ampliar y mejorar su negocio en Kenia. Cuando en 2005 volví a visitar Mombasa, Sammy Njuguna, Wandera y Masada me contaron de su viaje a Europa. Como ya me había informado Grohs, los tres disfrutaron mucho de su estancia en el mundo artístico. Masada explicó que sus cuadros habían sido realmente reconocidos y elogiados por primera vez en Graz y comenzó después de ello a reinventarse como artista en Mombasa; pintó cuadros de arena y en 2011 organizó una exitosa exposición de sus trabajos. También Sammy se vio como artista tras la estancia en Graz y, al igual que Masada, comenzó a firmar sus fotos. Pero sus clientes estaban irritados, de modo que lo dejó después de algunos meses. En lugar de eso, sellaba sus fotos con nombre, dirección y número de teléfono. El intento de establecer la autoría en el ámbito de la fotografía popular según un modelo occidental fracasó. Si la autoría, como escribe Michel de Certeau, significa sobre todo olvidar lo que se debe a otros, Sammy y otros fotógrafos de Likoni intentaban expresarse no tanto ellos mismos como autores como expresar su red social y con ello su dependencia de otros.

13

La investigación sobre prácticas fotográficas en la costa oriental africana fue la única, hasta donde yo sé, que no me aportó ningún nombre negativo. No era ni mono ni espía, espíritu satánico o caníbal. Los fotógrafos de Likoni, como también otros fotógrafos de estudio, nos llamaban por nuestros nombres de pila y viceversa, y manteníamos una relación amistosa.

Por los derechos de imagen en las exposiciones en Europa y el catálogo habíamos obtenido un dinero que en 2002 repartimos entre los fotógrafos de Likoni (y también entre otros propietarios de estudios cuyas fotos se pudieron ver en la exposición y el catálogo). Les llevamos también el catálogo de la exposición *ABBILD* del Steirischer Herbst, que contenía también las fotos.

Quedamos para celebrar como era debido la entrega del catálogo con refrescos y galletas. Yo incluso pronuncié un pequeño discurso, aunque de hecho más bien lo evito, y elogié su trabajo, alabé nuestra buena colaboración y les di las gracias. Después les hicimos entrega del catálogo, en el que sus fotos estaban reproducidas junto con imágenes de Louise Bourgeois, Hans-Peter Feldmann, Martin Kippenberger, Gerhard Richter, Cindy Sherman y otros. Tengo que admitir que hasta ese momento solo había hojeado por encima el catálogo; comprobé únicamente qué fotos de los fotógrafos de Likoni se reproducían, dónde y cómo se habían colocado. Conocía los nombres y distintas obras de la mayoría de los artistas presentados en el catálogo, pero al igual que Henrike, no había notado que allí estaba reunido un número considerable de perturbadores retratos que se confrontaban de un modo crítico con la historia del retrato occidental. Sí, yo no había percibido esas imágenes como especialmente escandalosas, sino que las había situado sin dudarlo en el sistema del arte, que se basa fundamentalmente en el *shock* y la provocación.

Tras la entrega solemne, cuando los fotógrafos comenzaron a hojear el catálogo, la atmósfera alegre desapareció. Algunas de las fotos impedían literalmente su traducción en palabras.

El catálogo, nuestro obsequio, resultó estar envenenado. Los fotógrafos se quedaron profundamente conmocionados, sobre todo por las numerosas ilustraciones de hombres desnudos con discapacidades físicas que Artur Żmijewski había fotografiado en poses en las que las extremidades que faltaban —piernas y brazos— eran sustituidas por las de una segunda persona desnuda. Además había escogido también poses que apuntaban de un modo ambiguo a la homosexualidad. También los autorretratos pintados de Xie Nanxing, un artista chino, que mostraba su cuerpo torturado y castrado con rastros de sangre en partes desnudas, perturbó mucho a los fotógrafos. Las imágenes superaban de lejos los límites de lo social y culturalmente aceptado por ellos; eran la ruptura de un tabú, que los ofendía.

La mayoría de los fotógrafos de Likoni eran cristianos radicales que, como también los católicos de Toro, rechazaban estrictamente la homosexualidad. En vista del enorme significado social de la ropa para determinar rango, estatus e identidad, la desnudez (mutilada) de los hombres representados aparecía como un ataque a su persona social y masculinidad. No deja de ser (desesperadamente) irónico que en el siglo XIX los viajeros y misioneros occidentales tomasen la «desnudez» de los africanos por un signo de primitivismo y salvajismo. Durante la época colonial, los misioneros y el Estado colonial emplearon mucha coacción y violencia para «civilizar» a los africanos y enseñarles a acabar con su desnudez, que a menudo no lo era en absoluto, y a envolverse en ropas según el modelo occidental. Una inversión radical tiene lugar cuando hoy en día muchos africanos se ven no solo como los mejores cristianos y le dan un gran valor a vestir y cubrir su cuerpo de un modo apropiado, mientras que los europeos interpretan la desnudez y el llevar poca ropa encima como un signo de libertad y conciben las heridas de los cuerpos masculinos como crítica a un ideal clásico.

14

Como trabajadores inmigrantes, los fotógrafos de Likoni habían tenido que sufrir en la costa, y por tanto en el extranjero, una y otra vez humillación, dolor y violencia por parte de la policía y, en 1997, de milicias que los persiguieron. En sus estudios, creados como máquinas de deseos, querían mostrar sobre todo un mundo distinto y mejor, y trasladar a la imagen el cuerpo de sus clientes intacto, vestido y a ser posible favorecido. Entre los fotógrafos populares en Kenia se aplicaba la regla de retratar obligatoriamente a la persona entera. Si se cortaban o faltaban partes del cuerpo, entonces el fotógrafo había «matado la foto», y los clientes tenía derecho a no aceptarla. Los fotógrafos prestaban también prendas elegantes, relojes, joyas o un teléfono móvil para realzar a los fotografiados y hacer que pareciesen más ricos y más guapos. La exhibición de la desnudez y de horribles heridas en el cuerpo y en la cara en las fotos del catálogo eran el opuesto obsceno de todo lo que los fotógrafos de Likoni (y sus clientes) deseaban y trataban de representar. Me gustaría subrayar que en sus imágenes no solamente reproducían el mundo afirmativamente. Al contrario, también eran críticos: criticaban las condiciones locales en las que tenían que vivir y trabajar haciendo visible un mundo «hermoso e idílico» tal y como lo deseaban, pero del que ellos y sus clientes estaban en gran medida excluidos. En la divergencia entre su anhelo, que encontraba su expresión en las fotos, y la realidad se hallaba su potencial crítico.

Solo la reacción de rechazo de los fotógrafos nos hizo ver a Henrike y a mí el enorme espacio en blanco que no nos había permitido darnos cuenta del modo tan distinto, y hasta radicalmente opuesto, en que el mundo artístico occidental y los fotógrafos populares de la costa entendían sus respectivos artes del retrato. De hecho, habíamos dado gritos de júbilo cuando el director del Steirischer Herbst invitó a los fotógrafos de Likoni. Vi en esto una oportunidad para ellos de conocer tradiciones fotográficas ajenas, intercambiar impresiones con otros fotógrafos y sobre todo también ganar dinero. Estaba segura de que tendrían éxito con sus maravillosos ensamblajes de una modernidad global, lo que también sucedió. En las consecuencias de la confrontación de sus imágenes con los retratos de otros artistas no había pensado.

Henrike y yo intentamos mediar, explicar por qué en sus imágenes los artistas occidentales se enfurecían, herían y se desnudaban tanto, y a quién y qué querían alcanzar con su crítica. Intentamos explicar que el arte en Occidente tiene lugar en un ámbito que se considera relativamente autónomo y que se espera y se recompensa una crítica radical de lo existente. Pero no logramos convencer a los fotógrafos. Algunos asentían educadamente con la cabeza, pero su rechazo se mantuvo.

15

Solo posteriormente, al escribir este capítulo, me resultó evidente que el catálogo en el que las fotos de los fotógrafos de Likoni habían ido a parar como cuerpos extraños ponía de manifiesto algo que mucha gente en la costa y en otras regiones de África sabían ya desde hacía mucho tiempo: los europeos son obscenos y perversos. Como ha mostrado Zoë Strother,[27] ya en el siglo XIX los hombres europeos eran representados por escultores en marfil africanos junto con perros y monos como

27 Zoë Strother, *Humor and Violence. Seeing Europeans in Central African Art*, Bloomington (IN), Indiana University Press, 2016, p. 146.

seres sumamente amorales que tendían a la promiscuidad. Supongo que también el turismo sexual ha reforzado desde los años setenta la imagen de los europeos como obsesionados con el sexo, obscenos y perversos. Y en tiempos de sida e investigaciones sobre el sida, el motivo del europeo perverso experimentó una nueva actualización. Así, en la costa me contaron repetidamente una historia que atribuye el origen del sida al sexo perverso: a cambio de dinero, un europeo obliga a una mujer africana a tener sexo con un perro mientras él mira. De esta unión monstruosa surge la enfermedad mortal. Esta historia, aparentemente un mito errante, me la encontré también en Uganda y en partes del África occidental.

Como ya pasaba en el caso de la figura del mono y del caníbal, también en el caso del europeo perverso se trata de una figura de atribución mutua. No solo los colonizados se ocupan del sexo, las prácticas sexuales y la potencia de los colonizadores que «robaban» a sus mujeres, también los colonizadores desarrollaron sus mitologías sexuales sobre el otro. Como ha mostrado por ejemplo Frantz Fanon, «el negro recibe en la imaginación de los europeos una potencia sexual alucinante».[28]

A pesar de un posicionamiento sumamente distinto, la atribución o mejor el fantasma de la potencia y el poder sexual del otro, como la figura del mono o del caníbal, es compartida aparentemente por todos los implicados. Es como si los reflejos mutuos afirmaran y reforzaran el fantasma, como si un lazo secreto uniese a los adversarios precisamente en su mayor discrepancia y enemistad. Pero al mismo tiempo se vuelven también evidentes las diferencias que, como en el mito africano del sida, ponen de manifiesto las diferentes posiciones de poder (también relacionadas con el género).

28 Frantz Fanon, *Piel negra, máscaras blancas*, Madrid, Akal, 2009, p. 143.

Los fotógrafos de Likoni recibieron en silencio nuestro intento de hacerles inteligible la agresiva crítica de los artistas occidentales. Tampoco devolvieron el catálogo, sino que debatieron entre ellos quién debía conservar el libro proscrito. Yo no estaba en aquel entonces segura de si se quedarían con él o lo tirarían; solo más tarde me enteré de que lo habían conservado. Pero su mirada sobre una industria artística que se ha fundado en romper cada vez mayores tabúes y ha comercializado el *shock* me siguió preocupando durante mucho tiempo. Tuve que preguntarme cómo, en nuestro sofisticado mundo del arte, pudimos llegar a contemplar de forma voluntaria semejantes imágenes.[29]

En noviembre de 2006 la administración obligó a los fotógrafos de Likoni a abandonar sus estudios. «Development started», explicó Sammy Njuguna. El embarcadero para los *ferries* fue revisado técnicamente y remodelado en profundidad para adaptarse al creciente tráfico. Puesto que no querían perder sus estudios, los fotógrafos me pidieron ayuda. Redacté una carta oficial en la que señalaba su especial significado cultural; explicaba que su arte había sido también conocido en Europa, valorado y mostrado en exposiciones. En 2005 visitamos juntos a un alto funcionario del ayuntamiento y llevé también conmigo como prueba de su fama internacional dicho catálogo. El funcionario no se dignó siquiera a mirarlo. Pero a los fotógrafos se les dio la oportunidad de alquilar un estudio por 12 000 chelines al mes. La suma, sin embargo, sobrepasaba de lejos sus posibilidades financieras. Solo Wandera, que había estado en Graz, y otro fotógrafo que ganaba mucho dinero como predicador, pudieron permitirse un nuevo estudio. Los

29 Cf. Roland Barthes, «Fotos-impactos», en *Mitologías*, trad. de Héctor Schmucler, México, Siglo XXI, [12]1999.

otros fueron expulsados y tuvieron que volver a trabajar como fotógrafos callejeros.

16

En la introducción de este libro problematicé el género de la autobiografía. Fue Maina Hatchison el que me llamó la atención sobre una nueva forma de biografía que se había difundido en algunas regiones de Kenia, sobre todo en la provincia central. Desde hacía un par de años la mayoría de las familias cristianas, tras un fallecimiento, comenzaron a utilizar su archivo fotográfico privado para presentar en fotografías la historia personal del difunto. Reunir y comprender la vida de una persona con imágenes reproducibles técnicamente producía un nuevo y moderno culto de los antepasados.

En la época precolonial los vivos intentaban borrar el recuerdo de los muertos lo más rápido posible. En rituales para los ancestros el nombre del padre todavía se mencionaba, el nombre del abuelo, sin embargo, era ya «olvidado». Por el contrario, las fotos de difuntos generan ahora un espacio afectivo que traslada la pérdida y la ausencia a una celebración (cristiana) de la vida y de la resurrección. El recuerdo de los antepasados ya no se desvanece; y la individualidad de los muertos ya no se borra de la memoria social a favor de los ancestros abstractos que se han convertido en seres sin cuerpo y sin propiedades. Los muertos ya no son invisibles, sino que en las fotos alcanzan presencia visual. Pero están en manos de los vivos, y estos determinan la biografía del ancestro para los descendientes.

Desde su invención, a la fotografía la caracteriza una relación especial con la muerte y con los muertos. Como los teóricos occidentales de la fotografía —por ejemplo Siegfried

Kracauer,[30] Susan Sontag[31] o Roland Barthes—[32] han puesto de relieve, el medio fotográfico posee una extraña cercanía con la muerte. Así como el cuerpo muerto se pone rígido y se convierte en una imagen, también la persona fotografiada se pone rígida en el acto fotográfico; en la imagen se convierte en un objeto sin vida. Enmudece y ya no se mueve: también en África es un signo de muerte.

Como la muerte, también la fotografía genera un corte, una ruptura radical en el espacio y el tiempo. Como la cuchilla de la guillotina, el obturador de la cámara corta la continuidad del tiempo y la congela en un aquí y ahora.[33] Puesto que un muerto y una persona fotografiada comparten rigidez y silencio, parece como si los muertos en cualquier lugar del mundo hubiesen encontrado en la fotografía un medio algo inquietante que los representa como muertos y al mismo tiempo celebra su resurrección.

Mujeres mayores me contaron en Mombasa y en Nairobi que en su juventud, cuando alguien moría, los familiares rompían o quemaban los retratos fotográficos del muerto. El final de la vida era señalado por un acto iconoclasta. El difunto desaparecía y debía ser relegado al olvido también como persona e individuo; ninguna representación visual debía recordarlo. La muerte era el comienzo de un proceso de desvanecimiento hasta la desaparición definitiva. Solo en el nombre y en la tumba se recordaba al muerto.

30 Siegfried Kracauer, «La fotografía», en *Estética sin territorio, op. cit.*, pp. 275-298.

31 Susan Sontag, *Sobre la fotografía*, trad. de Carlos Gardini, Madrid, Alfaguara, 2005.

32 Roland Barthes, *La cámara lúcida, op. cit.*, pp. 142ss.

33 Philippe Dubois, *El acto fotográfico. De la representación a la recepción*, Barcelona, Paidós, 1986.

La iconoclasia era necesaria, me explicaron las mujeres, porque el dolor por la pérdida del difunto al ver su retrato resultaba insoportable. La visión del retratado en la foto abrumaba a los afligidos y suscitaba en ellos fuertes sentimientos de desesperación y privación que obstaculizaban el proceso de distanciamiento paulatino y cauteloso del muerto. Hoy destruir las fotos se considera como retrógrado. Hoy los vivos ponen las fotos del difunto cara a la pared o las hacen desaparecer en un cajón. Con el fin del luto, la tristeza se transforma en recuerdo y los familiares comienzan con cuidado a hacerlas visibles otra vez y contemplarlas. Las imágenes son vistas ahora como una especie de tesoro que brinda consuelo a los vivos y les permite mantener el contacto con los muertos.

Maina Hatchison le pidió permiso a su hermano mayor, el cual accedió, para entregarme la biografía fotográfica de su padre fallecido en 2011. La biografía en fotos de Eston Ngure King'ru se componía de catorce fotos que estaban ordenadas cronológicamente en dos páginas. Su vida fue organizada linealmente de izquierda a derecha, como la escritura, y dotada así de una dirección clara. Cada foto tenía un estrecho marco blanco y estaba separada de la siguiente por un pequeño espacio, de modo que cada una respondía de sí misma y al mismo tiempo era también parte de una serie. Ninguna de las fotos era una instantánea, todas eran poco naturales, y algunas procedían de estudios fotográficos. Eran imágenes representativas que daban importancia a que el representado apareciese en la imagen digno y con respeto, vestido decorosamente y con una expresión concentrada en el rostro. Como me explicó Maina, la instantánea fue rechazada durante mucho tiempo, asociada con el robo de una imagen sin el permiso de la persona retratada. Además, la instantánea le daba al azar demasiado espacio; se oponía al placer de presentarse como un ideal y persona social (más o menos) perfecta.

Todas las fotos estaban numeradas, y a cada número se le había adjuntado un breve texto con un pie de página, que informaba de la fecha, lugar y motivo de la fotografía. La primera foto mostraba a los padres del difunto a una edad ya avanzada, la segunda lo mostraba con su mujer el día de la boda. Únicamente en una foto Eston se hallaba solo, en todas las demás se lo podía ver con la familia, los amigos o los compañeros de trabajo. La biografía confeccionada por el hijo mayor apenas se interesaba por la individualidad del padre, pero sí mucho por la red de relaciones que había construido. Su estatus se reflejaba sobre todo en la abundancia de personas con las que estaba vinculado. De acuerdo con esto, algunas fotos lo mostraban rodeado de muchas personas apretadísimas, que amenazaban con reventar el marco de la imagen. No solo la riqueza en personas, también en animales y cosas era registrada en otras dos fotos. En una Eston se encontraba detrás de una hermosa y gruesa vaca con ternero; en otra, con su mujer, su hermano y la cuñada delante de un coche; y otra lo mostraba delante de su cuidado jardín. Mujer, hermanos, hijos y otros parientes, amigos y compañeros de trabajo, coche, ganado, tierra y plantas aparecen en esta biografía como extensiones de su persona. Gente, animales y cosas remiten unos a otros, se elevan y alaban mutuamente en una poética visual de los vínculos sociales.[34] Los hijos, el ternero y el jardín demuestran fertilidad y reproducción. La vida del difunto es narrada como plena y como una historia de éxito; la desgracia, el sufrimiento y el dolor son pasados por alto. La biografía alcanza hasta más allá de la muerte. La muerte no es el final, la vida continúa en los descendientes. Y los retratos fotográficos hacen visibles no solo las genealogías, sino que

34 Édouard Glissant, *Poetics of Relations*, Ann Arbor (MI), University of Michigan Press, 2010.

celebran la comunidad de la familia extensa y unen a los vivos con el muerto en la superficie de la imagen.

Mientras que las fotos, por un lado, evidencian la solidaridad y vinculación de parientes, amigos y compañeros de trabajo con el muerto, al mismo tiempo hacen también visibles, como Maina me explicó, las jerarquías y diferencias sociales. En las fotos de grupo, aquellos que se encuentran en el centro de la imagen, por lo general señores mayores como el difunto, representan a las personas con el estatus más elevado y el mayor poder, mientras que hacia los bordes el prestigio y el poder más bien disminuyen. De hecho, los observadores pueden leer las fotos como un mapa social. Informa sobre posiciones de poder que se modifican, dependencias y jerarquías. Y a veces, según Maina, se llega por eso a disputas y conflictos. Pues las fotos marcan también un límite, al mostrar quién no estaba en el retrato, quién estaba excluido.

Excluida está también la muerte. Aunque en Kenia se practica la fotografía *post mortem*, son siempre fotos de (todavía) vivos las que se emplean para las biografías. En la foto que surgió en vida se recuerda a los muertos; la muerte está presente sin que se muestre en la imagen.

Las fotobiografías se repartían entre todos los participantes en el entierro como parte del programa del funeral. Eran un obsequio que debía mantener vivo el recuerdo del muerto y su vida. En las fotos los muertos experimentan por eso no solo una resurrección, sino que obtienen también un nuevo (y limitado) carácter público; son expuestos en cuartos de estar, prendidos en la pared con alfileres o guardados en archivos personales, esperando allí hasta ser de nuevo liberados (del archivo).

Si bien en este moderno culto a los antepasados los muertos experimentan una resurrección con ayuda de la fotografía y se vuelven inmortales, la fotobiografía se reduce no obstante a aquello que es fotografiable: a la superficie de las personas, los animales y las cosas. Mientras que, por una parte, las fotos les dan a los muertos una historia, la variedad y también el dramatismo de la vida experimenta una reducción. Las imágenes afianzan el recuerdo de determinados acontecimientos y al mismo tiempo bloquean el recuerdo de otros.

17

Tengo ahora, mientras escribo, 72 años, y soy con ello solo unos pocos años más joven que el padre de Maina, que llegó a los 78 años. Ya he vivido la mayor parte de mi vida, y ante mí queda solo un breve intervalo. Pero obviamente no quiero, como muestra esta autobiografía de la investigación, esperar hasta que otros determinen lo que ha sido mi vida. En este contexto, mi autobiografía es lo contrario de la fotobiografía de Eston, que estuvo totalmente en manos de su hijo. Ambos usamos también distintos medios; mi medio es la escritura, el de Eston la fotografía (con pies de foto). Y también el género en el que nos movemos es en cada caso diferente. La biografía y la autobiografía se distinguen en realidad claramente en virtud de su finalidad y su forma. Mientras que el hijo cuenta la historia personal del padre en imágenes, yo disfruto del privilegio de no tener de momento que desprenderme como etnóloga de la narración de mi vida. Autorizo una versión, justamente la presente. De lo que venga después no me preocupo.

Mientras que la historia personal de Eston es una historia lineal de éxito, la mía es más bien quebradiza, toma una y otra vez distintas direcciones que a veces se cruzan; hay retrocesos y errores; los malentendidos, conflictos y fallos ocupan un primer plano, que en el caso de Eston se pasan completamente por alto.

Mientras que él ha vivido su vida, yo puedo de un modo casi desvergonzado (así me lo parece) vivir otra vez muchas vidas al escribir sobre mis distintos trabajos de campo. El contraste entre vida y escritura parece anulado, porque en la escritura se libera otra vitalidad que no produce ninguna carencia, sino abundancia y satisfacción al realizarla.[35]

Aunque toda descripción es también descripción de sí mismo, intento, como se indicó en el primer capítulo, no fortalecer el «auto» de «autobiografía», sino más bien retirarlo. Pues fueron nombres ajenos los que me dieron el sujeto de mi investigación, de los que me apropié y sobre los que he escrito, de modo que al final no habla una persona, sino que se suscita un movimiento que deja huellas muy claras de los otros. Y con esto me acerco de nuevo a la biografía de Eston. A sus biógrafos y a mí nos une que ambos intentamos representar la vida de forma creíble. El hijo de Eston, con ayuda de las fotos objetivizantes, que atestiguan que ha sido así; yo, convirtiéndome en objeto de los sujetos de mi investigación y colocando en el centro cómo ellos me han percibido a mí. Los dos representamos nuestros «yos» a través de ojos extraños. No nos interesamos realmente por la psicología, por la confesión y la interioridad, sino, en cambio, más por una poética de las relaciones sociales y sus historias: Eston en las fotos y en los ojos de los observadores, yo en los ojos de los etnografiados y lectores. Ambas (auto-)biografías intentan presentar a los protagonistas como vistos desde fuera, evitando con ello confianzas superfluas. Tampoco intentamos verle el juego a nuestros «yos», así como a los otros, saber más de lo que no-

35 Eva Meyer, *Autobiographie der Schrift*, Frankfurt del Meno, Stroemfeld/Roter Stern, 1989. También las siguientes páginas le deben mucho al texto de Eva Meyer.

sotros y ellos habrían sabido de sí mismos. Nos impulsa un curioso anhelo de multiplicación, superación de uno mismo y negación de uno mismo a través de la mímesis del otro.

Al igual que yo en esta autobiografía de la investigación etnográfica salto continuamente de aquí para allá entre el presente de la escritura y un determinado período en el pasado, también la fotobiografía de Eston es un punto de encuentro de diferentes tiempos. Una interacción, pero distinta, está contenida entre los tiempos de la fotobiografía de Eston: las fotos como un instante congelado en el pasado que en el presente que avanza (según Kracauer) se aleja cada vez más y pierde progresivamente su significado. Nuestros dos intentos no son incuestionables, nos arrojan a distintas dificultades epistemológicas. Sabemos que una (auto-)biografía no es nunca solo la restitución de una historia, sino más bien la narración de una nueva historia.

En el 2015, mi trabajo en la costa había acabado hacía ya tiempo, le envié a Maina Hatchison el libro en el que la fotobiografía de su padre había sido publicada.[36] Durante un tiempo no supe nada de él. Entonces me envió una foto por correo electrónico en la que sujetaba el libro en las manos y sonreía a la cámara.

36 Se trata de un volumen colectivo: Christopher Morton, Darren Newbury (eds.), *The African Photographic Archive. Research and Curatorial Strategies*, Londres, Bloomsbury, 2015; en él se encuentra mi artículo «"Celebrating Life": The Construction of Photographic Biographies in Funeral Rites among Kenyan Christians», pp. 77-93.

Epílogo

Regreso al mono

El verdadero camino pasa por una cuerda que no está tendida en lo alto, sino muy cerca del suelo. Parece destinada más a hacer tropezar que a andar por ella.

Franz Kafka[1]

1 Citado en Gerhard Neumann, «Umkehrung und Ablenkung: Franz Kafkas "Gleitendes Paradox"», en Heinz Politzer (ed.), *Franz Kafka*, Darmstadt, Wissenschaftliche Buchgesellschaft, 1973, pp. 459-515, aquí p. 494.

I

Una vez más quiero volver al mono: al mono como figura ambigua, como embaucador, alborotador y mediador, como figura que crea oposiciones, las hace tambalearse y las disuelve. Sin embargo, el regreso al mono es al mismo tiempo una desviación hacia un mono particular, a saber, hacia un mono académico, tal y como Franz Kafka lo puso en escena en el «Informe para una academia», de 1917. De hecho, la narración de Kafka, uno de los textos más citados de la simiedad literaria del siglo XX, me proporcionó un modelo para una autobiografía de la que los habitantes de las montañas Tugen me volvían a alejar. El texto de Kafka sobre un mono muy humano que cuenta su historia en el escenario académico contribuyó de un modo fundamental a que el mono se convirtiese en mi animal totémico y yo investigase tan concienzudamente mi designación como mono en las montañas Tugen.[2] El texto de Kafka contribuyó también a que yo imitase a su mono e intentase, por mi parte, escribir en el escenario académico y literario un relato sobre mi existencia simiesca (en las montañas Tugen) y sus consecuencias.

2 No es casualidad que haya escrito ya dos textos anteriores sobre el tema: Heike Behrend, «Menschwerdung eines Affen. Bemerkungen zum Geschlechterverhältnis in der etnographischen Feldforschung», *Anthropos* 84 (1989), pp. 555-564; *id.*, «Menschwerdung eines Affen. Versuch einer Autobiographie der ethnographischen Forschung», *Paideuma* 64 (2018), pp. 7-26.

Como han descubierto los germanistas,[3] el «Informe para una academia» de Kafka es una respuesta a la autobiografía publicada en 1908 del comerciante de animales, empresario circense y director del zoológico de Hamburgo Carl Hagenbeck. Mientras que Hagenbeck narra su aventura más bien heroica con animales salvajes, cautivos y amaestrados —también muchos monos—, Kafka invierte la perspectiva y hace que un mono humanizado cuente de su captura y atroz amaestramiento. Pero los logros del mono, su humanización en forma de adquisición del lenguaje («¡hola!») y su renuncia a cualquier forma de obstinación como requisito para adaptarse a condiciones extrañas, no servían aquí para representar la evolución y el progreso, y con ello una historia de éxito. En su lugar, Kafka muestra qué precio tiene que pagar el mono para convertirse en humano, y al mismo tiempo revela qué inestable y frágil es esa humanidad adquirida con gran esfuerzo. Pues incluso sus educadores humanos no están a salvo de recaer en la simiedad. Así, imitando a su alumno, uno pronto se acaricia la barriga y muestra los dientes; otro se vuelve tan simiesco que tiene que ser internado en un sanatorio. («Afortunadamente, pronto salió de allí»). En el texto de Kafka, las personas regresan a la simiedad cuando se balancean de un modo simiesco como un trapecista a través de la carpa del circo, provocando con ello la risa de los monos, así como los asistentes humanos al espectáculo de variedades se ríen del mono amaestrado. Se producen reflejos recíprocos, y queda abierto quién imita a qué mono y quién evoluciona en qué dirección hacia arriba o hacia abajo.

3 Cf. Hartmut Binder, *Kafka. Der Schaffensprozess*, Frankfurt del Meno, Suhrkamp, 1983.

2

Al contrario que yo, los habitantes de las montañas Tugen no tenían que leer a Kafka para tratar a su mono. Como Darwin, partían de que seres humanos y monos poseen ascendientes comunes. En su versión de nuestra «historia de la cigüeña», al menos, en el inicio de la vida se halla un mono salvaje que debe ser domesticado (y castrado). Surge de la selva, el espacio de la muerte y de la renovación, al que los ancianos regresaban una y otra vez en rituales. Estos rituales generaban una distancia, pero no un alejamiento definitivo del animal; con el repetido regreso ritual a la selva garantizaban —por el contrario— que lo simiesco no se perdiese por completo. Su mono era al mismo tiempo contraste y mediador.

Pero su figura de mono estaba también envuelta en un discurso colonial en el que, saltando de un lado a otro entre colonizados y colonizadores, era reproducido con nuevas diferencias en imágenes especulares. Pese a las diferentes posiciones dentro de la estructura de poder, entre colonizadores y colonizados no reinaba una separación absoluta; había numerosos informantes que aprendían a pensar y actuar en distintos lados de las fronteras sociales; y había «zonas de contacto», intercambio y reflejos de figuras como el mono (y el caníbal) que ambos compartían. Ya hacia mediados del siglo XIX acompañantes africanos le explicaban al viajero e investigador Paul du Chaillu, que se encontró con un gorila en el bosque tropical de Gabón, que su parentesco con el gorila era más estrecho que el de ellos.[4] Con esto respondían al estereotipo racista que los europeos les habían atribuido como «eslabón perdido» entre el ser humano

4 Florence Bernault, *Colonial Transactions. Imaginaries, Bodies, and Histories in Gabon*, Durham y Londres, Duke University Press, 2019, p. 86.

y el animal. La figura del mono era, así, ya entonces resultado de un giro de alteridades que habían derribado la frontera entre yo y los otros. Durante la época colonial los colonizadores y los colonizados por ellos habrían podido comprobar a veces la curiosa simetría que se producía entre ellos cuando mutuamente se daban el insulto de mono; habrían podido comprobar lo cerca que se encontraban unos de otros, precisamente en situaciones de enemistad y oposición radical.[5]

3

Como ha mostrado Hans-Joachim Zimmermann,[6] el mono académico tiene una larga historia. Se remonta al año 1613, cuando Cesare Ripa inventó en Roma el mono académico como alegoría de la academia, de la erudición y de la ciencia. La figura del mono erudito no es, sin embargo, un invento exclusivamente europeo. Es mucho más antiguo, procede de África y se le atribuye al dios Thot en el antiguo Egipto, el dios de los escribas, personificado en el babuino sagrado (y en el ibis). Thot no es solo el dios de la sabiduría que sabe escribir, sino que ha creado también el lenguaje, los jeroglíficos y la literatura científica. En el siglo XVII el mono académico logró ascender a motivo de mímesis artística y poética como encarnación de la sabiduría escrita. La adopción del sabio babuino en el Occidente cristiano llevó, sin embargo, según Zimmermann, a una colisión con las imágenes del mono

5 Allen F. Roberts, «Sinister Creatures, Mimetic Competition: Cannibalism in the Later Years of the Belgian Congo», manuscrito no publicado, conferencia en la Universidad de Upsala, 1993.

6 Hans-Joachim Zimmermann, *Der akademische Affe: Die Geschichte einer Allegorie aus Cesares Ripas «Iconologia»*, Wiesbaden, L. Reichert, 1991.

ya existentes, connotadas más bien negativamente. El mono académico continuó siendo un solitario exótico. En el siglo XVIII sus rasgos positivos desaparecieron de la tradición europea. En su lugar se le atribuyó además de una naturaleza salvaje, rasgos de imitación, codicia, imprudencia y estupidez.

Hasta qué punto lo académico y erudito del mono (¡también de él mismo!) fue desplazado, lo muestra Darwin en *El origen del hombre*, de 1871. Cuenta de una visita al zoo y su encuentro con un babuino, el descendiente del escriba egipcio. Cuando el guarda sacó un texto y se lo leyó al mono, este se enfureció tanto de rabia, que se mordió en la propia pierna hasta que brotó sangre.[7] Mientras que el guarda —consciente o inconscientemente— enlazaba con la tradición del mono académico al leerle al babuino, este se había alejado tanto de su pasado erudito que solo le quedaba la rabia ciega que dirigía contra sí mismo. Con ello el babuino demostraba (según Darwin) una vez más el abismo que como animal (cautivo) lo separaba del ser humano (lector).

El texto de Kafka, como descubrió Erhard Schüttpelz, fue el primero en devolver otra vez a la literatura al mono académico como figura liminal. Como descendiente de Thot, un mono procedente de África volvió a presentarse ante una academia y hablando justificó su particular ingenio, que le ofreció una salida y lo hizo convertirse de nuevo en una alegoría filológico-literaria con muchas capas.[8] Como mono liberado, pero no obstante sin demasiada libertad, o sea, preparado y

7 Charles Darwin, *El origen del hombre*, prólogo y trad. de Joandomènec Ros, epílogo de Carlos Lalueza-Foz, Barcelona, Crítica, 2009, p. 90.

8 Erhard Schüttpelz, *Eine Berichtung für eine Akademie*, pp. 119 s, en línea en: https://www.uni-siegen.de/phil/medienwissenschaft/personal/lehrende/schuettpelz_erhard/literatur/schuettpelz_berichtigung_fuer_eine_akademie.pdf. Último acceso: 27 de abril de 2020.

domesticado, cuenta delante de una academia su historia, que es también la historia de una investigación y observación (etnográfica), nacida de la necesidad, de los seres humanos que lo rodean.

Como numerosos exegetas de Kafka han subrayado, en la figura del mono académico (como en la del perro investigador)[9] está inscrita una crítica del pensamiento científico. En ella no se trata tanto de una rehabilitación de la mímesis en la época de la reproductibilidad técnica como de la estrechez y los límites del conocimiento científico. Las figuras de animales de Kafka hacen esfuerzos desesperados para comprender, por medio de la observación y la investigación, aquello que les sucede y encontrar una salida redentora. Hasta el final confían en que todo se pueda aclarar con el pensamiento correcto, y tienen entonces que constatar cómo se les escapa cualquier conocimiento estable. No hay ninguna certeza para el sujeto que se esfuerza por lograr el conocimiento. Como notó Kafka, lo vivo no se deja calcular, y el salto fuera de la fila de los homicidas no tiene éxito.

Desde entonces, miembros de la academia han recurrido con agrado al mono de Kafka para autorrepresentarse académicamente; entretanto, forma parte del folclore de la cultura universitaria.[10]

9 Franz Kafka, «Investigaciones de un perro», en *Bestiario. Once relatos de animales*, trad. de Alfredo Pippig, Barcelona, Anagrama, 1993, pp. 71-112.
10 Erhard Schüttpelz, *Eine Berichtigung für eine Akademie*, *op. cit.*, p. 99.

4

Confrontada con la autoimagen para mí extraña de mono (y caníbal), tuve que reconocer que la vida como etnógrafa perturbaba tremendamente las categorías de mi pensamiento con las que trataba de orientarme. Como el mono de Kafka, me vi situada ante las dificultades que se presentan cuando la etnógrafa recibe «nombres totalmente inexactos» e intenta adoptar, practicar y seguir normas extrañas, y más o menos fracasa. Como el mono de Kafka, reconozco como miembro de la academia los actos de amaestramiento y sometimiento propios y extraños que las instituciones académicas exigen no solo de los científicos, sino que también ejercen sobre los sujetos de la investigación. Como el mono de Kafka, llevé una vida en el escenario de los ensayos, que hacía necesaria, junto con la observación de otros, una observación continua de mí misma, y realicé una multitud de salidas a escena que fueron más bien ridículas y solo a veces exitosas. En la prueba de fuego en el extranjero, que por lo visto no sale adelante sin números de variedades,[11] la preparación de otros y la mía se entrelazan y producen un lenguaje autobiográfico que más bien obstaculiza la autoafirmación, genera una conmoción y no cumple ninguna promesa. Con ello, la figura de la subversión provoca inseguridad y desestabiliza no solo a la etnógrafa, sino también la empresa etnográfica.

También el método textual de Kafka trabaja, sobre todo, como ha expuesto Gerhard Neumann, con la subversión y la desviación. De este modo, le sustrae conceptos al pensamiento lógico, provoca incongruencias y transforma puntos fijos en

11 Erhard Schüttpelz, *Eine Berichtigung für eine Akademie*, *op. cit.*, p. 108.

puntos de rotación.[12] El mono de Kafka dirige la mímesis contra el entorno que imita; me mostró también a mí un camino para distanciarme de la academia dentro de ella: el mono académico como inversión subversiva y parodia de la cultura científica y universitaria, con sus formas algunas veces gratas y felices, pero a menudo también ridículas, atroces y violentas de conocimiento de uno mismo y de los otros, incluida la investigación etnográfica de campo.

12 Gerhard Neumann, «Umkehrung und Ablenkung. Franz Kafkas "Gleitendes Paradox"» en Heinz Politzer, *Franz Kafka,* Darmstadt, Wissenschaftliche Buchgesellschaft, 1973, pp. 459-515, aquí pp. 463 ss.

Bibliografía

AZOULAY, Ariella, *The Civil Contract of Photography*, Nueva York, Zone Books, 2008.

BARLEY, Nigel, *El antropólogo inocente. Notas desde una choza de barro*, Barcelona, Anagrama, 2012.

BARTHES, Roland, «Fotos-impactos», en *Mitologías*, trad. de Héctor Schmucler, México, Siglo XXI, [12]1999.

—, *La cámara lúcida. Nota sobre la fotografía*, trad. de Joaquim Sala-Sanahuja, Barcelona, Paidós, 2004.

BEHREND, Heike, *Die Zeit geht krumme Wege. Raum, Zeit und Ritual bei den Tugen in Kenia*, Frankfurt del Meno, Campus, 1987.

—, «Menschwerdung eines Affen. Bemerkungen zum Geschlechterverhältnis in der etnographischen Feldforschung», *Anthropos* 84 (1989), pp. 555-564.

—, *Alice und die Geister. Krieg im Norden Ugandas*, Múnich, Trickster, 1993.

— y GEIDER, Thomas (eds.), *Afrikaner schreiben zurück. Texte und Bilder afrikanischer Ethnographen*, Colonia, R. Köppe, 1998.

—, *Resurrecting Cannibals: The Catholic Church, Witch-Hunts and the Production of Pagans in Western Uganda*, Oxford, James Currey, 2011.

—, *Contesting Visibility. Photographic Practices and the «Aesthetics of Withdrawal» on the East African Coast*, Bielefeld y Nueva York, Transcript, 2013.

—, «Spaces of Refusal: Photophobic Spirits and the Technical Medium of Photography», en Heike Behrend, Anja Dreschke y

Martin Zillinger (eds.), *Trance Mediums and the New Media, Spirit Possession in the Age of Technical Reproduction*, Nueva York, Fordham University Press, 2015, pp. 201-220.

BEHREND, Heike, «"Celebrating Life": The Construction of Photographic Biographies in Funeral Rites among Kenyan Christians», en Christopher Morton y Darren Newbury (eds.), *The African Photographic Archive. Research and Curatorial Strategies*, Londres, Bloomsbury, 2015, pp. 77-93.

—, «Menschwerdung eines Affen. Versuch einer Autobiographie der ethnographischen Forschung», *Paideuma* 64 (2018), pp. 7-26.

BELTING, Hans, *Florenz und Bagdad. Eine westöstliche Geschichte des Blicks*, Múnich, C. H. Beck, 2008.

BERNAULT, Florence, *Colonial Transactions. Imaginaries, Bodies, and Histories in Gabon*, Durham y Londres, Duke University Press, 2019.

BINDER, Hartmut, *Kafka. Der Schaffensprozess*, Frankfurt del Meno, Suhrkamp, 1983.

BOHANNAN, Laura (bajo el pseudónimo Eleonore Smith Bowen), *Return to Laughter. An Anthropological Novel*, Londres, Victor Gollancz, 1954.

BOURDIEU, Pierre, «L'illusion biographique», *Actes de la Recherche en Sciences Sociales* 62/63 (1986), pp. 69-72.

—, *La miseria del mundo*, trad. de Horacio Pons, Madrid, Akal, 1999.

COMAROFF, Jean y John (eds.), *Modernity and its Malcontents. Ritual and Power in Postcolonial Africa*, Chicago, University of Chicago Press, 1993.

CSORDAS, Thomas, *The Sacred Self. A Cultural Phenomenology of Charismatic Healing*, Berkeley, University of California Press, 1994.

DÄRMANN, Iris, *Fremde Monde der Vernunft. Die ethnologische Provokation der Philosophie*, Múnich, Wilhelm Fink, 2005.

DARWIN, Charles, *El origen del hombre*, prólogo y trad. de Joandomènec Ros, epílogo de Carlos Lalueza-Foz, Barcelona, Crítica, 2009.

DASTON, Lorraine y Galison, Peter, «Das Bild der Objektivität», en

Peter Geimer (ed.), *Ordnungen der Sichtbarkeit. Fotografie in Wissenschaft, Kunst und Technologie*, Frankfurt del Meno, Suhrkamp, 2002, pp. 29-99.

DUBOIS, Philippe, *El acto fotográfico. De la representación a la recepción*, Barcelona y Buenos Aires, Paidós, 1986.

EDWARDS, Elizabeth (ed.), *Anthropology and Photography*, New Haven y Londres, Yale University Press y Royal Anthropological Institute, 1992.

— y HART, Janice (eds.), *Photographs, Objects, Histories. On the Materiality of Images*, Londres y Nueva York, Routledge, 2004.

FANON, Frantz, *Piel negra, máscaras blancas*, Madrid, Akal, 2009.

FABIAN, Johannes, *Time and the Other*, Nueva York, Columbia University Press, 1983.

—, *Out of our Minds. Reason and Madness in the Exploration of Central Africa*, Berkeley, University of California Press, 2000.

FAVRET-SAADA, Jeanne, *Les mots, la mort, les sorts: La sorcellerie dans le bocage*, París, Gallimard, 1977.

—, «Être affecté», *Gradhiva* 8 (1990), pp. 3-9.

FOUCAULT, Michel, *La voluntad de saber*, ensayo introductorio y ed. de Julia Varela y Fernando Álvarez-Uría, Madrid, Siglo XXI, [10]2005.

FRAZER, James, *La rama dorada. Magia y religión,* trad. de Elizabeth y Tadeo I. Campuzano, México, FCE, 1981.

GADAMER, Hans-Georg, *La actualidad de lo bello. El arte como juego, símbolo y fiesta*, introducción de Rafael Argullol, trad. de Antonio Gómez Ramos, Barcelona, Paidós e Instituto de las Ciencias de Educación de la Universidad Autónoma de Barcelona, 1991.

GEERTZ, Clifford, «Thinking as a Moral Act: Dimensions of Anthropological Fieldwork in the New States», *Antioch Review* 28/2 (1968), pp. 139-158.

—, «"Juego profundo": Notas sobre la riña de gallos en Bali», en *La interpretación de las culturas*, trad. de Alberto L. Bixio, Barcelona, Gedisa, 1988.

GEERTZ, Clifford, *Local Knowledge*, Nueva York, Basic Books, 1983.

GESCHIERE, Peter, *The Modernity of Witchcraft. Politics and the Occult in Postcolonial Africa*, Charlottesville y Londres, University of Virginia Press, 1997.

—, *Witchcraft, Intimacy and Trust. Africa in Comparison*, Chicago, University of Chicago Press, 2013.

GLISSANT, Édouard, *Poetics of Relation*, Michigan, University of Michigan Press, 1997.

GOTTLIEB, Alma y GRAHAM, Philip, *Parallel Worlds. An Anthropologist and a Writer Encounter Africa*, Chicago, University of Chicago Press, 1994.

GRIAULE, Marcel, *Masques dogons*, París, Institut d'Ethnologie, 1983.

GRIEM, Julika, *Monkey Business. Affen als Figuren anthropologischer und ästhetischer Reflexion 1800-2000*, Berlín, Trafo, 2010.

GRIMSHAW, Anna, *The Ethnographer's Eye: Ways of Seeing in Anthropology*, Cambridge y Nueva York, Cambridge University Press, 2001.

HARBSMEIER, Michael, «Buch, Magie und koloniale Situation. Zur Anthropologie von Buch und Schrift», en Peter Ganz (ed.), *Das Buch als magisches und als Repräsentationsobjekt*, Wiesbaden, Harrassowitz, 1992, pp. 3-24.

—, *Heimkehrrituale: Prolegomena zu einer Weltgeschichte des Reiseberichts als globaler literarischer Gattung* (manuscrito no publicado).

—, «Spontaneous Ethnographies. Towards a Social History of Traveller's Tales», *MESS* (Mediterranean Ethnological Summer School, 1994-1995), Liubliana, 1995, pp. 23-39.

HOUNTONDJI, Paulin, *Sur la «philosophie africaine»*, París, Maspero, 1976.

JAHN, Janheinz, *Durch afrikanische Türen. Erlebnisse und Begegnungen in Westafrika*, Düsseldorf y Colonia, Eugen Diederichs, 1960.

KAFKA, Franz, *Bestiario. Once relatos de animales*, ed. de Jordi Llovet, Barcelona, Anagrama, 1993.

KASSIMIR, Ron, *The Social Power of Religious Organization: The Catholic Church in Uganda 1955-1991*, PhD-Thesis, Department of Political Science, University of Chicago, 1996.

KETTEL, David, *Passing like Flowers. The Marriage Regulations of the Tugen of Kenya and their Implications for a Theory of Crow-Omaha*, tesis doctoral, University of Illinois, 1975.

KRACAUER, Siegfried, «La fotografía», en *Estética sin territorio*, ed. y trad. de Vicente Jarque, Murcia, Consejería de Educación y Cultura, Fundación Cajamurcia y Colegio Oficial de Aparejadores y Arquitectos Técnicos de Murcia, 2006, pp. 275-298.

KRÄMER, Sybille, *Medium, Bote, Übertragung. Kleine Metaphysik der Medialität*, Frankfurt del Meno, Suhrkamp, 2008.

KRAMER, Fritz, *Schriften zur Ethnologie*, Frankfurt del Meno, Suhrkamp, 2005.

LANDRY, Timothy, *Vodún. Secrecy and the Search for Divine Power*, Filadelfia, University of Pennsylvania Press, 2019.

LATOUR, Bruno, «Visualisation and Cognition: Drawing Things Together», *Knowledge and Society* 6 (1986), pp. 1-40.

—, *Nunca fuimos modernos. Ensayo de antropología simétrica*, Buenos Aires, Siglo XXI, 2007.

LEJEUNE, Philippe, *El pacto autobiográfico y otros estudios*, Málaga, Megazul, 1994.

LESTRINGANT, Frank, *Cannibals. The Discovery and Representation of the Cannibal from Columbus to Jules Verne*, Cambridge, Cambridge University Press, 1997.

LÉVI-STRAUSS, Claude, *Tristes trópicos*, introd. de Manuel Delgado Ruiz, trad. de Noelia Bastard, Barcelona, Paidós, 2006.

—, «El campo de la antropología», en *Antropología estructural. Mito, sociedad, humanidades*, trad. de J. Lamela, México, Siglo XXI, 1979.

LÖWITH, Karl, *Weltgeschichte und Heilsgeschehen*, Stuttgart, Kohlhammer, 1967.

LONSDALE, John, *Unhappy Valley*, Londres, J. Currey, 1992.

LUHRMANN, Tanja, *Persuasions of the Witch's Craft*, Oxford, B. Blackwell, 1989.

MALINOWSKI, Bronisław, *A Diary in the Strict Sense of the Term*, Nueva York, Harcourt, Brace & World, 1967.

MBEMBE, Achille, «Provisional Notes on the Postcolony», *Africa* 62/1 (1992), pp. 3-37.

—, *On the Postcolony*, Berkeley, University of California Press, 2001.

MEYER, Birgit, *Sensational Movies. Video, Vision, and Christianity in Ghana*, Oakland, University of California Press, 2015.

MEYER, Eva, *Autobiographie der Schrift*, Frankfurt del Meno, Stroemfeld/Roter Stern, 1998.

MUDIMBE, Valentin, *The Idea of Africa*, Bloomington (IN), Indiana University Press, 1994.

NADJMABADI, Shahnaz, «From "Alien" to "One of Us" and Back: Field Experiences in Iran» en *Iranian Studies* 37/4 (2004), pp. 603-612.

NAIPAUL, V. S., *Un recodo en el río*, Barcelona, Mondadori, 2009.

NEUMANN, Gerhard, «Umkehrung und Ablenkung: Franz Kafkas "Gleitendes Paradox"», en Heinz Politzer (ed.), *Franz Kafka*, Darmstadt, Wissenschaftliche Buchgesellschaft, 1973, pp. 459-515.

PALMIÉ, Stephan, *The Cooking of History. How to study Afro-Cuban Religion*, Chicago, University of Chicago Press, 2013.

PELS, Peter, «Mumiani: The White Vampire. A Neo-Diffusionist Analysis of Rumour», *Ethnofoor* V (1/2), 1992, pp. 165-187.

PINNEY, Christopher, «The Parallel Histories of Anthropology and Photography», en Elizabeth Edwards (ed.), *Anthropology and Photography*, New Haven y Londres, Yale University Press y Royal Anthropological Institute, 1992, pp. 74-94.

POWDERMAKER, Hortense, *Stranger and Friend. The Way of an Anthropologist*, Nueva York, W. W. Norton, 1966.

ROBERTS, Allen F., «Sinister Creatures, Mimetic Competition: Cannibalism in the Later Years of the Belgian Congo», conferencia no publicada, Upsala, 1993.

ROSCOE, John, *The Bakitare or Banyoro*, Cambridge, Cambridge University Press, 1923.

ROTTENBURG, Richard, «Marginalität und der Blick aus der Ferne», en Heike Behrend (ed.), *Geist, Bild und Narr. Zu einer Ethnologie kultureller Konversionen*, Berlín, Philo, 2001, pp. 37-44.

SCHÜTTPELZ, Erhard, «Eine Berichtigung für eine Akademie», en línea en: https://www.uni-siegen.de/phil/medienwissenschaft/personal/lehrende/schuettpelz_erhard/literatur/schuettpelz_berichtigung_fuer_eine_akademie.pdf. Último acceso: 27 de abril de 2020.

—, *Die Moderne im Spiegel des Primitiven*, Múnich, Fink, 2005.

SIEGEL, James, *Naming the Witch*, Stanford, Stanford University Press, 2006.

SONTAG, Susan, *Sobre la fotografía*, trad. de Carlos Gardini, Madrid, Alfaguara, 2005.

SPRAGUE, Stephen, «How I see the Yoruba see themselves», *African Arts* 12/1 (1978), pp. 9-28.

STROTHER, Zoë, *Humor and Violence. Seeing Europeans in Central African Art*, Bloomington (IN), Indiana University Press, 2016.

TAUSSIG, Michael, *Shamanism, Colonialism and the Wild Man. A Study in Terror and Healing*, Chicago, University of Chicago Press, 1987.

—, *Mimesis and Alterity. A particular History of the Senses*, Nueva York, Routledge, 1993.

TILLMANNS, Kathrin, *Medienästhetik des Schattens. Zur Neubestimmung des Mensch-Technik-Verhältnisses im digitalen Zeitalter*, Bielefeld, Transcript, 2017.

TYLER, Stephen, *The Unspeakable. Discourse, Dialogue, and Rhetoric in the Post-Modern World*, Madison, University of Wisconsin Press, 1987.

VAN LOYEN, Ulrich, *Neapels Unterwelt. Über die Möglichkeit einer Stadt*, Berlín, Matthes & Seitz, 2018.

WAGNER, Roy, *The Invention of Culture*, Chicago, University of Chicago Press, 1981.

WENDL, Tobias (ed.), *Africa Screams. Das Böse in Kino, Kunst und Kult*, Wuppertal, Petter Hammer, 2004.

WEST, Harry G., *Ethnographic Sorcery*, Chicago, University of Chicago Press, 2007.

WILLIS, Roy, *Some Spirits Heal, Others Only Dance. A Journey into Human Selfhood in an African Village*, Oxford, Berg, 1999.

YOUNG, Michael, *The Ethnography of Malinowski. The Trobriand Islands 1915-18*, Londres, Routledge & Kegan Paul, 1979.

ZIMMERMANN, Hans-Joachim, *Der akademische Affe. Die Geschichte einer Allegorie aus Cesare Ripas «Iconologia»*, Wiesbaden, L. Reichert, 1991.

Agradecimientos

Por la ayuda amable y el apoyo decidido, a veces tedioso, le doy las gracias a Irene Albers, Sandra Calkins, Iris Därmann, Michael Harbsmeier, Armin Linke, Birgit Meyer, Eva Meyer, Ulrike Ottinger, Claus Dieter Rath, Richard Rottenburg, Hille Sagel, Christiane Schmidt, Magdalena Schrefel, Erhard Schüttpelz, Ina Sykora y especialmente a Christine Noll Brinckmann, Peter Geschiere, Ulrich van Loyen, Michi Knecht y Jojada Verrips.

